Anita Hörskens

ACRYL EFFEKTE

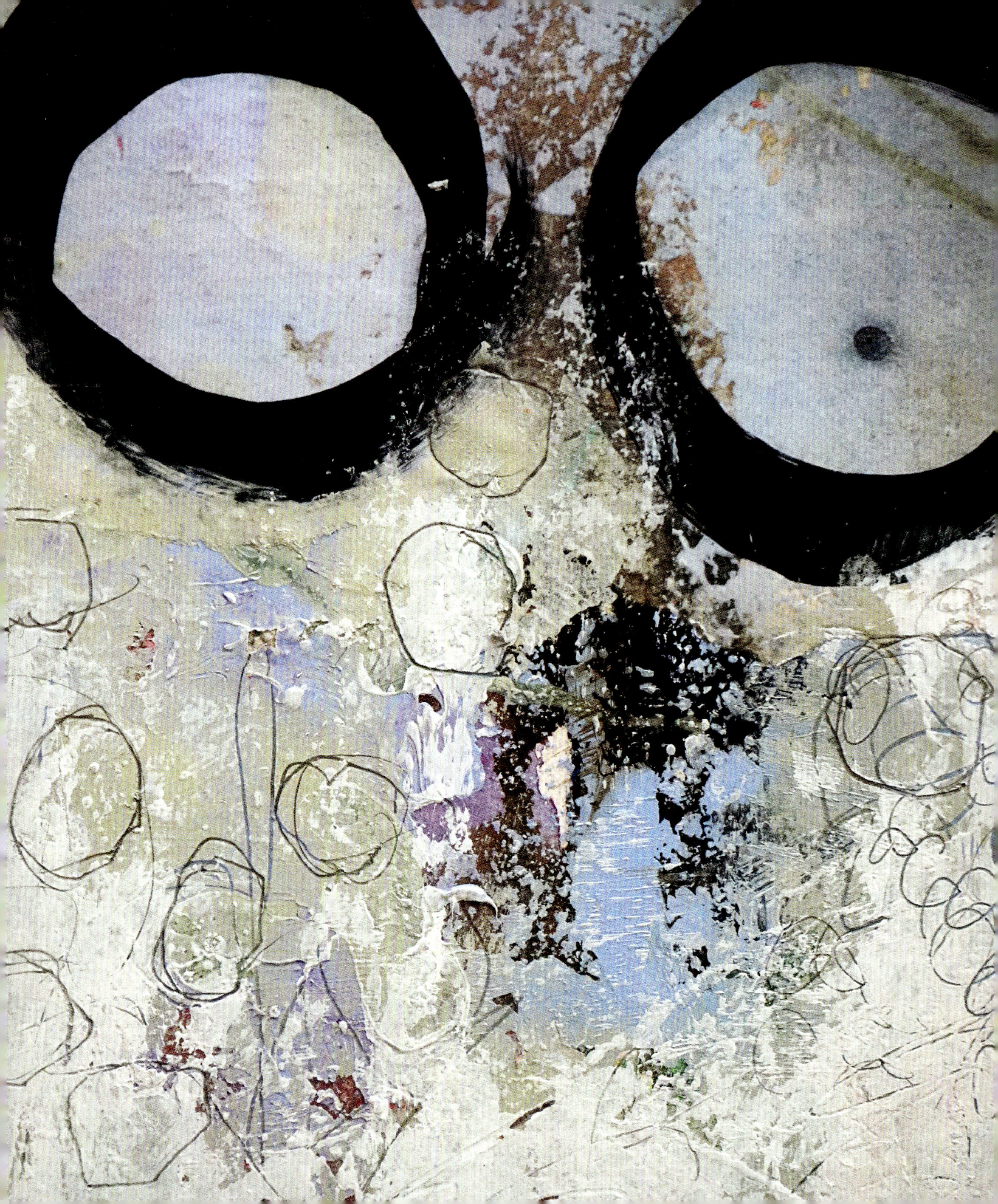

Anita Hörskens

ACRYL EFFEKTE

Das Lexikon mit 55 Techniken für strukturierte Oberflächen

EMF
EIN BUCH DER
EDITION MICHAEL FISCHER

Inhalt

VORWORT 7

ABSTRAKTION 8
Abstraktion realer Gegenstände 8
Informelle Malerei 10

LEKTIONEN UND ÜBUNGEN 11
Untermalung 11

MATERIAL 12
Farben 12
Pasten und Gele 13
Malgründe 13
Werkzeug 13

STRUKTUR 14

Manuelle Oberflächengestaltung 15
Zuschlag- und Füllstoffe 16
Anwendung 16
Farbauftragstechniken auf trockener Struktur 17
Lasur auf grober Sandstruktur 19
Struktur auf Papiercollage 21
Haptische und gravierte Linien auf Struktur 23
Gravur in Struktur 25
Goldbronze auf Struktur 27
Mehrschichtige Strukturlagen 29

COLLAGE 30

Anwendung 31
Anregung 32
Anwendung 33
Chinapapier auf Farbstruktur 35
Collage auf Krakelierpaste 37
Lasur auf unterschiedlichen Papieren 39
Chinapapier auf geschichteter Farbe 41
Lasur auf Papiercollage 43
Paketschnur unter Chinapapier 45

BILDAUFBAU 46

FORMATWAHL 47

KOMPOSITIONSREGELN 48
Goldener Schnitt 48
Diagonalkomposition 49
Bildeingang und -ausgang 50
Anwendung 51
Anleitung 51
Drittelung senkrecht 53
Flächenvernetzung mittels Gravur 55
Flächenvernetzung mittels Muster 57
Flächenvernetzung mittels Zeichnung 59
Lose Flächenteilung mittels Kontur 61

FARBE 62

FARBKREIS 63
Begriffsdefinition 63
Primärfarben 63
Sekundärfarben 63
Tertiärfarben 63
Weitere Farbabstufungen 63
Anwendung 64

INTERAKTION 64
Variationen 65
Anwendung 65
Verlauf in Rot-Orange-Weiß 67
Gespachtelte Strukturen in Blau-Grün-Weiß 69
Dezenter Komplementärkontrast 71
Punktueller Komplementärkontrast 73
Komplementärkontrast im Goldenen Schnitt 75
Kräftiger Komplementärkontrast 77
Monochrome Malerei Kombination mit Cyan 79

FLÄCHE 80

Begriffsdefinition 81
Anwendung 81
Variationen 81

MALTECHNIKEN 81
Pastose Malweise 81
Lasur 83
Nass-in-Nass-Technik 84
Sprenkel- oder Spritztechnik 84
Granuliertechnik 85
Absprengtechnik 85
Pastos deckend mit Pinsel und Hartgummiwalze 87
Schüttung auf Untermalung 89
Schüttung auf Collage und Struktur 91
Schüttung auf Struktur 93
Schüttung auf deckender Untermalung 95
Lasur und Pastos deckend auf Struktur 97
Pastos gespachtelt auf lasierter Untermalung 99
Gewalzter Flächenauftrag 101

LINIE 102

ART DER LINIENFÜHRUNG 103
Anwendung 103
Anregungen 104

FUNKTIONALITÄT 105
Variationen 105

HAPTIK 106
Variationen 106
Sgraffito 106
Extrudiertechnik 107
Lineare Überlagerungen 109
Gesprenkelte Linie auf Collage 111
Glänzende Konturen in Silber 113
Kohlezeichnung auf gerollter Farbe 115
Gravur und Haptik in Kombination 117
Formgebende Bleistiftzeichnung 119
Erzählerische Bleistiftkritzelei 121
Blockstreifen versus freie Linie 123

FORM 124

Begriffsdefinition 125
Variationen 125
Freie Formen in Überlagerung 127
Pastos deckend und Lasur auf Untermalung 129
Positive und negative Schablone 131
Negativform mittels Lasur 133
Freie Formen im Goldenen Schnitt 135
Große versus kleine Form 137
Frei geschüttete Formen 139
Kreise in Negativschablone 141

MUSTER 142

Anregungen 143
Anwendung 143

STEMPEL 144
Anregungen 144
Anwendung 144

SCHABLONEN 145
Lineare Muster auf Collage 147
Kreisrunde Muster 149
Gesprühte Schablonenmuster 151
Frei Hand gespachtelte Muster 153
Muster auf Struktur 155
Collage einer Papierschablone 157

REFLEXION 158
Komposition 158
Farbphilosophie 158
Blicktiefe 158
Anregungen 158

ÜBER DIE AUTORIN 159

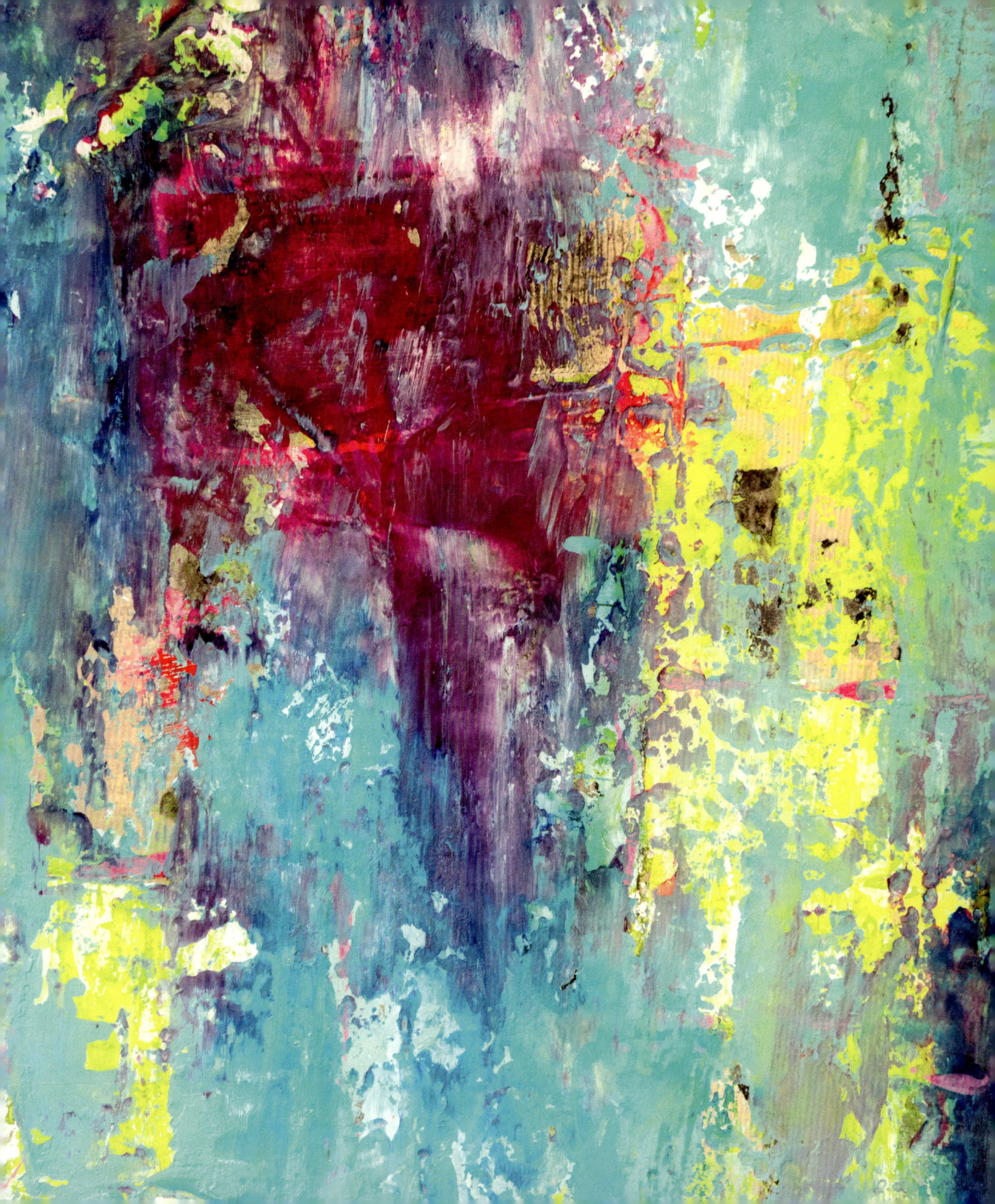

VORWORT

Abstrakte Malerei (lat.: abstrahere: abziehen, trennen) ist ein Sammelbegriff für verschiedene Strömungen ungegenständlicher Malerei, die keine Erinnerungen hervorruft und keinen Hinweis auf die sichtbare Wirklichkeit enthält. Die abstrakte Kunst hat ihren Platz in der Kunstszene in immer neuen Varianten und Stilrichtungen weltweit behauptet. In Europa entwickelte sich beispielsweise zunächst der französische Tachismus, ein spontanes Auftragen von Farbklecksen ohne überlegte Kompositionsprinzipien und später das Informel. Letzteres ist eine Strömung, die eine vollkommen „formlose Kunst" forderte und sowohl geometrische Formen als auch die abstrakte Wiedergabe von realen Gegenständen ablehnte.

Im Abstrakten Expressionismus wird auf verstandesmäßige Konzepte zugunsten eines spontanen Schaffensablaufes und großformatiger Gesten verzichtet. Das Resultat dieser unmittelbaren, raschen Arbeitsweise ist ein Werk, das idealerweise ohne jede Kontrolle durch den Verstand entsteht. Gemeinsam ist allen Strömungen die Überwindung einer wirklichkeitsbezogenen Darstellung. Nur noch die Mittel Farbe, Fläche, Linie und Form zählen, deren Komposition und Struktur treten in den Vordergrund.

Vor Jahren genoss ich einen außergewöhnlichen, dem Übungsansatz des autogenen Trainings angelehnten, audiovisuellen Tennisunterricht. Wohl wissend, dass ein gelungener Schlag aus vielen, sich aneinanderreihenden Abläufen besteht, die alle funktionieren müssen, konzentrierte man sich immer nur auf eine einzelne Sequenz des Schlages. So lief beispielsweise in einem Übungsabschnitt mit dem Inhalt, den Ball nicht aus den Augen zu lassen, die fast beschwörende, sich ständig wiederholende Anweisung „Du siehst nur den Ball, nichts als den Ball". Alle anderen Anteile waren in diesem Moment zwar unterbewusst auszuführen, standen aber nicht im Fokus der Aufmerksamkeit.

Dieses Training hat mich so nachhaltig beeindruckt, dass ich dieses Buch in ähnlich sequenzielle Lektionen gliedere. In den dazugehörigen Übungsansätzen fokussiere ich ebenfalls nur einen einzelnen Aspekt, wohl wissend, dass nie nur ein einzelner Ansatz zu einem guten Bild führt. Auf diese Weise prägen Sie sich die einzelnen Teile des „Baukastens der Möglichkeiten" ein, um sie irgendwann in spielerischer Art und Weise abrufen und kombinieren zu können. Mit dem Mut zum Experimentieren wird es Ihnen gelingen, Ihre Intuition zu stärken und mit der Zeit eine eigene, originelle Arbeitsweise zu entwickeln.

ABSTRAKTION

ABSTRAKTION REALER GEGENSTÄNDE

In abstrakten Bildern dienen Objekte und Elemente der realen Welt als Ausgangspunkt. Ohne sich an die Darstellung im üblichen Sinn zu halten, werden diese Modelle in einer äußerst persönlichen Interpretation umgesetzt, indem sie aus ihrem natürlichen Zusammenhang genommen oder bis zur Unkenntlichkeit verändert werden. Nehmen Sie also zur Abstraktion eines realen Gegenstands die Perspektive raus. Lassen Sie sich auf die Kleinigkeiten in Ihrer Umgebung ein und beachten Sie sowohl die unberührte Natur als auch von Menschenhand erzeugte Elemente. Reagieren Sie achtsam auf die Details im Hinblick auf Farben, Flächen, Formen, Linien und Strukturen.

Um die Abstraktion eines realen Modells anzufertigen, reduzieren Sie das Gesehene in ersten Skizzen auf einfache Formen oder verwenden nur Teile des gesamten Vorbildes. Konzentrieren Sie sich während des Malens auf das, was sich auf der Leinwand entwickelt, und vergessen Sie die ursprüngliche Inspirationsquelle.

Abstrahieren Sie z. B. durch

- Weglassen von Details
- Verzicht auf Perspektive, Licht und Schatten
- Zweidimensionale Wiedergabe
- Vereinfachung der Formen
- Wahl einer unrealistischen Farbe

Inspiration und Umsetzung

Beispielhaft für die Inspirationen aus Ihrer Umwelt bieten die nachfolgenden Fotos von Sequenzen eines Spaziergangs eine Fülle an Anregungen. Die kompositorischen Aspekte, unter denen die Fotos bereits aufgenommen wurden, sind in den entsprechenden Skizzen umgesetzt.

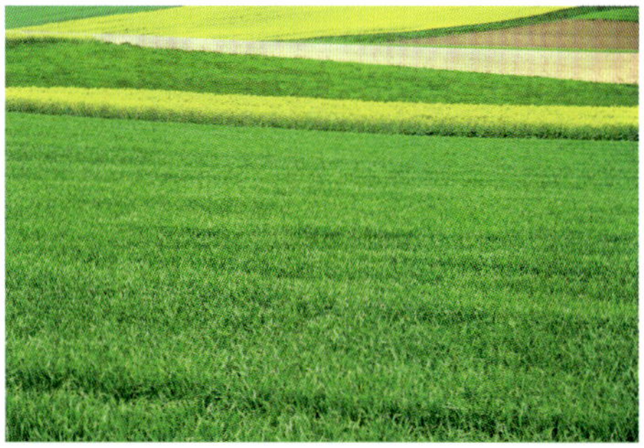

Frühlingsfelder – Fläche, Farbe

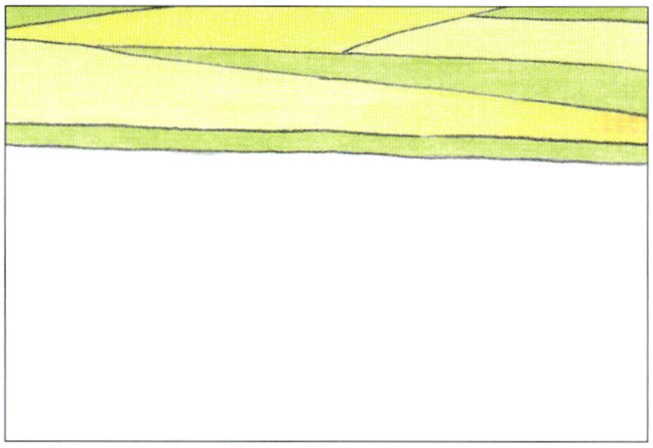

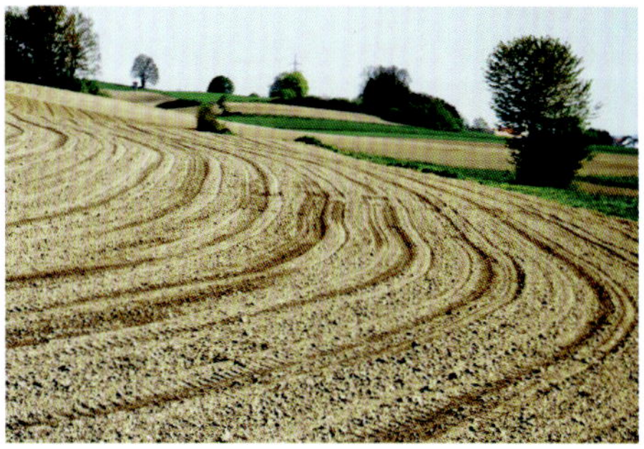

Frühlingsfelder – Fläche, Farbe

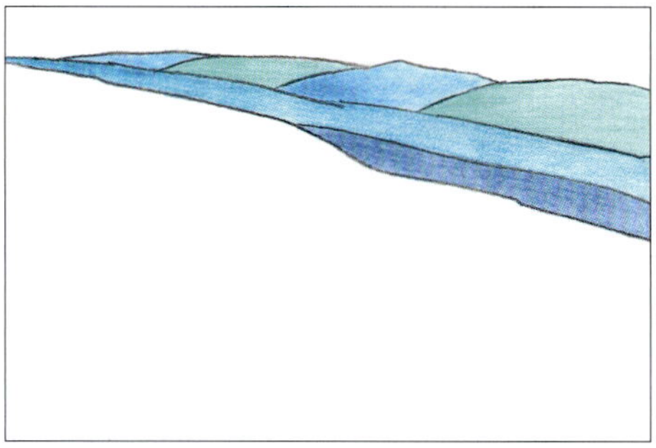

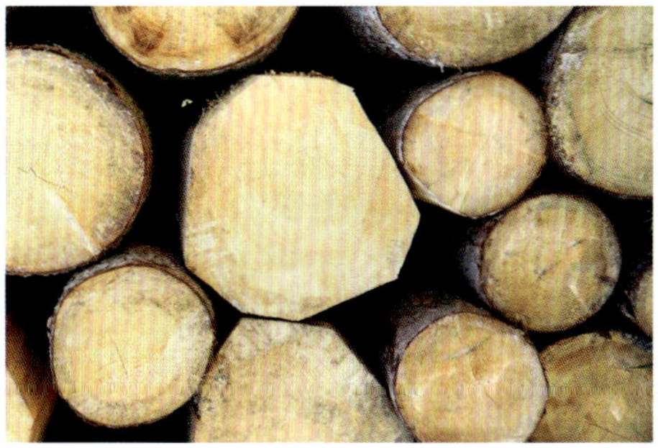
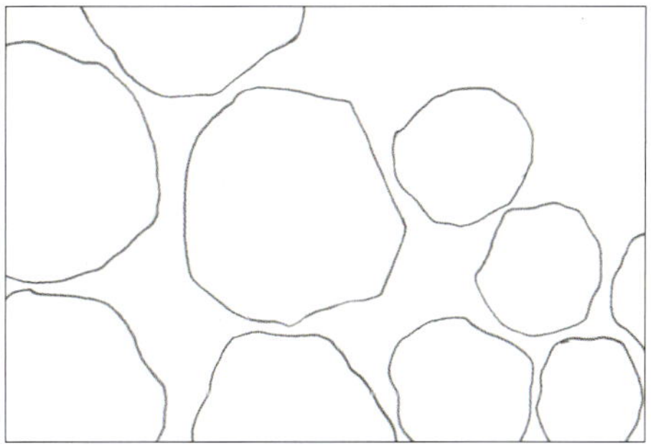

Gestapelte Baumstämme – Form

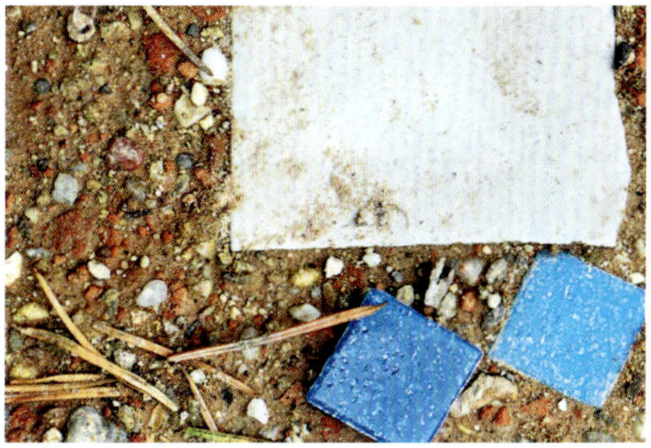
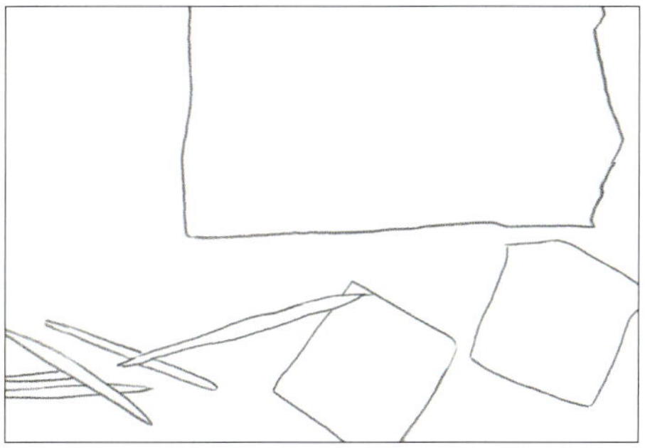

Bauschutt am Wegrand – Form, Struktur

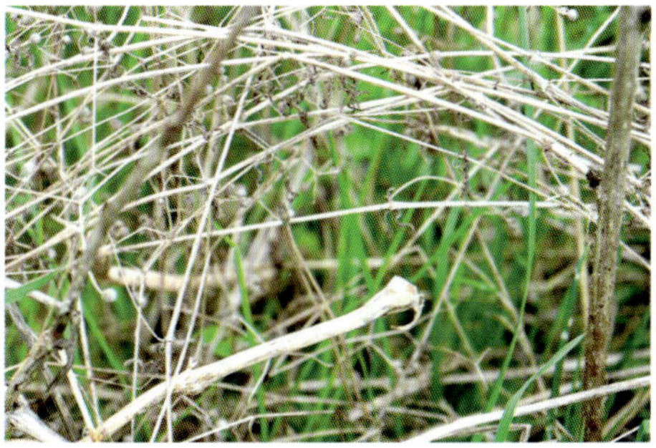
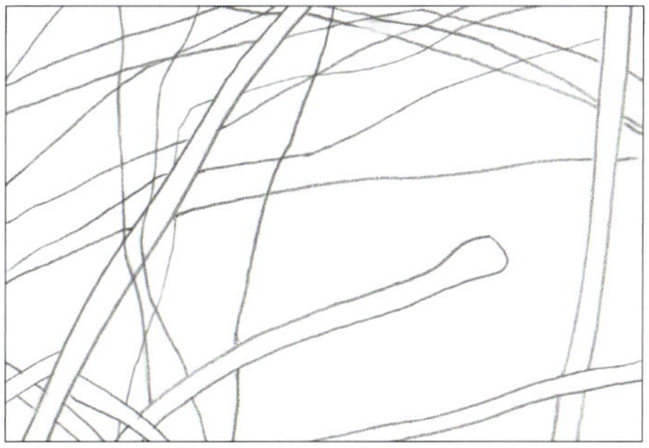

Getrocknete Ranken – Linie, Form

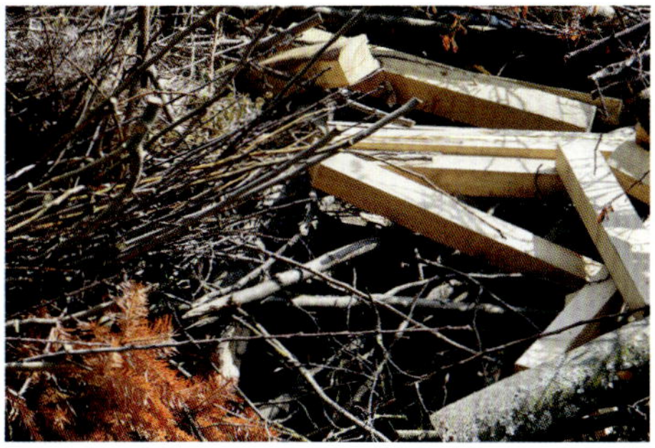
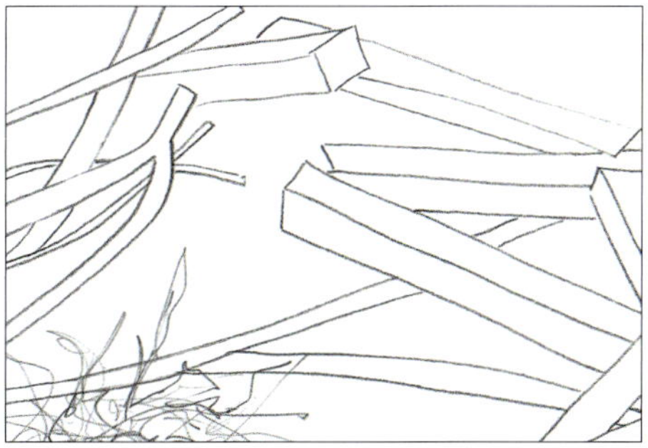

Reisighaufen – Linie, Form

INFORMELLE MALEREI

Informell ist ein Sammelbegriff für Stilrichtungen des 20. Jahrhunderts, zu denen sowohl der Tachismus als auch die lyrische Abstraktion gehört. In informellen, sprich gegenstandslosen Bildern gibt es weder Hinweise auf die reale Welt noch verwendet man geometrische Formen. Das Wie und Wo entspringt Ihrer Fantasie: Sie denken sich eine Komposition aus, entwerfen Flächen und Formen, wählen Farben und legen Strukturen fest. Intuition, Vorstellungsvermögen und Ausdrucksfähigkeit leiten diese anspruchsvolle Entwicklungsarbeit.

- Sie verzichten auf jegliche räumliche und naturalistische Vorlage.
- Sie konzentrieren sich auf Farbbeziehungen und Effekte der Oberflächen, die unmittelbar auf die Eigenschaften des gewählten Materials zurückgehen.
- Farbflecken tragen Sie ohne jede rationale Kontrolle auf.
- Sie arbeiten aus der Bewegung heraus, kombinieren Linie, Form, Farbe und Struktur und reagieren auf dabei entstehende Situationen.
- Sie stellen Ihre Gefühle und Empfindungen dar und verwandeln diese in der spontanen Improvisation Ihrer Ideen zum Bild.

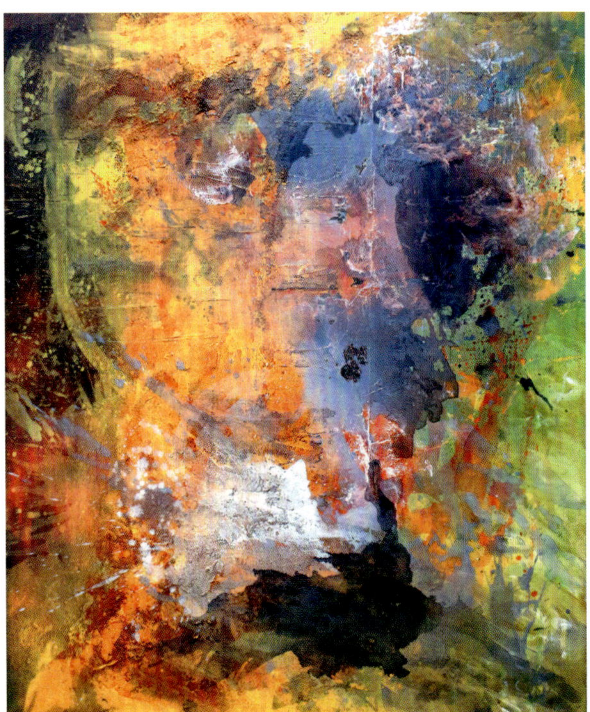

Arbeitsweise

Jedes abstrakte Bild ist ein Arrangement primärer und sekundärer Bildelemente. Je mehr Sie sich darauf einlassen, umso sicherer wird Ihr Gespür dafür, diese Quellen frei und intuitiv zu nutzen.

Finden Sie Ihren Weg mithilfe der primären Bildelemente: **Farbe, Fläche, Form, Linie, Struktur**

Bei der Realisierung helfen Ihnen die sekundären Elemente:

- **Bewegung** ist die sichtbare Fortbewegung von einem Ort zum anderen und bringt Lebendigkeit ins Bild. Der Blick wird aktiv durch die Bildfläche oder sogar darüber hinausgeführt.
- **Dynamik** Ein dynamischer Farbauftrag wirkt lebendig; ein Bild mit z. B. gleichen Pinselstrichen ist langweilig.
- **Auftragsrichtung** Horizontale Elemente wirken ruhig, diagonale oder vertikale Elemente dynamisch.
- **Rhythmus** Sich ähnelnde, rhythmische Wiederholungen primärer Bildelemente vernetzen die einzelnen Bildbereiche, da unser Auge dem Rhythmus folgt.
- **Wiederholung** Ein gewählter Farbton sollte mehrfach gesetzt werden und z. B. für die diagonale Vernetzung des Bildes sorgen.
- **Variation** Ein Bild braucht mehr als immer dieselben Formen und Farben; selbst kleine Variationen oder Abstufungen helfen.
- **Muster** Mehrfach vorhandene Muster in gleicher Form setzen verbindende Akzente.
- **Schwerpunkt** Die deutliche Positionierung eines Hauptelements zieht den Blick auf sich.
- **Kontrast** Eine deutliche Differenzierung von Tonwerten zieht die Aufmerksamkeit auf sich und bringt Spannung ins Bild.
- **Gegensatz** Im dualen Denkansatz, wie z. B. klein versus groß, haben Sie die Möglichkeit mit Form und Fläche zu spielen.
- **Harmonie** Trotz aller Gegensätze sollte eine gewisse Harmonie im Bild zu spüren sein.
- **Dominanz** Die unterschiedliche Gewichtung von Flächen sorgt für spannende Bildaussagen. Eine große gewichtige Fläche erfordert z. B. mehrere kleine Flächen als Gegengewicht.
- **Balance** erfordert eine kompositorische Ausgewogenheit, quasi ein visuelles Gleichgewicht der primären Bildelemente.

LEKTIONEN UND ÜBUNGEN

Anhand der nachfolgenden Lektionen lernen Sie Ihren „Baukasten der Möglichkeiten" kennen. Die Inhalte der einzelnen Lektionen beziehen sich zunächst auf die allgemein gültigen theoretischen Aspekte der Bildaufbauregeln und die technischen Aspekte von Struktur und Collage. Im Hinblick auf die abstrakte Malerei bilden die Ausführungen zu den primären Bildelementen Farbe, Fläche, Linie und Form im Zusammenhang mit den sekundären Elementen die Essenz dieses Buches. Im Anschluss jeder Lektion finden Sie entsprechende Übungen, die darauf ausgerichtet sind, Ihre künstlerischen Fähigkeiten zu stärken und zu verinnerlichen. Investieren Sie Ihre Zeit in viele praktische Übungen und sammeln Sie so viel Erfahrung im Umgang mit Material und Technik. Im bewussten Umgang mit den Bausteinen eines Werkes stärken Sie Ihre Intuition. Auf dieser Basis fällt es leichter, selbst Ideen zu finden und eine eigenständige und originelle Arbeitsweise zu entwickeln. Es muss kein „schönes Bild" dabei herauskommen. Genießen Sie Ihr Tun.

- Die Reihenfolge der Lektionen ist beliebig und nicht nach wachsendem Schwierigkeitsgrad gegliedert.
- Einige Übungen sind in kurzer Zeit einfach umzusetzen, andere sind schwierig und werden Sie mehrere Tage oder sogar Wochen beschäftigen.
- Jede der beschriebenen Schichten ist grundsätzlich zu trocknen, bevor Sie mit der nächsten Lage beginnen. Nur in Ausnahmefällen (in der Arbeitsfolge explizit erwähnt) wird in den bestehenden, nassen oder feuchten Farbauftrag gearbeitet.
- Basierend auf einem Schwerpunkt beziehen sich die Übungen auf den Inhalt der jeweiligen Lektion. Aspekte aus anderen Lektionen kommen ebenfalls zum Einsatz und vermischen sich, da sie nicht außer Acht gelassen werden können.
- Versuchen Sie nicht nur „nachzumalen". Die Abbildungen dienen mehr der Inspiration und sollen Ihnen helfen, sich die Übung visuell vorzustellen.
- Lassen Sie immer Raum für Spontaneität und Intuition. Betrachten Sie die Vorlage lediglich als eine Anregung und nicht als das Maß aller Dinge.
- Ich rate Ihnen dringend, die Übungen mehrfach zu wiederholen und mit den Vorgaben zu experimentieren, um die Schrittfolgen zu verinnerlichen.

Auf einen Blick erschließt sich der Ansatz jeder Übung:

- Titel der Übung
- Themenschwerpunkt, primäre und sekundäre Bildelemente
- Werkzeug/Material
- Arbeitsfolge – strukturierte Schilderung der Schrittfolgen
- Tipp – Abwandlungen

Üblicherweise werden alle Techniken kombiniert. Die Verwendung von zwei oder mehr Malverfahren in einem Werk eröffnet neue Arbeitsmöglichkeiten und Sichtweisen. Im Sinne von Mixed Media überlagern sich Farbaufträge in unterschiedlicher Konsistenz mit Collage und Strukturelementen.

UNTERMALUNG

Die Redewendung „Angst vor der weißen Leinwand" beschreibt die Schwierigkeit des Einstiegs in ein Bild. Über einen farbigen Fond als Grundlage gelingt die Kontaktaufnahme zum Bildträger leichter. Diese sogenannte Untermalung hat keinen Anspruch auf Richtigkeit oder Gefälligkeit; sie kann jederzeit übermalt oder überklebt werden. Verringern Sie Ihren Leistungsdruck mit einem ersten, unbeschwerten Farb- oder Strukturauftrag. Für gewöhnlich werden neutrale, mittlere Farbtöne wie weiches Braun, Ocker oder Grau verwendet. Grün oder Blau machen das Werk kälter, während Gelb, Rot und Orange ihm Wärme verleihen.

Anregungen

- Spachteln Sie die Farbreste auf Ihrer Palette auf einen Bildträger. Neben Aspekten des Umweltschutzes (die Reste würden ansonsten im Müll landen) entstehen auf diese Weise dem Zufall überlassene Farbarrangements.
- Verbrauchen Sie alte oder ungeliebte Farbtöne in der Untermalung; das führt zu spannenden Farbkombinationen, die Sie bewusst nie wählen würden.
- Großzügig und spontan aufgetragene Pinselstriche ergeben eine interessante Oberflächentextur.

MATERIAL

Das schönste Motiv kann nicht zur Geltung kommen, wenn die Qualität der verwendeten Materialien minderwertig ist. Verwenden Sie also qualitativ hochwertiges Material, um sich voll und ganz auf das Wesentliche konzentrieren zu können: das Malen.

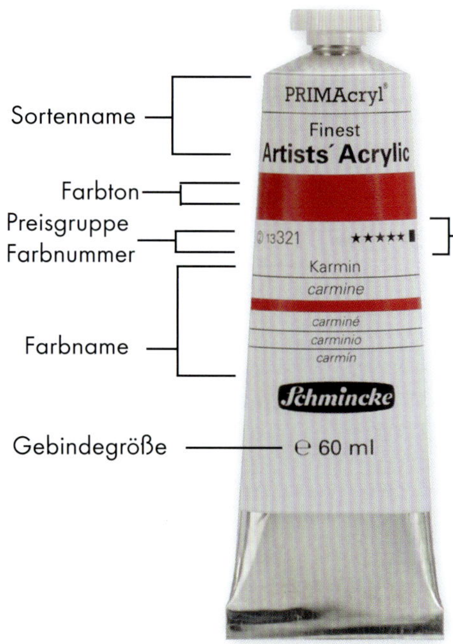

Lichtechtheit
★★★★★ höchst lichtbeständig
★★★★ hoch lichtbeständig

Lichtechtheit

Sonnenlicht hat aufgrund seines UV-Anteils eine zersetzende Wirkung, die zu sichtbaren Farbveränderungen bzw. zum Ausbleichen der Farbe führt. Die Lichtechtheit der jeweiligen Farbe wird mit der sogenannten Wollskala deklariert, die anzeigt, wie unterschiedlich die einzelnen Farben unter Sonneneinstrahlung ausbleichen bzw. verblassen. Der Grad der Lichtechtheit wird mittels einer mehrstufigen Einteilung in Sternchen angegeben.

Deckkraft und Lasureigenschaften
□ transparent
⧅ halblasierend
◪ halbdeckend
■ deckend

Deckkraft

Obwohl Acrylfarbe im Allgemeinen als deckende Farbe eingestuft wird, gibt es große Unterschiede: Es gibt deckende als auch lasierende Töne in allen Farbbereichen. Beachten Sie das Symbol „Quadrat", das den Grad der Deckkraft angibt.

FARBEN

Informationen über die Qualität der Produkte und die spezifischen Eigenschaften der einzelnen Töne eines Sortiments finden Sie auf der Verpackungs-Banderole.

- **Acrylfarben** sind generell pastos. Farben mit dem Zusatz „Heavy Body", die, ohne „in sich zusammenzusacken", strukturstabil auftrocknen, sind hervorragend für Spachteltechniken geeignet.
- **Hochwertige Farben** werden als Fluid angeboten, die bei maximaler Pigmentkonzentration eine weichfließende Konsistenz besitzen.
- **Hochpigmentierte flüssige Acrylfarben** sind in Fläschchen abgefüllt, die eine Pipette zur Farbentnahme enthalten. Sie eignen sich für Lasuren, die Nass-in-Nass-Technik und den zeichnerischen Einsatz mittels Rohr- oder Stahlfeder.
- **Tinten** trocknen ähnlich der Aquarellfarbe wasserlöslich an, verfügen nur über geringe Lichtechtheit.
- **Tusche** ähnelt der Tinte; durch zusätzliche Bindemittel ist sie wasserfest, lichtbeständig und teilweise sogar dokumentenecht.
- **Wasserabweisende Ölpastelle** sorgen für spezielle Effekte unter verdünnt aufgetragener Acrylfarbe oder in granulierenden finalen Aufträgen.
- **Softpastelle** bestehen aus „in Form gepresstem Pigmentstaub" ohne nennenswerte Zugabe natürlicher Bindemittel.

- **Weiche Bleistifte, dicke Grafitsticks und Farbstifte** eignen sich zum Zeichnen linearer Spuren.
- **Naturkohlestäbchen** sind sowohl zum Skizzieren als auch zum Setzen zeichnerischer Akzente in feuchten und auf trockenen Farbflächen gut.
- **Acrylbinder** dient zum Einkleben von Collagematerial.
- Mit **Sprühfixativ** kleben Sie trockene Materialien wie z. B. Kohle, Pastell und Pigment dauerhaft fest.
- **Firnis** verwenden Sie zum Schutz Ihrer fertig getrockneten Bilder vor Staub und UV-Strahlung.

PASTEN UND GELE

Im Künstlerbedarf gibt es unterschiedliche Pasten und Gele, deren Struktur ohne Volumenschwund antrocknet. Pasten trocknen opak auf. Gele erscheinen im feuchten Zustand milchig-weiß; erst während des Trocknungsprozesses werden sie transparent. Als Grundpaste eignet sich Leichtstrukturpaste oder Modellierpaste – beide sind für den Zuschlag von strukturverändernden Füllstoffen und die Anlage von Collagen geeignet. Leichtstrukturpaste ist zudem sehr saugfähig und gut für Lasur- und Nass-in-Nass-Techniken. Neben den Grundpasten gibt es eine Menge unterschiedlicher Produkte, denen die Hersteller bereits effektvolle Füllstoffe beigemischt haben, wie z. B. Bimsstein.

MALGRÜNDE

- **Acrylpapier** sollte nie unter 350 g/m² liegen, um den pastosen und vielschichtigen Farbaufträgen standhalten zu können. Hochwertige Blöcke sind rundum verleimt, um ein unkontrolliertes Ausdehnen und „Wellenbildung" bei Befeuchtung zu unterbinden; das Blatt wird erst nach vollständiger Trocknung des Bildes vom Block gelöst!
- **Leinwand** Im Fachhandel gibt es vorgrundierte Leinwände, die gebrauchsfertig über Keilrahmen gespannt sind. Auf nicht grundierter Leinwand können Sie die Oberflächenstruktur der Grundierung selbst bestimmen, indem Sie z. B. Spuren mit einem groben Borstenpinsel erzeugen.
- **Malkarton** aus vorgrundierter Leinwand, die auf eine stabile Graupappe aufgezogen ist, bietet sich mit einer geringen Tiefe von 3–5 mm für die Rahmung in herkömmlichen Bilderrahmen an.
- **Alternative Malgründe** sind z. B. Metallplatten, Glas oder Plexiglas. Massivholz sowie verschiedene Pressspanplatten aus dem Baumarkt sollten Sie vorab grundieren. Farblose, weiße oder schwarze Acrylgrundierung wird hierzu mit einem breiten Pinsel in zwei Schichten deckend aufgetragen.

WERKZEUG

Mit einer Auswahl unterschiedlich breiter Pinsel in Synthetik und Borste sind alle Techniken ausführbar. Empfehlenswert sind: ein breiter **Flächenstreicher** für großflächige Farbaufträge und Lasuren; ein **Katzenzungenpinsel** für kleinere Farbflächen; ein **dünner Rundpinsel** mit feiner Spitze für Details und Linien.

- **Malspachtel** eignen sich neben der pastosen Spachteltechnik zum Untermischen von Strukturmaterial und zur Verarbeitung von Collageelementen. Für größere Flächenaufträge finden Sie im Baumarkt **Rakel**, **Japanspachtel** oder **Fliesenspachtel.**
- **Kunststoff-, Schwamm-** und **Lammfellrollen** sorgen für unterschiedliche Farbstrukturen.
- **Haushaltsschwämme** eignen sich, um weiche Farbverläufe zu verwischen oder um Farbe großzügig über große Formate zu verteilen. Farbstrukturen tupfen Sie mit einem **Naturschwamm.**
- Getrocknete Farbe lässt sich mit **Schmirgelpapier** oder mit **Topfkratzern** aus groben Metallfäden abschleifen bzw. unterliegende Schichten teilweise wieder freilegen.
- Verdünnte Farbe können Sie auf dem Bildträger mit einem **Wasserzerstäuber** in feinen Übergängen versprühen.
- **Malerkrepp** verwenden Sie zum Abkleben scharfer Kanten.
- **Abreißpaletten** aus Papier mit beschichteter Oberfläche können nach Gebrauch im Restmüll entsorgt werden. Für größere Farbmengen oder Lasurmischungen bieten sich Näpfe an.

STRUKTUR

Unebenheiten, Rauheit, Haptik und Gravur, d. h. Effekte aller Art, welche die glatte Maloberfläche stören, nennt man Struktur. Neben der Auftragsweise und der manuellen Bearbeitung von Strukturpasten geht es in dieser Lektion um den Zuschlag von strukturverändernden Füllstoffen. Visuelle, nicht fühlbare Strukturen wie z. B. Graphitzeichnungen oder aufgesprühte Muster werden in den entsprechenden Lektionen behandelt.

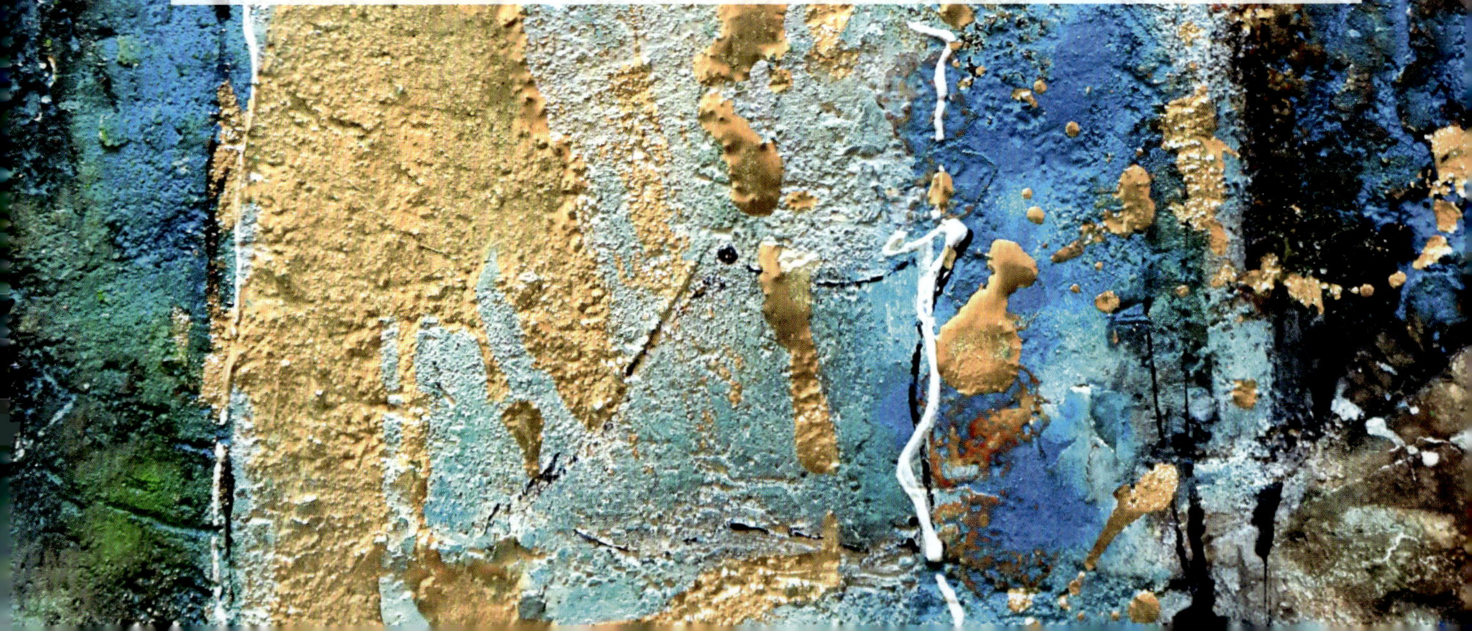

MANUELLE OBERFLÄCHENGESTALTUNG

Strukturen können in unterschiedlichen Phasen des Malprozesses gesetzt werden.

- **Davor** – auf dem unbehandelten Malgrund
- **Dazwischen** – auf trockenen Farbschichten
- **Danach** – auf der fertigen Arbeit

Nutzen Sie unterschiedliches Werkzeug und reizen Sie die Möglichkeiten Ihrer Handführung aus um die Oberfläche manuell zu bearbeiten. Setzen Sie sogenannte Bewegungsspuren in die Paste, um sprichwörtlich Bewegung ins Bild zu bringen.

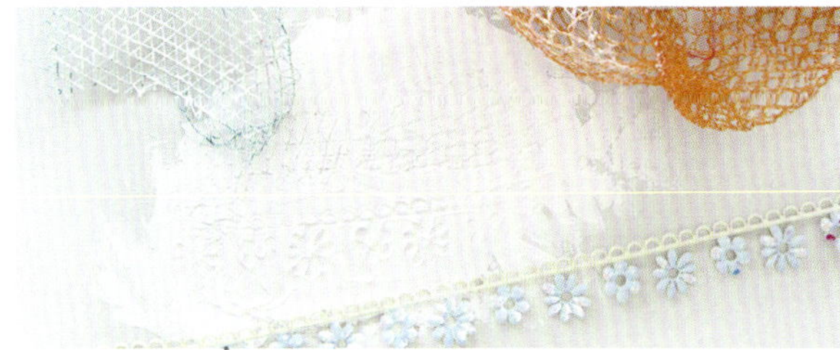

Drücken Sie Spitzenbordüren oder Gitternetze in die Paste, ziehen einen Spachtel leicht darüber ab, so bleibt das Muster stehen.

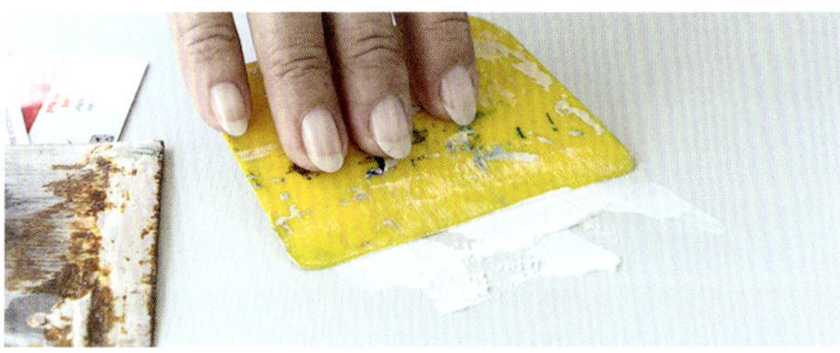

Für großflächige Aufträge halten Sie den Spachtel im flachen Winkel zum Bildträger und ziehen mit leichtem Druck über die gewünschte Fläche.

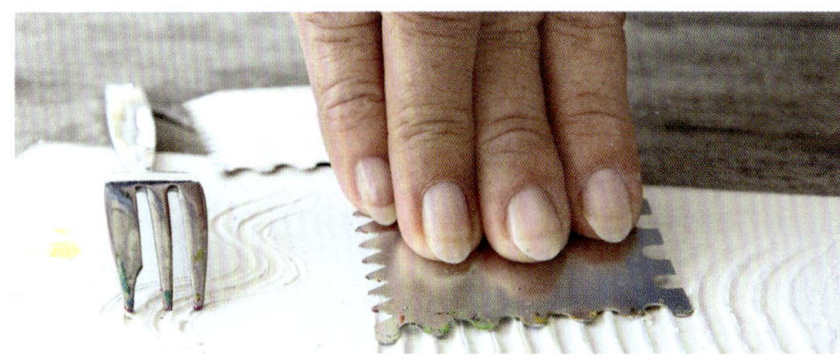

Linien mit gleichem Abstand zueinander lassen sich hervorragend mit einer alten Gabel, einem Kamm oder einem Zahnspachtel eingravieren.

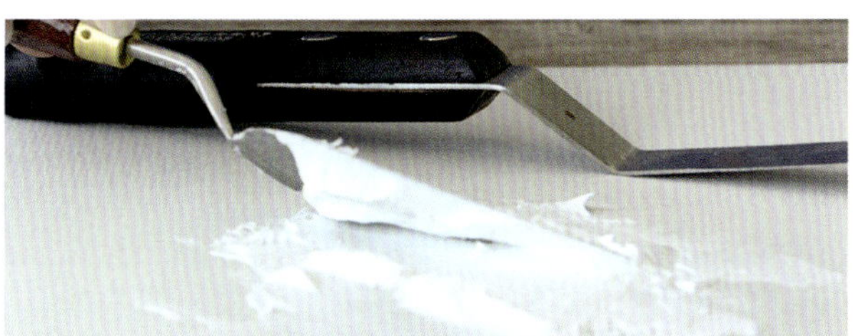

Für Anhäufungen nehmen Sie Paste in kleinen Mengen auf, verteilen diese in allen Richtungen und drücken mal stark, mal leicht auf.

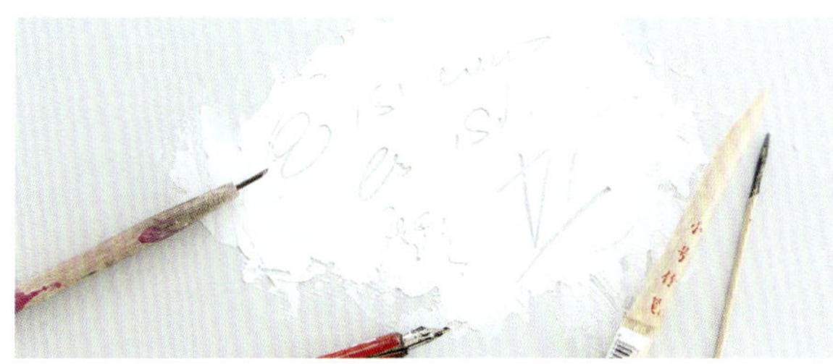

Mit Zahnstochern und ähnlich spitzen Gegenständen entstehen feine Gravuren; für breitere Linien, bieten sich Bambusfedern an.

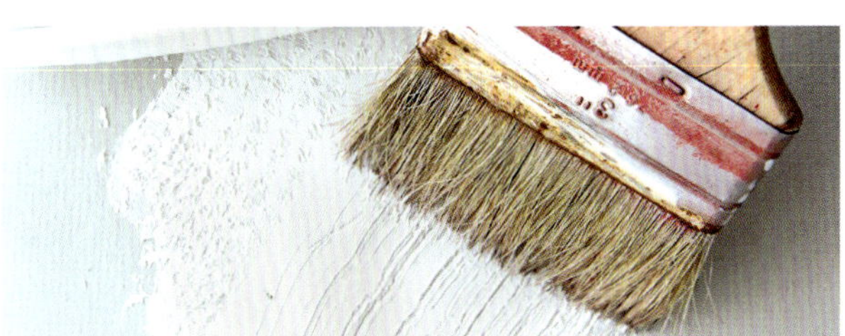

Aufgetragene Paste lässt sich mit einer alten Bürste oder einem Borstenpinsel rillenartig strukturieren oder verstupfen.

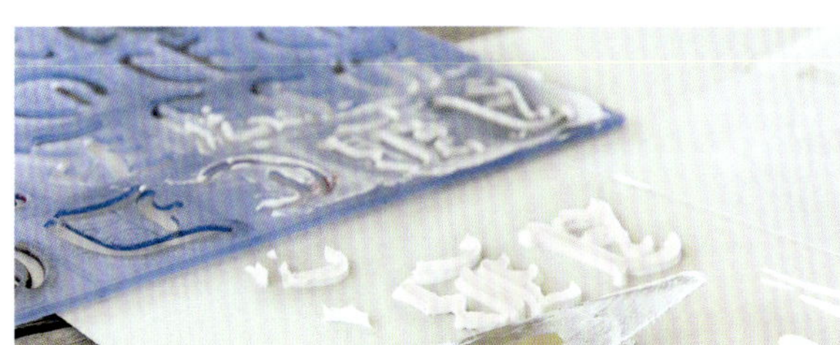

Haptische Formen erzeugen Sie, indem Sie eine Schablone auflegen und Strukturpaste mit einem Spachtel darüber abziehen.

ZUSCHLAG- UND FÜLLSTOFFE

Die Konsistenz bzw. den Oberflächeneffekt von Pasten verändern Sie durch Beimengung strukturverändernder Füllstoffe. Sogar organische Stoffe wie Sägespäne oder „Ökoabfälle", z. B. Kaffeesatz, können Sie verwenden; wichtig ist, dass sie vollständig durchgetrocknet sind.

- **Asche** bietet ganz unterschiedliche Körnungen. Auch die Farbgebung variiert: Je nachdem, welche Holzsorte verbrannt wurde, entstehen helle Ockertöne, rötliche Schattierungen oder auch kalte Grautöne.
- **Kaffeepulver** ebenso wie klein geriebener **schwarzer** oder **grüner Tee** geben nicht nur interessante Strukturen, sondern auch noch ihre Eigenfarbe ab.
- Im Baumarkt erhältlichen **Fugensand oder Vogelsand** verwenden Sie für gröbere und sandig anmutende Oberflächen.
- **Getrocknete Gewürze, Samen** und **Körner** liefern eine immense Formenvielfalt.
- Aufgestreutes **Sägemehl** verklebt je nach Feuchtigkeit des Strukturauftrages oder bleibt pulvrig stehen.
- **Hobelspäne** erzeugen interessante Grobstrukturen.

ANWENDUNG

Ähnlich der Herstellung von Plätzchenteig, vermengen Sie kleinteilige oder pulverisierte Zuschlagstoffe mit reiner Paste. Achten Sie auf das Mengenverhältnis. Die Mischung darf nicht zu trocken werden, sonst bleibt das Material nicht auf dem Bildträger kleben.

- Achten Sie darauf, die Klebekraft des Acrylbinders nicht zu überreizen – mit Zuschlagstoffen angereicherte Paste sollte im feuchten Zustand nicht „bröseln".
- Gleichmäßige Mischungen erzeugen Sie vorab auf der Palette oder in einem Näpfchen.
- Für lebendige Mischungen unterschiedlicher Intensität mischen Sie den Zuschlagstoff erst auf dem Bildträger während des Strukturauftrages.
- Pulverisierte Zuschlagstoffe saugen die Flüssigkeit des Acrylbinders zügig auf und trocknen schnell an.
- Pasten und Gele können Sie mit Pigmenten, pastoser oder flüssiger Acrylfarbe einfärben.
- Pasten enthalten Weißanteile im Gegensatz zu den klaren Gelen. Färben Sie Pasten ein, so erhalten Sie pastellige Mischungen.

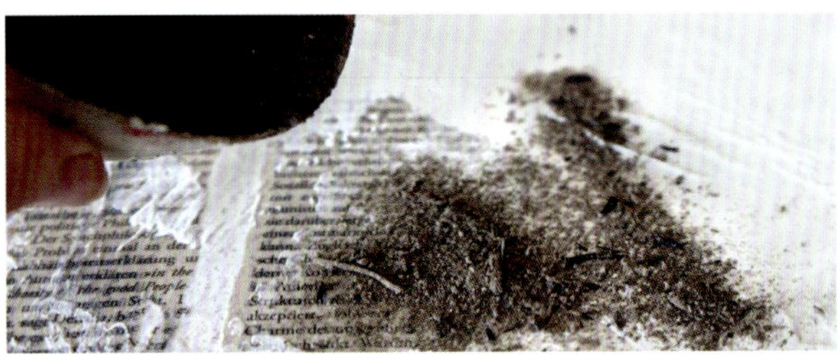

Asche wird auf die feuchte Paste gestreut und mit lockeren Bewegungen unregelmäßig verteilt.

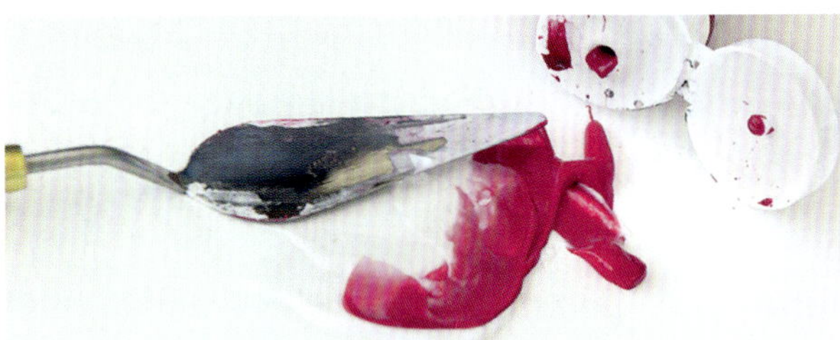

In der Mischung mit transparentem Gel bleibt die Reinbuntheit der beigemengten Farbe erhalten.

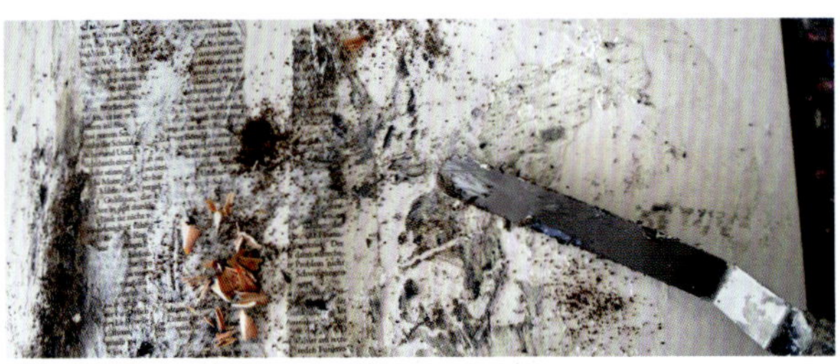

Ergänzend werden hier Spitzerschnipsel und Kaffeepulver zur Vernetzung der Strukturbereiche eingearbeitet.

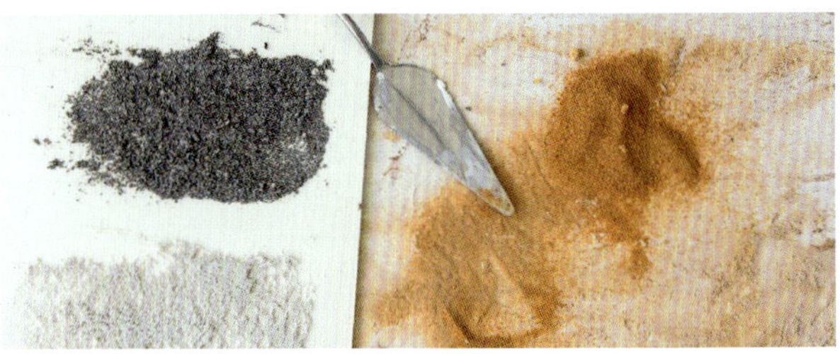

Sand in unterschiedlichen Farbtönen und Körnungen eignet sich ebenso wie Fugensand.

FARBAUFTRAGSTECHNIKEN AUF TROCKENER STRUKTUR

Für die farbige Bearbeitung strukturierter Oberflächen eignen sich das Lasurverfahren und die Trockenpinseltechnik. Pastoser, deckender Farbauftrag würde die entstandenen Scharten und Vertiefungen im Strukturauftrag nur zukleistern und deren Wirkung wieder aufheben.

- Flüssige Lasuren können sich an den erhabenen Stellen des Strukturauftrages nicht halten, sie fließen ab und sammeln sich in den Vertiefungen. Dies verstärkt auf eindrucksvolle Weise die Tiefenwirkung und betont die Kontraste der aufgetragenen Schichten.
- Eine Steigerung des Abfließens der aufgetragenen Lasurfarbe erreichen Sie durch nachträgliches Aufsprühen von Wasser.
- Lassen Sie derartige Farbaufträge in waagrecht liegender Position trocknen. Gehen Sie mit dem Pinsel nicht in den antrocknenden Farbansatz; das zerstört oft mehr, als es an Verbesserungen bringt.
- Schaukeln Sie Ihr Bild lieber hin und her, um die nassen Farbaufträge in gewünschte Vertiefungen bzw. an bestimmte Stellen fließen zu lassen.
- Akzeptieren Sie die Eigendynamik der Materialien und lassen Sie auch unkontrollierte Ergebnisse zu.
- In der Trockenpinseltechnik haftet die Farbe nur an den erhabenen Stellen und betont den Strukturauftrag in der Umkehrwirkung.
- Für granulierende Farbaufträge bieten sich auch Ölpastell oder Softpastell an.

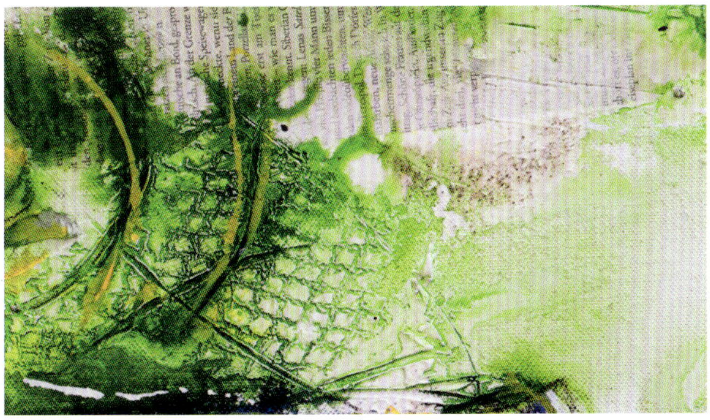

Lasur fließt in die Vertiefungen wie z. B. dieser Gitterstruktur und trocknet dort intensiver an als auf den erhabenen Stellen.

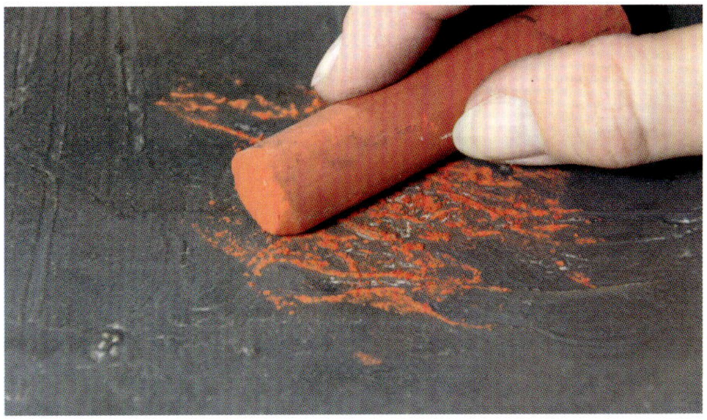

Granulierend aufgetragenes Softpastell betont Strukturen, wie die hier zu sehenden zerklüfteten Bewegungsspuren.

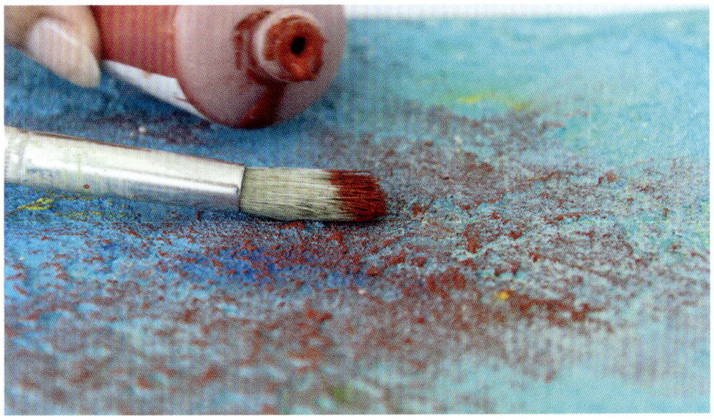

Die Trockenpinseltechnik funktioniert, wenn Sie mit einem ausgefransten Borstenpinsel ohne Druck über die raue Struktur streichen.

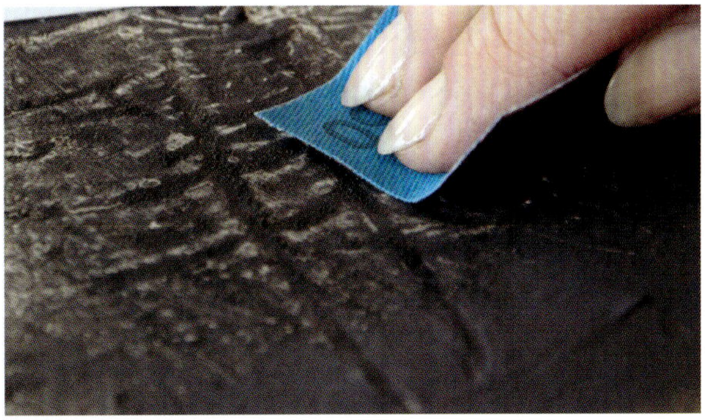

Um Lichter zu setzen oder die unterliegende Farbe hervorzuholen, schleifen Sie die erhabenen Stellen mit Sandpapier an.

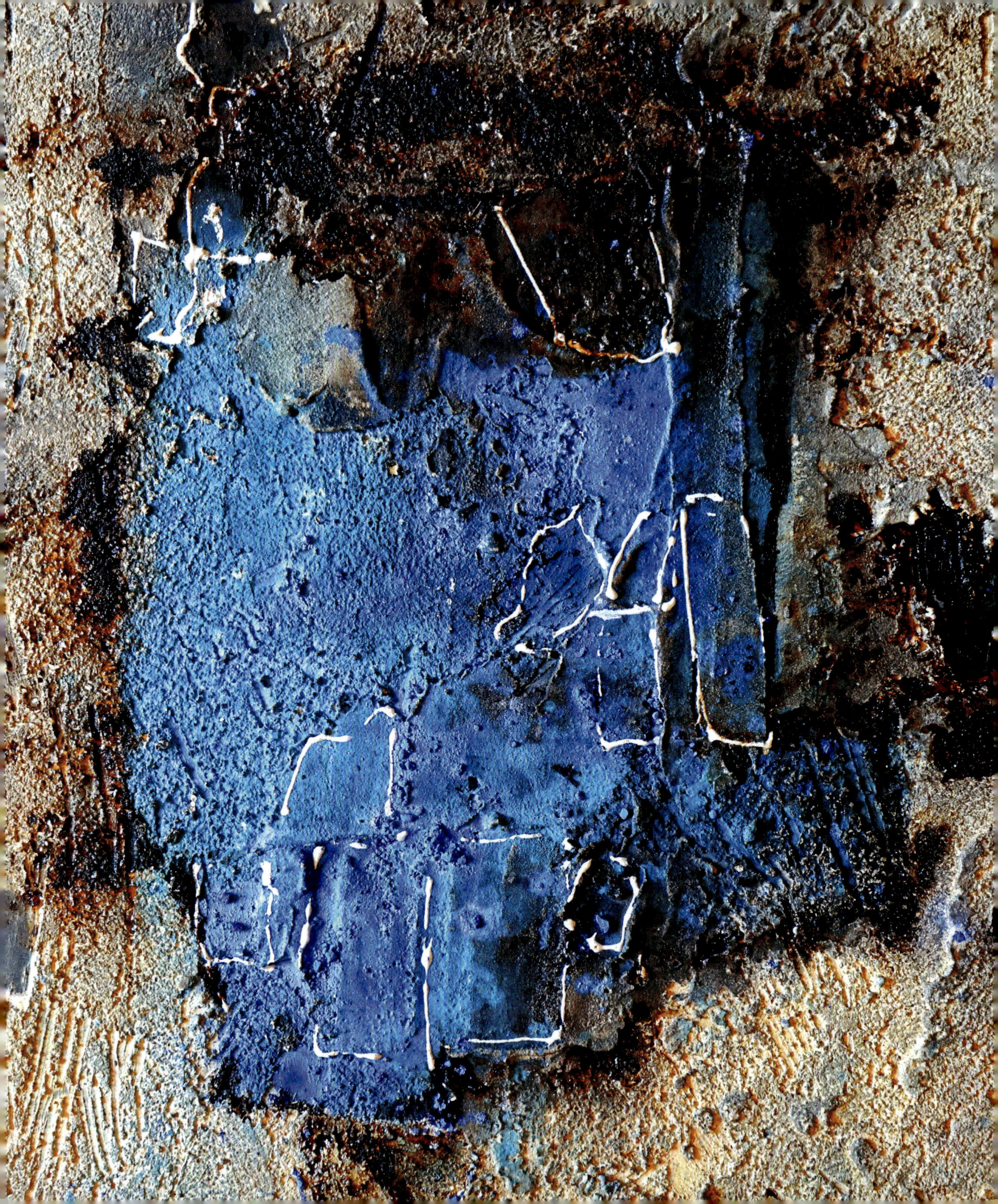

Lasur auf grober Sandstruktur

AUFTRAG UND MATERIAL

Themenschwerpunkte

Farbe, Fläche, Linie, Struktur, Variation, Dynamik, Kontrast, Malgrund

Werkzeug

Spachtel, Flachmaler, Dosierflasche, Sprühflasche

Material

Keilrahmen: 40 × 60 cm, Leichtstrukturpaste, Quarzsand

Acrylfarben: Titanweiß, Sand, Vandyckbraun, Primärcyan

Pigment: Kobaltblau, Moorlauge

Originalformat

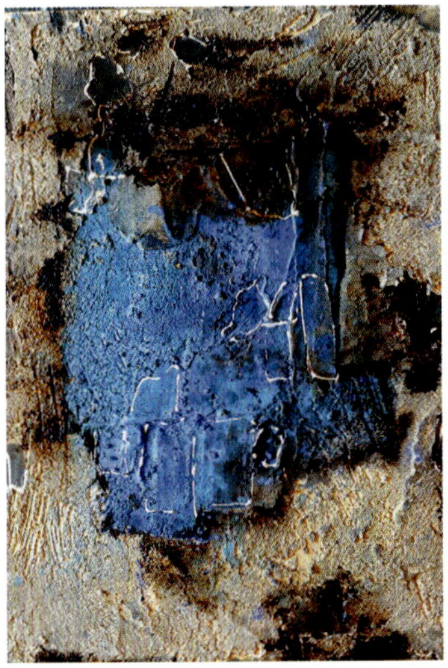

ANLEITUNG

Sie vermengen Paste mit Quarzsand und spachteln die Masse in großzügigen Bewegungen auf den Großteil der Bildfläche. Spontan entstandene Löcher im Strukturauftrag lassen Sie stehen, um einen Ausblick auf die blanke Leinwand zu behalten. In einer zweiten Schicht tragen Sie im Kernbereich des Bildes reine Paste auf und erzeugen an deren Auftragsrändern scharfe haptische Scharten. Leicht verdünntes Warmgrau lasieren Sie mit dem Flachmaler über die gesamte Fläche; diesen Vorgang wiederholen Sie mit Sand. Mit der Dosierflasche füllen Sie Moorlauge in die Strukturlücken und versprühen die Ränder mit Wasser. In den noch feuchten Auftrag schütten Sie leicht verdünntes Cyan in den Kernbereich des Bildes und stäuben Pigment in Kobaltblau ein. Abschließend konturieren Sie einige der Strukturscharten mit leicht verdünntem Titanweiß mit einer dünnen Tülle aus der Dosierflasche.

TIPP

Moorlauge verhält sich anders als Acrylfarbe; sie blüht stärker aus und trocknet wasserlöslich auf.

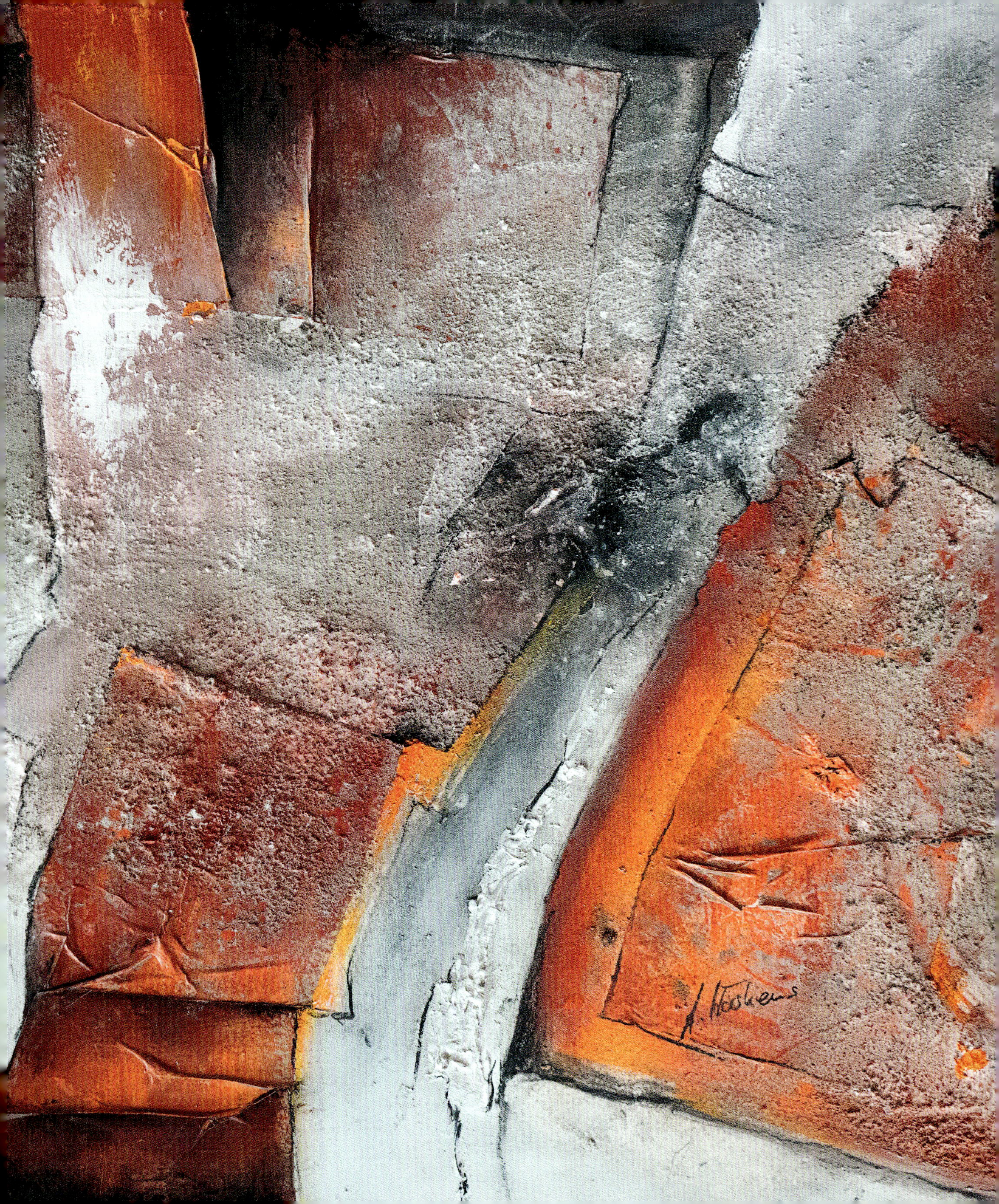

Struktur auf Papiercollage

AUFTRAG UND MATERIAL

Themenschwerpunkte

Farbe, Fläche, Linie, Struktur, Variation, Dynamik, Bewegung, Kontrast

Werkzeug

Spachtel, Flachmaler, Sprühflasche

Material

Keilrahmen: 80 × 120 cm, Leichtstrukturpaste, Quarzsand, Asche, Acrylbinder, Packpapier, Seidenpapier, Kohle

Acrylfarben: Titanweiß, Indischgelb, Siena gebrannt, Schwarz

TIPP

Die staubig auf der Oberfläche liegende eingeworfene Asche bewirkt durch die Lichtbrechung eine außergewöhnliche Strahlkraft der unterliegenden Farben.

ANLEITUNG

Auf einer Collage von breiten, in Falten drapierten Packpapierstreifen befestigen Sie in einzelnen Bereichen zerknülltes Seidenpapier mit Paste. Spachteln Sie Paste mit Quarzsand sowohl über die collagierten Papiere als auch auf die nackte Leinwand. Bearbeiten Sie Teilflächen mit dem Flachmaler in Sienna gebrannt und Indischgelb. Vernetzen Sie die Farbflecken in Titanweiß und Schwarz. Sie schütten mit Acrylbinder vermischtes und leicht verdünntes Titanweiß über große Flächen und werfen Asche mit voller Wucht in die feuchte Farbe. Sofern notwendig, spachteln Sie an einigen Stellen Lichter mit Titanweiß auf. Eine abschließende Konturierung der Flächen mit Kohle grenzt die einzelnen Bereiche voneinander ab und festigt die Bildaussage.

Originalformat

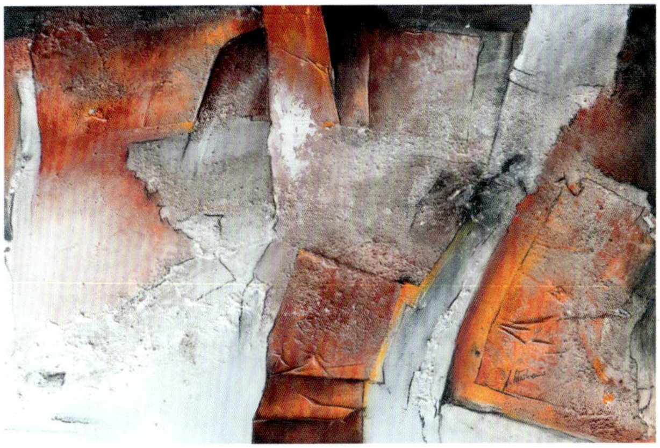

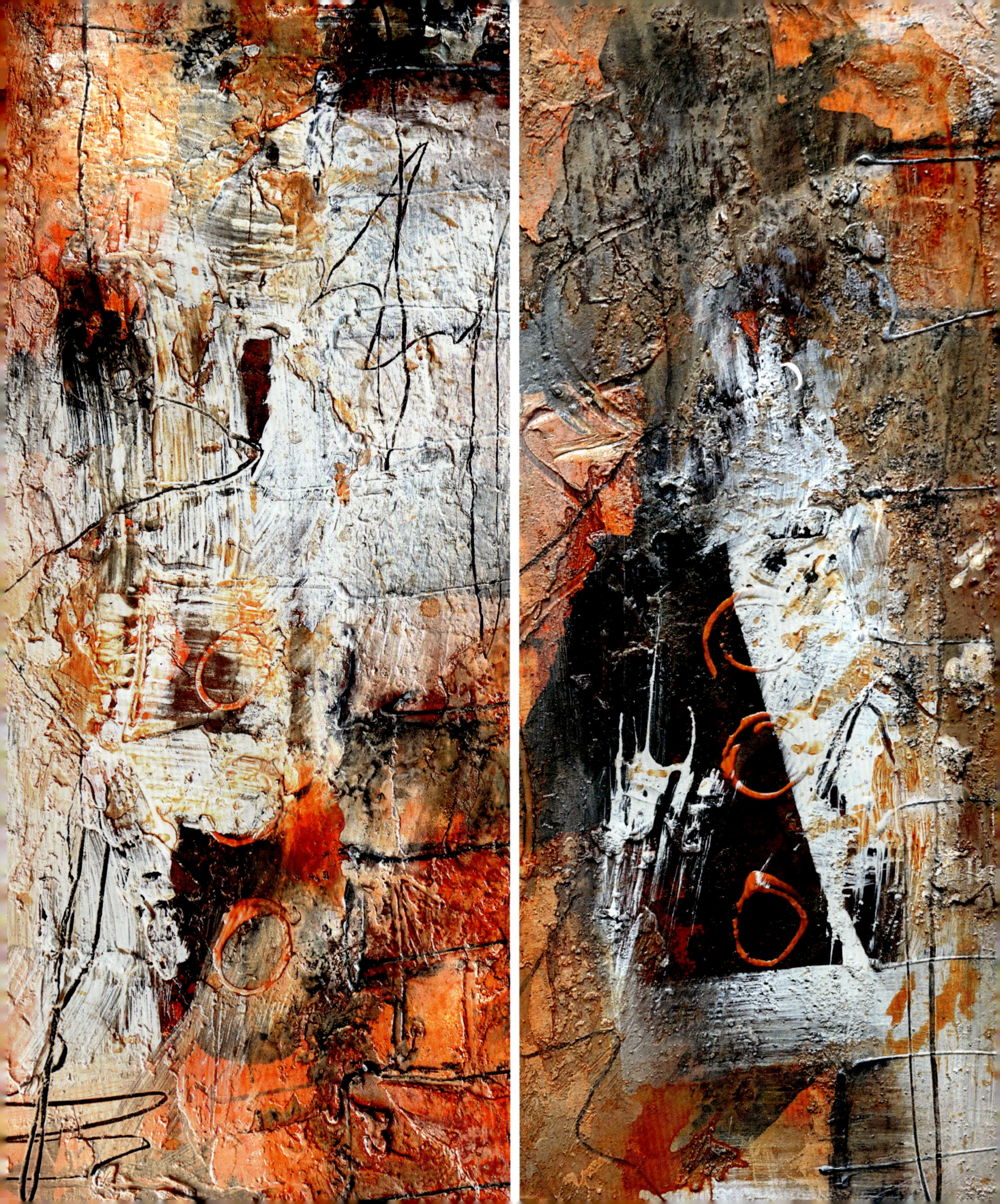

Haptische und gravierte Linien auf Struktur

AUFTRAG UND MATERIAL

Themenschwerpunkte

Farbe, Fläche, Linie, Struktur, Variation, Dynamik, Bewegung, Kontrast

Werkzeug

Grafitstick, Spachtel, Flachmaler, Dosierflasche, Bleistift

Material

2 Keilrahmen: 30 × 70 cm, Leichtstrukturpaste, Quarzsand, Hobelspäne

Acrylfarben: Titanweiß, Hautton, Lasurorange, Siena gebrannt, Schwarz

Originalformate

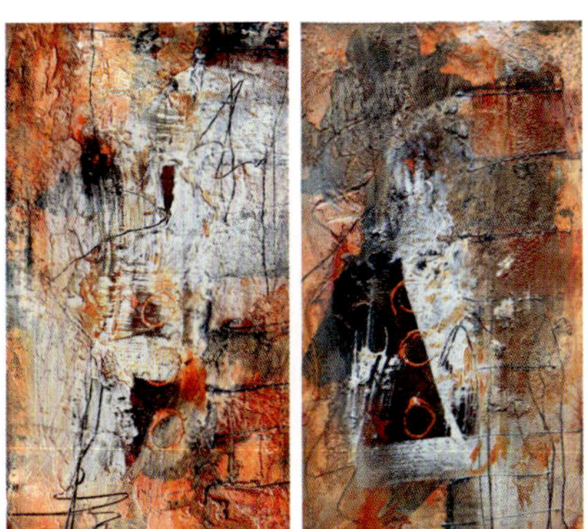

ANLEITUNG

Sie spachteln Paste in freier Bewegung auf und mengen Hobelspäne und Quarzsand unter. Mit einem dicken Grafitstick kritzeln Sie Spuren in den feuchten Strukturauftrag. Auf eine deckende Untermalung in Haut schütten Sie im Kernbereich der Bilder zunächst eine Lasur in Schwarz. Sie schütten stark verdünntes Lasurorange flächendeckend über das Bild und schlagen die Farbreste mit dem Pinsel darauf aus. Füllen Sie leicht verdünntes Schwarz in eine Dosierflasche und zeichnen mit dünner Tülle eine Bordüre aus Rechtecken, die etwa ein Drittel der Gesamtfläche einnehmen, an einen der senkrechten Bildränder; verfahren Sie ebenso mit Orange und platzieren drei runde Kringel in senkrechter Ausrichtung. Unverdünntes Titanweiß tragen Sie in senkrecht/waagrecht ausgerichteten Fahrern mit dem Flachmaler auf. Sie lassen deutliche Pinselspuren stehen, verdünnen die Farbreste im Pinsel und schlagen diese auf die Bilder. Kritzeln Sie mit dem Bleistift Spuren in die feuchte Farbe. Eine abschließende Schüttung in Orange schütten, sprenkeln und versprühen Sie abschließend über große Teile der Fläche.

TIPP

Diverse Schichtungen sind in ihrer Reihenfolge letztendlich nicht mehr nachvollziehbar. Sich in Teilen oder zur Gänze überlagernd bleibt häufig nur ein kleiner Bereich der unteren Lagen sichtbar.

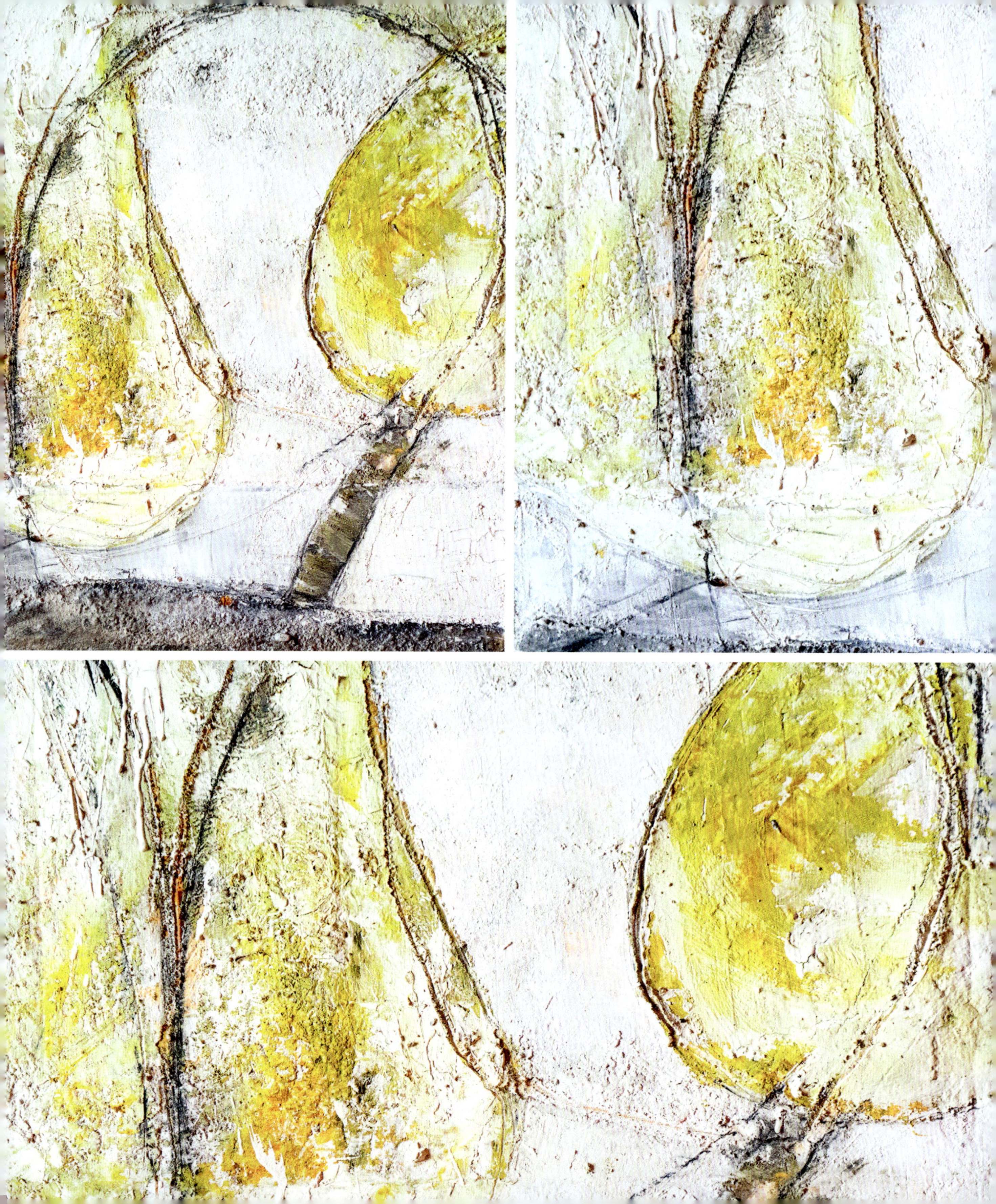

Gravur in Struktur

AUFTRAG UND MATERIAL

Themenschwerpunkte

Farbe, Fläche, Linie, Struktur, Variation, Dynamik, Bewegung, Kontrast

Werkzeug

Spachtel, Flachmaler, Sprühflasche

Material

3 Keilrahmen: 2 Stück 60 × 80 cm, 1 Stück 20 × 80 cm

Marmormehl, Asche, Hobelspäne, Acrylbinder

Acrylfarben: Titanweiß, Primärgelb, Orange, Vandyckbraun, Warmgrau

ANLEITUNG

Legen Sie im Untergrund eine pastose Untermalung in Orange mit dem Flachmaler an. Sie spachteln Warmgrau in großzügigen Flecken mit dem Spachtel auf und versprühen die Farbränder mit Wasser. Sie vermengen Marmormehl, Paste, Asche und Hobelspäne zu einem kompakten Brei und fügen dieser Mischung etwa ein drittel Mengenanteil Acrylbinder hinzu. Diese Masse tragen Sie mit dem Spachtel relativ dick auf die gewünschten Teilbereiche. Für die restlichen Flächen mischen Sie Marmormehl und Acrylbinder im selben Mengenverhältnis und spachteln diese Masse in großzügigen ovalen Schwüngen auf. Sie drücken Gelb direkt aus der Tube in schwungvollen Spuren auf der Leinwand aus, verziehen die Farbe, schaben und kratzen mit dem Spachtel in der feuchten Struktur. Leicht verdünntes Titanweiß schütten Sie in Teilbereichen über das Bild und werfen Marmormehl mit voller Wucht in die nasse Farbe. Letztendlich gravieren Sie mit dem Pinselrücken Konturen in die feuchte Oberfläche und formulieren die im Arbeitsprozess entstandenen Formen aus. In der Gravurspur erscheint die Farbe der Untermalung. Mit Ausnahme der Untermalung wurde hier ohne eine Trocknung der einzelnen Schichten in einem Zug gearbeitet.

Originalformate

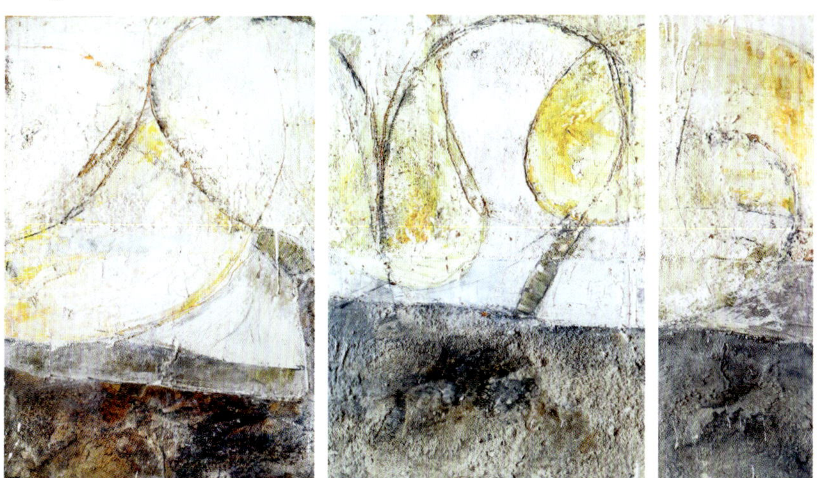

TIPP

Als Tryptichon entwickelt zieht sich die Dynamik über drei Leinwände hinweg.

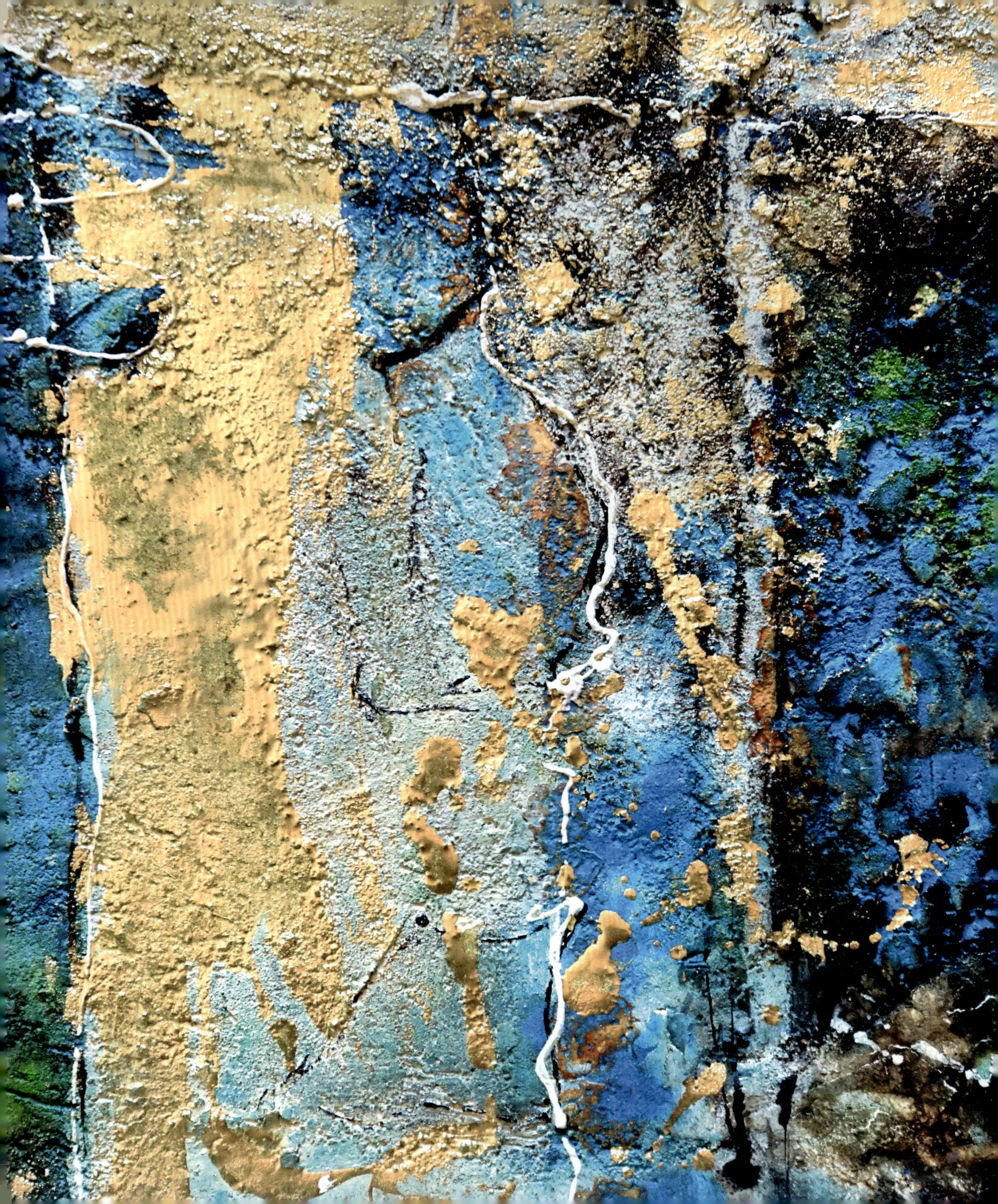

Goldbronze auf Struktur

AUFTRAG UND MATERIAL

Themenschwerpunkte

Farbe, Fläche, Linie, Struktur, Variation, Dynamik, Bewegung, Kontrast

Werkzeug

Spachtel, Flachmaler, Sprühflasche, Dosierflasche

Material

Keilrahmen: 40 × 40 cm, Leichtstrukturpaste, Quarzsand, Marmormehl, Acrylbinder, Moorlauge

Acrylfarben: Maigrün, Primärcyan, Kieselgrau

Acrylbronze: Reichgold

Originalformat

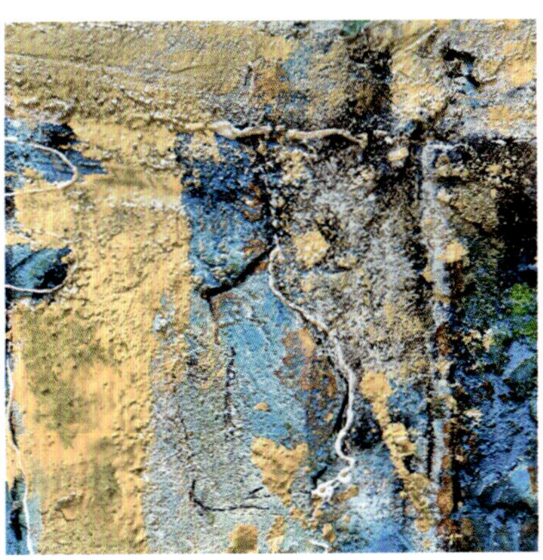

ANLEITUNG

Sie vermengen Paste mit Quarzsand und spachteln die Masse in großzügigen Bewegungen auf einer Untermalung in Maigrün über den Großteil der Bildfläche. Spontan entstandene Löcher im Strukturauftrag lassen Sie stehen, um einen Ausblick auf die blanke Leinwand zu behalten. Für den glatteren Zweitauftrag mischen Sie Marmormehl und Acrylbinder im Mengenverhältnis 3:1 und überziehen damit die grobe Sandstruktur in den gewünschten Teilbereichen. Mit der Dosierflasche füllen Sie Moorlauge in die Strukturlücken und versprühen die Ränder mit Wasser. In den noch feuchten Auftrag schütten Sie leicht verdünntes Cyan in den Kernbereich des Bildes und sprenkeln etwas Maigrün in die feuchte Farbe. Sie lasieren verdünntes Kieselgrau in einem breiten Blockstreifen auf und schlagen die Farbreste mit dem Pinsel aus. Konturieren Sie einige der Strukturscharten mit leicht verdünntem Titanweiß mit einer dünnen Tülle aus der Dosierflasche. In einem Schälchen mit Binder leicht verdünnte Acrylbronze schütten Sie im Bereich der linken senkrechten Drittellinie über die lasierte Fläche. An einigen Stellen granulieren Sie dann die Farbreste mit dem Flachmaler aus.

TIPP

Die aufgeschüttete Goldbronze steht im absoluten Gegensatz zum groben Strukturauftrag und erzeugt sowohl durch den Glanz als auch durch die glatte Oberfläche höchste Kontrastwirkungen.

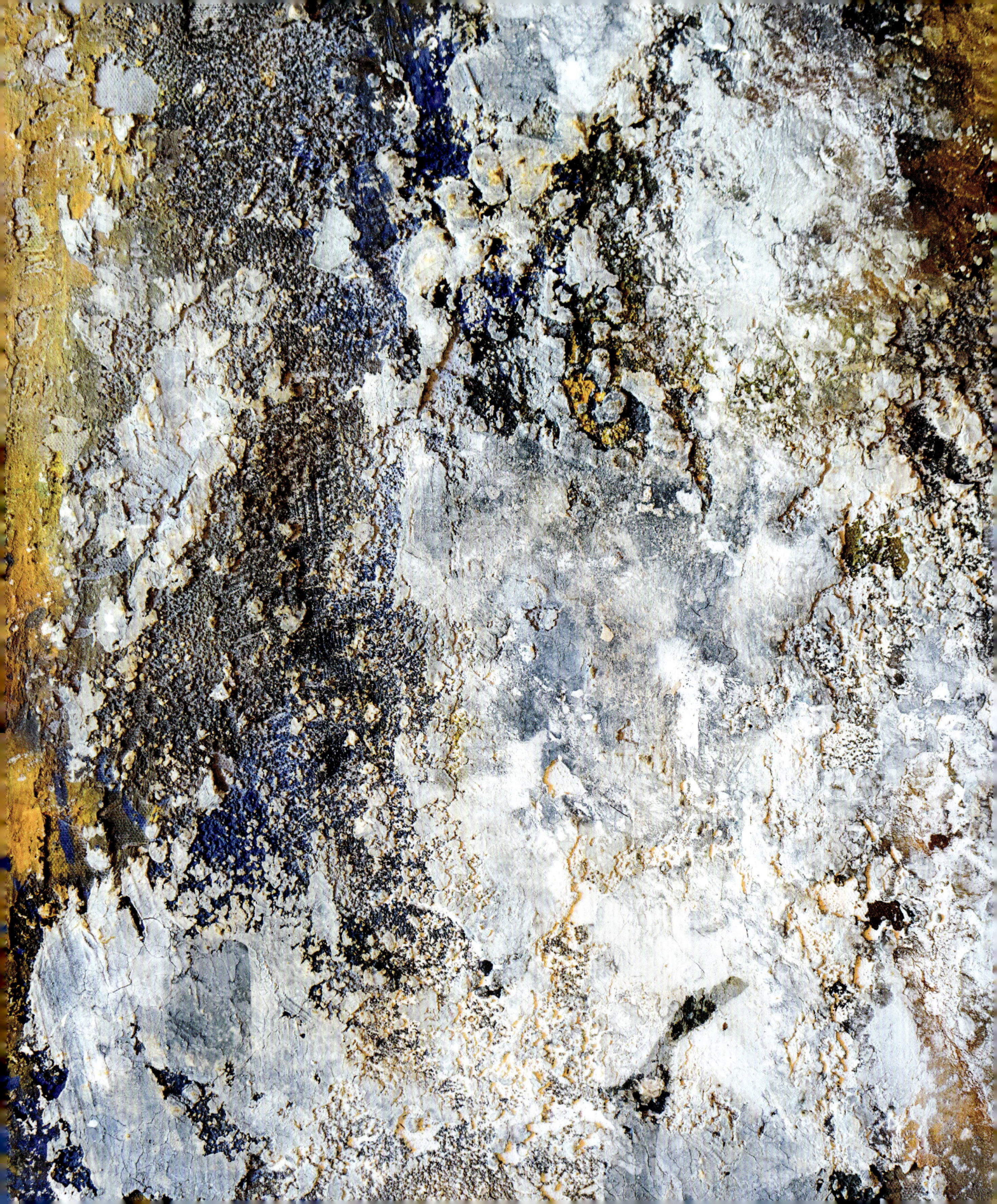

Mehrschichtige Strukturlagen

AUFTRAG UND MATERIAL

Themenschwerpunkte

Farbe, Fläche, Struktur, Variation, Dynamik, Kontrast

Werkzeug

Spachtel, Flachmaler, Sprühflasche

Material

Keilrahmen: 40 × 60 cm, Leichtstrukturpaste, Quarzsand, Hobelspäne, Marmormehl, Acrylbinder

Acrylfarben: Titanweiß, Warmgrau, Goldocker, Ultramarinblau, Vandyckbraun

Originalformat

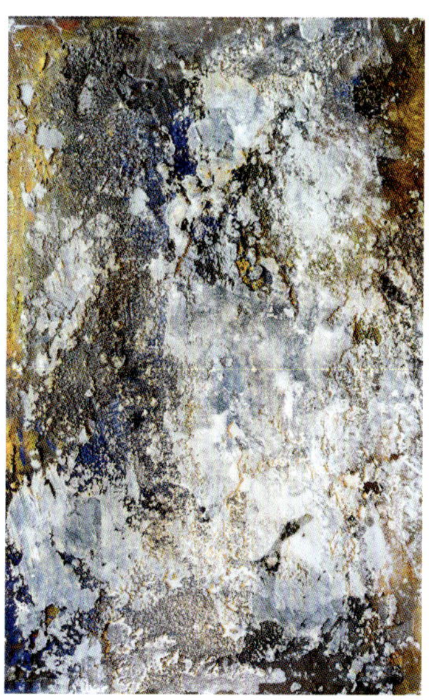

ANLEITUNG

Sie vermengen Paste mit Quarzsand und spachteln die Masse in großzügigen Bewegungen auf den Großteil der Bildfläche. Spontan entstandene Löcher im Strukturauftrag lassen Sie stehen, um einen Ausblick auf die blanke Leinwand zu behalten. Lasieren Sie die gesamte Fläche mit leicht verdünntem Warmgrau; verarbeiten Sie ausreichend Farbe, sodass sich in den Vertiefungen Farbpfützen sammeln können.
In einer zweiten Schicht tragen Sie im Kernbereich des Bildes Paste mit Hobelspänen auf. Schütten Sie stark verdünntes Vandyckbraun großzügig über die gesamte Fläche und versprühen die Farbränder mit Wasser. Von den seitlichen Bildrändern ausgehend lasieren Sie leicht verdünntes Goldocker und sprenkeln verdünntes Ultramarin in die feuchte Farbe. Für den letzten, glättenden Strukturauftrag mischen Sie Marmormehl und Acrylbinder im Mengenverhältnis 3:1, überziehen damit die grobe Sandstruktur in den gewünschten Teilbereichen und lassen scharfe Scharten stehen. Abschließend schütten Sie verdünntes Titanweiß auf und versprühen die Ränder mit Wasser.

TIPP

Schüttungen auf Strukturen sollten Sie immer liegend über Nacht durchtrocknen lassen, bevor Sie die nächste Lage auftragen. Auf dicken Strukturschichten kann das sogar mehrere Tage dauern.

COLLAGE

Eine Collage (franz. coller = kleben) entsteht durch das Aufkleben verschiedener Materialien auf dem Bildträger. Max Ernst definierte die Collage einst als „die systematische Ausbeutung des zufälligen oder künstlich provozierten Zusammentreffens von zwei oder mehr wesensfremden Realitäten auf einer augenscheinlich dazu ungeeigneten Ebene – und der Funke Poesie, welcher bei der Annäherung dieser Realitäten überspringt“. George Braque und Pablo Picasso führten die Collage um 1910 in die moderne Kunst ein.

ANWENDUNG

Arrangieren Sie Ihre Elemente zunächst auf dem Bildträger. Probieren Sie unterschiedliche Kompositionen aus; reißen Sie Ihr Material sofern notwendig in verschieden große Formen. Erst wenn die Komposition stimmig erscheint, kleben Sie die Elemente auf. Für dünnes und flexibles Material verwenden Sie Acrylbinder, für voluminöses und starres Material besser Strukturpaste. Vermeiden Sie „Luftblasen": Sie streichen dazu den Malspachtel mit Druck von innen nach außen über das Material und drücken dabei überschüssigen Kleber seitlich heraus.

- Seidenpapier und sehr dünnes Verpackungspapier, z. B. Einwickelpapier aus Schuhkartons, lassen sich hervorragend in feinen Fältchen arrangieren.
- Geknautschtes oder in Falten gelegtes dickeres Papier fixieren Sie auch in den Zwischenräumen der Falten.

Partiell aufgeklebtes Collagematerial sollte im fertigen Bild nie auf Anhieb sichtbar sein und deshalb so gut wie möglich integriert werden. Um das Bild nicht wie eine Bastelarbeit aussehen zu lassen, verbinden Sie die Elemente mit dem späteren Struktur- oder Farbauftrag zu einer Einheit.

- Einzelne Papiere fügen sich harmonisch ins Bild, wenn Sie die Kanten reißen, anstatt zu schneiden.
- Verwenden Sie Strukturpaste, um die Elemente übergangslos mit dem Bildträger zu vernetzen.
- Übernehmen Sie die Farben von Collageelementen in die umgebende Fläche.
- Verbinden Sie die Übergänge mit aufgedruckten Mustern oder linearen Strukturen.

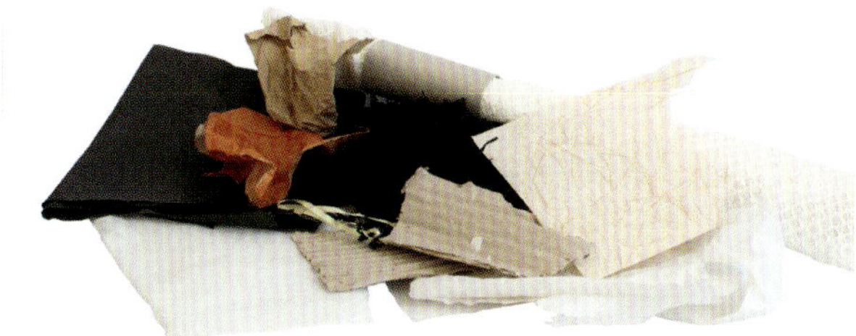

Legen Sie sich am besten einen Fundus an Papier in unterschiedlichen Farben, Oberflächen, Strukturen und Stärken zu..

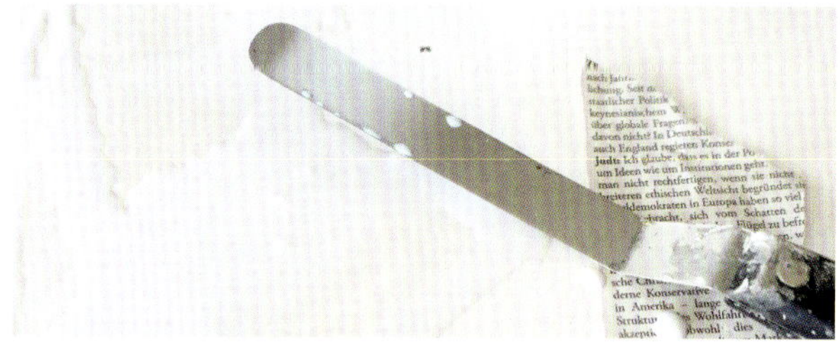

Verstreichen Sie zuerst eine dünne Schicht Acrylbinder mit dem Spachtel auf dem Bildträger.

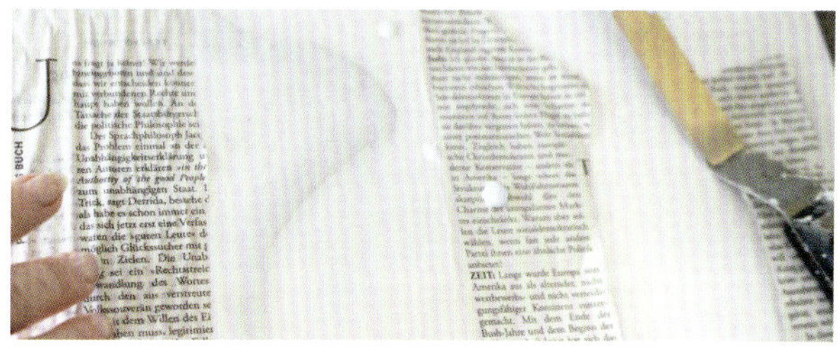

Auf diesem Kleber arrangieren Sie das Papier und drücken es in der in der gewünschten Struktur an.

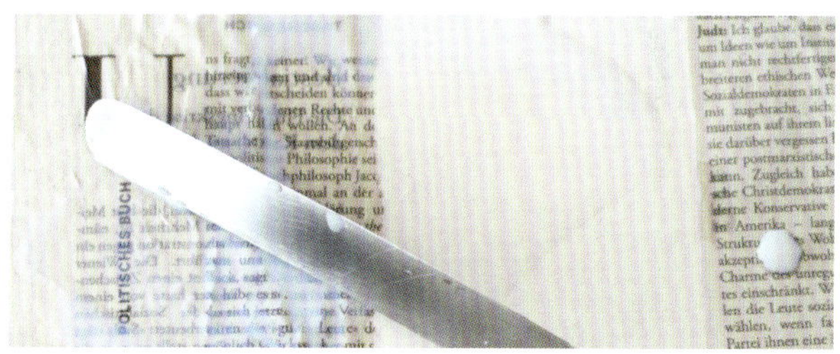

Drücken Sie Luftblasen und überschüssigen Kleber mit dem Spachtel seitlich heraus.

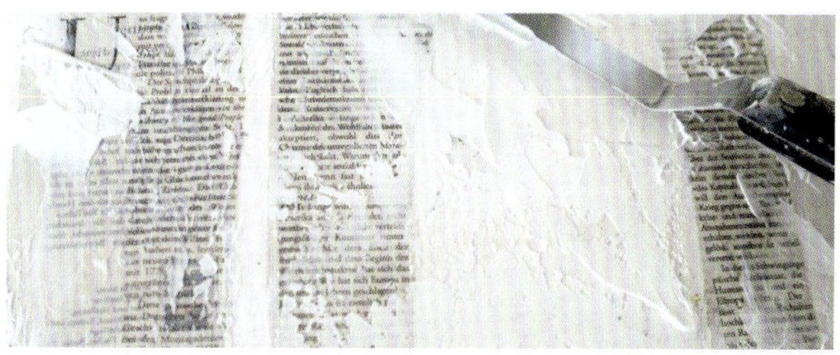

Fixieren Sie die Papierränder mit etwas Paste um das Objekt übergangslos in die restliche Bildfläche zu integrieren.

ANREGUNG

Vom Motiv unabhängige Collageelemente sind immer gefragt. Richten Sie sich einen Fundus aus verschiedensten dünnen Chinapapieren her. Mit Binder transparent auf unterliegende Farbaufträge geklebt, ergibt das zauberhafte Effekte.

- **Frottage** – mit einem weichen Grafitstick oder mit Ölpastell reiben Sie Muster oder Schablonen oder Schnüre durch.
- **Farbspuren** – mit einem Flachpinsel malen Sie deckende Farbflächen wie z. B. Streifen oder umrandete Formen wie z. B. ein Oval auf.
- **Farbspuren** – mit Ölpastell zeichnen Sie ein spontanes Gewirr von dicken und dünnen Linien auf.
- **Formen** – mit einem Kreisschneider oder einer Schere schneiden Sie Formen aus; nutzen Sie auch abfallende Lochmasken.

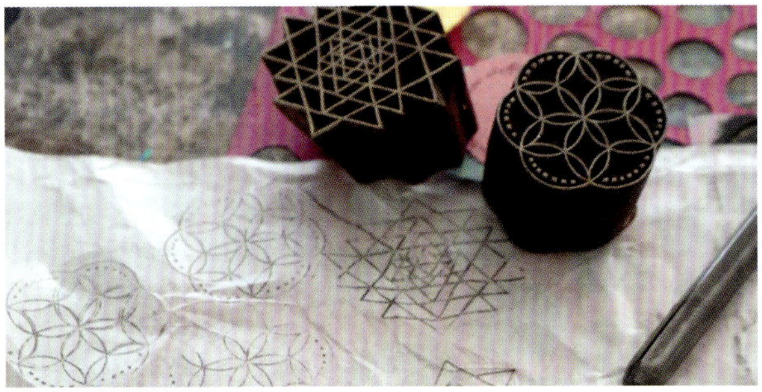

Frottage mit Grafit

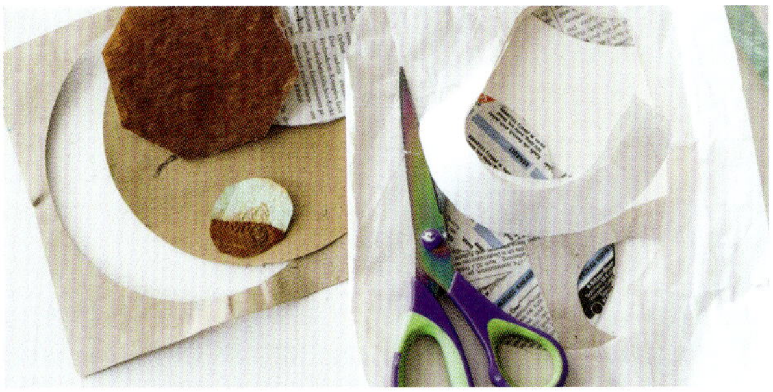

Handgeschnittene Schablonen

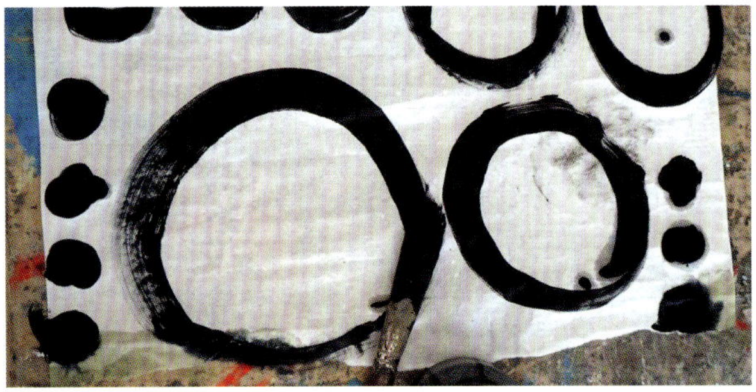

Farbspuren in Acryl

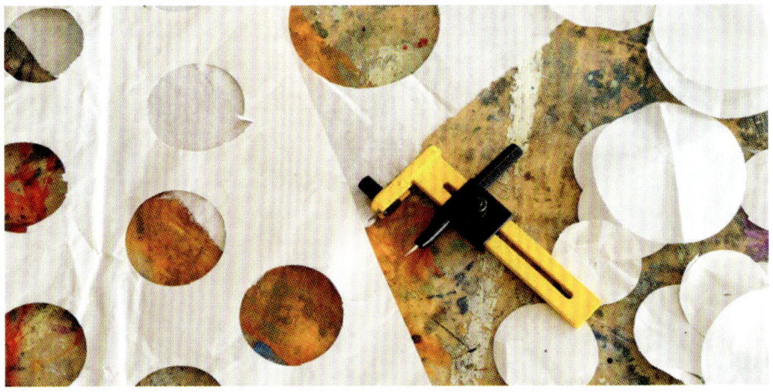

Negativschablone mit Kreisschneider

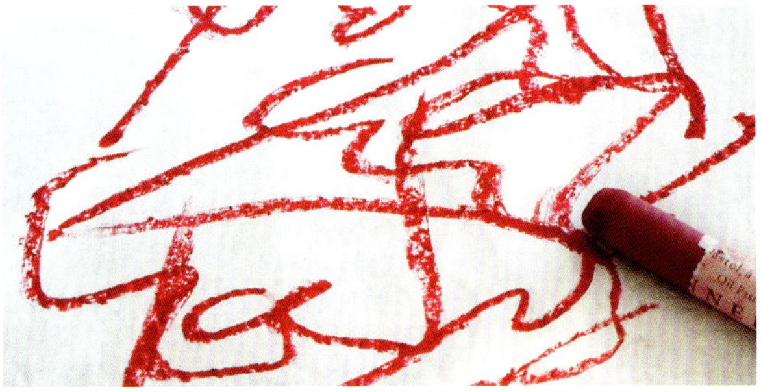

Farbspuren in Ölpastell

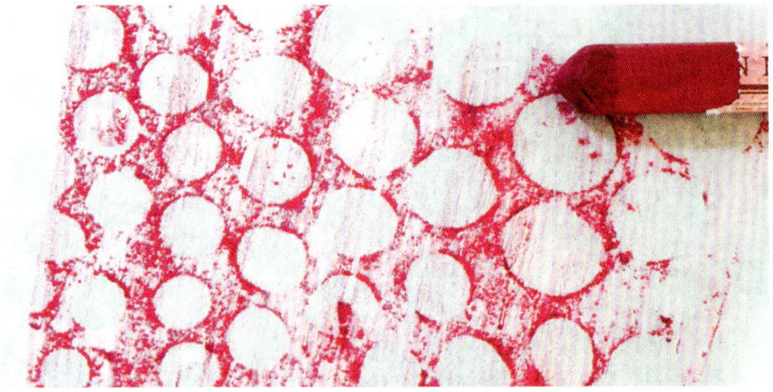

Frottage in Ölpastell

ANWENDUNG

Durch willkürliches Zerreißen der Papierelemente abstrahieren Sie die aufgebrachten Muster. Arrangieren Sie die Fragmente lose auf dem Bildträger. Probieren Sie verschiedene Kompositionen aus. Zunächst mit der Wasserflasche besprüht – dadurch wird das Papier durchsichtig – kleben Sie die Elemente letztendlich mit verdünntem Acrylbinder fest.

Eine andere Collage-Möglichkeit bietet der Einsatz von Schnüren. Arrangieren Sie dazu Paketschnüre oder farbige Wollfäden in linearen Spuren und Mustern auf dem Bildträger. Anstatt die Fäden aufwendig zu befestigen, überkleben Sie diese mit dünnem Chinapapier. Diese Papiere sind formbar und weich genug, um sich an die haptischen Formen anzuschmiegen.

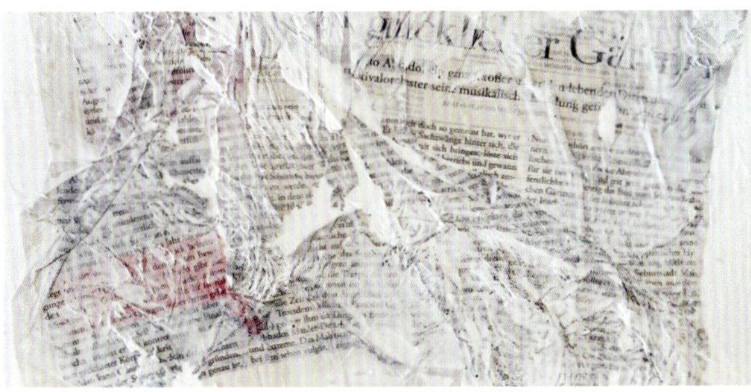

Geknautschtes Zeitungspapier collagiert und mit Paste überarbeitet

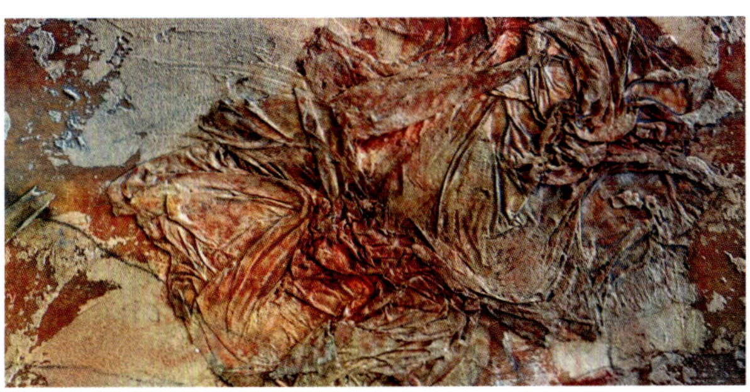

Geknautschtes Seidenpapier nach mehrfacher Lasur

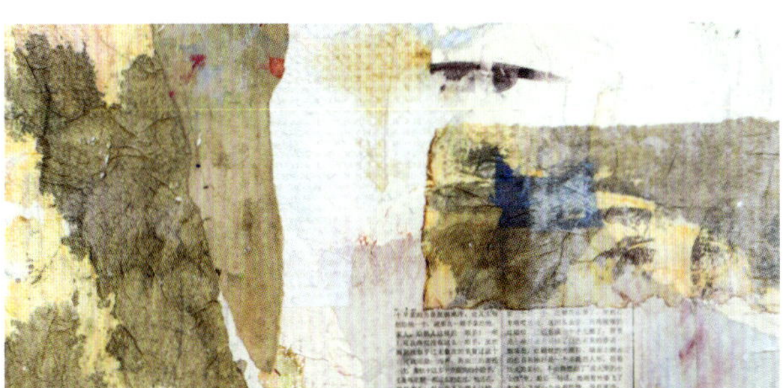

Kombination unterschiedlicher Papiere

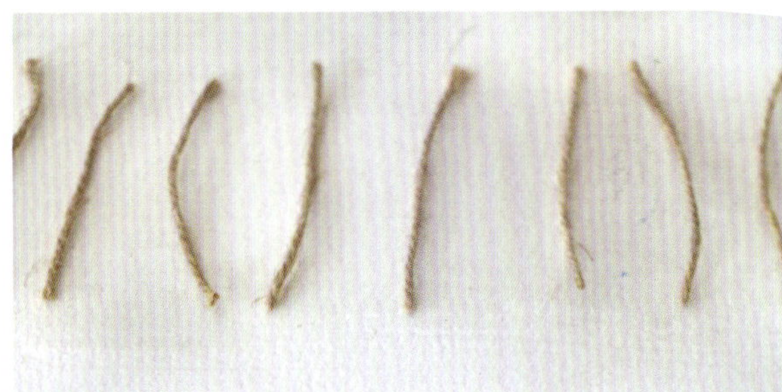

Ordnen Sie Schnüre auf einer Schicht Acrylbinder an.

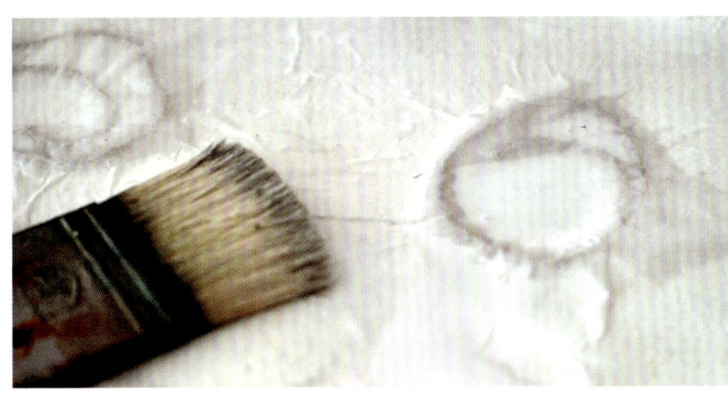

Überkleben Sie die Schnüre mit dünnem Chinapapier.

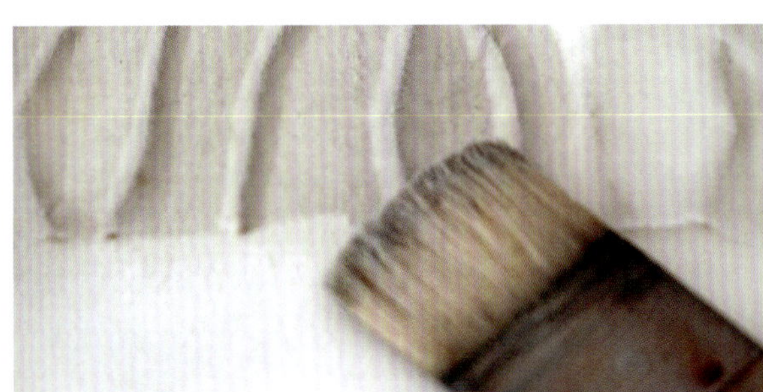

Drücken Sie das feuchte Papier mit dem Pinsel gut an.

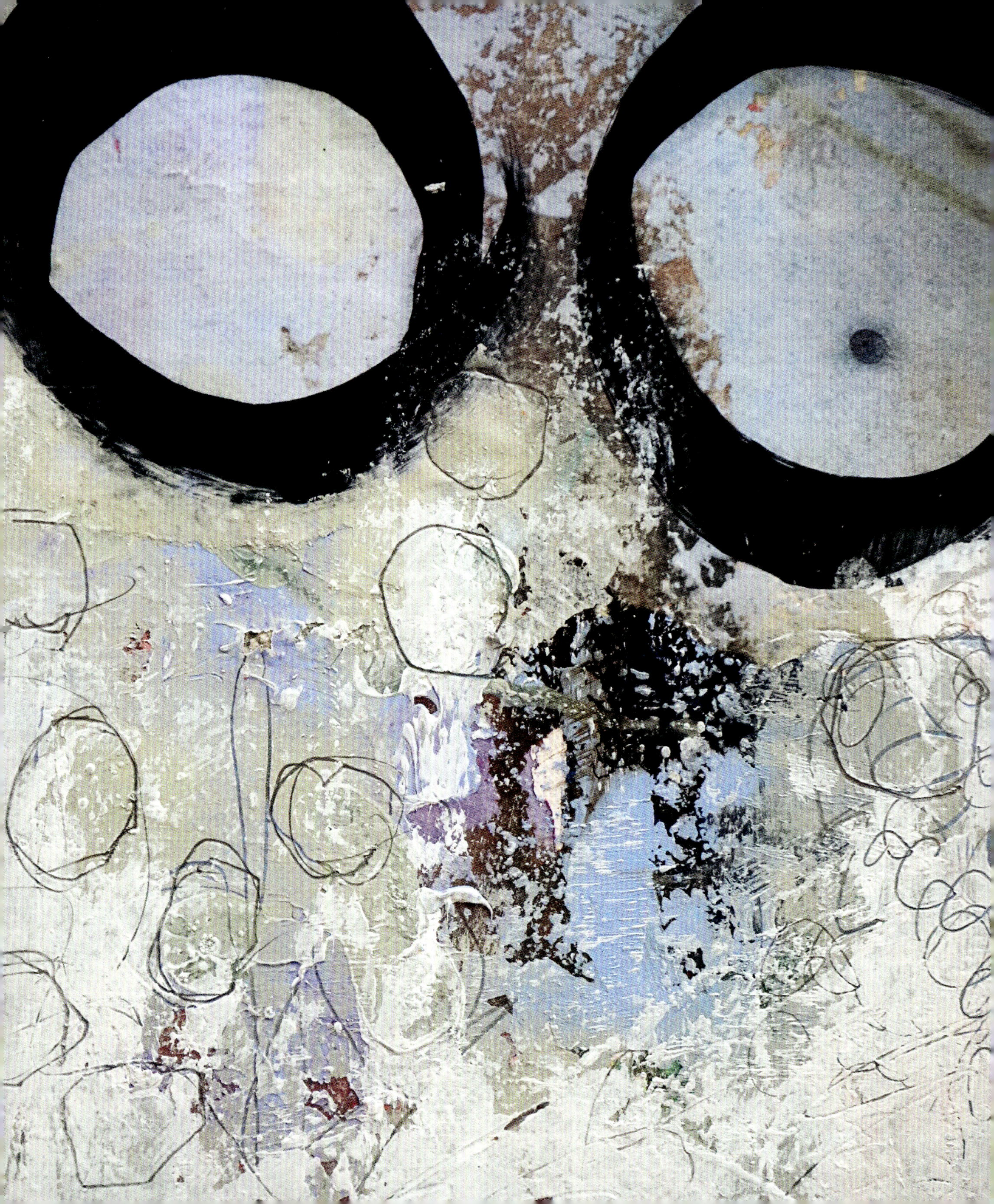

Chinapapier auf Farbstruktur

AUFTRAG UND MATERIAL

Themenschwerpunkte

Farbe, Fläche, Form, Linie, Struktur, Harmonie , Dynamik, Wiederholung, Muster

Werkzeug

Spachtel, Flachmaler, Bleistift

Material

Keilrahmen: 40 × 60 cm, Chinapapier, Acrylbinder

Acrylfarben: Titanweiß, Königsblau, Violett, Lichtgrau, Siena gebrannt, Vandyckbraun, Schwarz

Originalformat

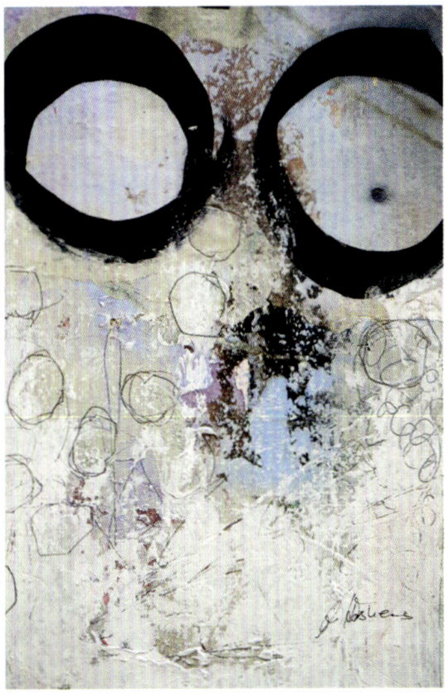

ANLEITUNG

Malen Sie deckende schwarze Kreise auf Chinapapier und legen dies zur Trocknung zur Seite. Auf eine Untermalung in Vandyckbraun und Siena gebrannt streichen Sie partielle Flächen in Violett. Über die oberen zwei Drittel spachteln Sie Königsblau – im unteren Drittel verwenden Sie Kieselgrau. Sie arbeiten intuitiv und lassen ausreichend Fläche unbearbeitet, um auf die unteren Lagen blicken zu können. Kritzeln Sie mit dem Bleistift lose Spuren und kleine Kreise in die feuchte Farbe. Arrangieren Sie die Collage zunächst zur Probe. Erst wenn Ihnen die Komposition gefällt, kleben Sie die Teile mit Acrylbinder fest. Vom unteren Bildrand spachteln Sie Titanweiß granulierend auf und wiederholen die Kritzelei mit dem Bleistift.

TIPP

Collagiert auf dem transparent auftrocknenden Chinapapier, schweben die kompakten Formen scheinbar über den Farbauftrag.

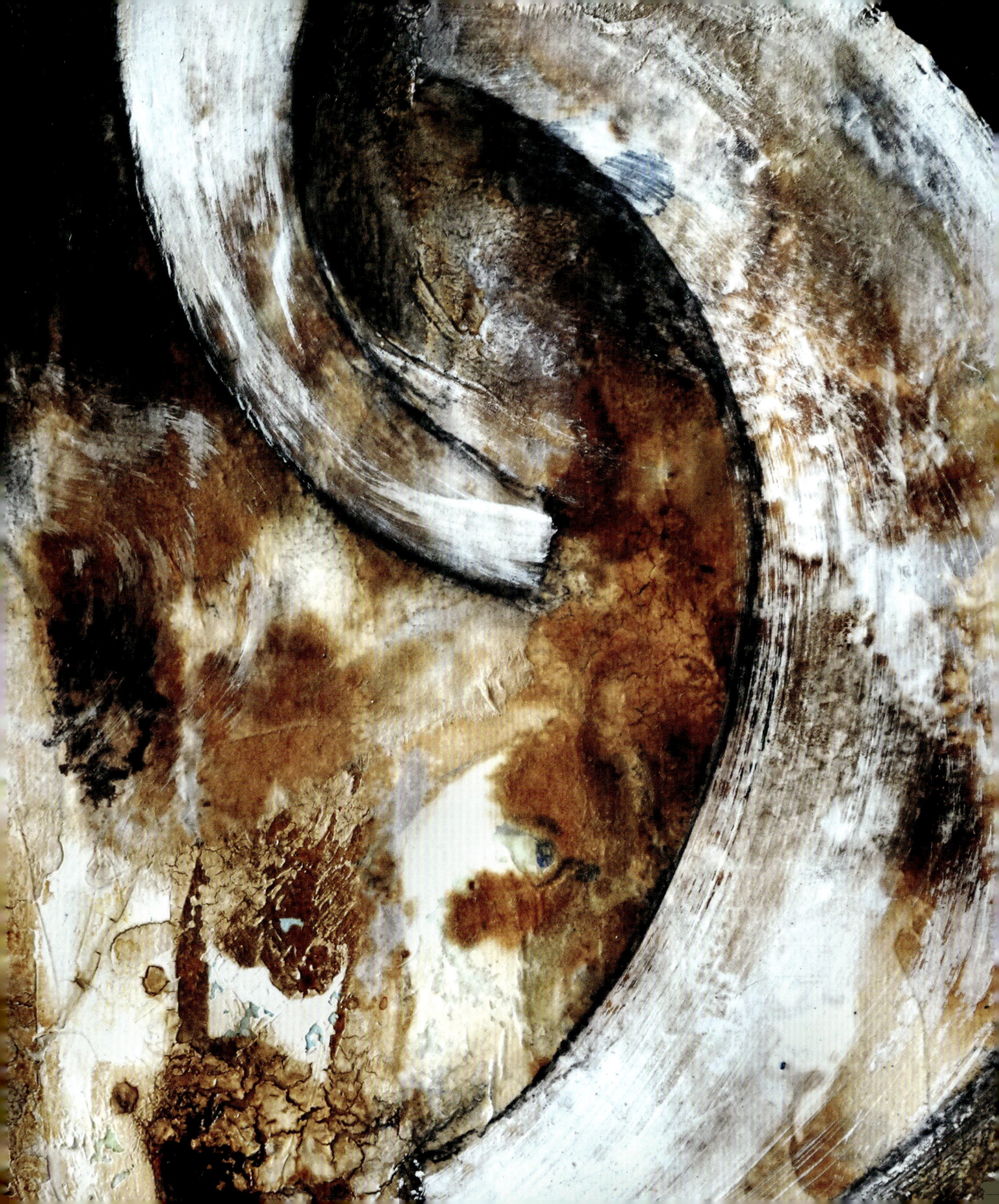

Collage auf Krakelierpaste

AUFTRAG UND MATERIAL

Themenschwerpunkte

Farbe, Fläche, Form, Struktur, Bewegung, Dynamik, Auftragsrichtung, Balance

Werkzeug

Spachtel, Flachmaler, Sprühflasche

Material

Keilrahmen: 40 × 60 cm, Krakelierpaste, Kohle, Chinapapier

Acrylfarben: Titanweiß, Lindgrün

Aerocolor: Brasilbraun

Originalformat

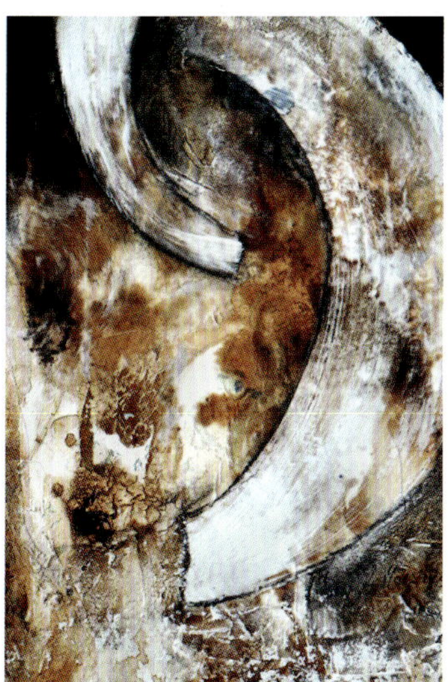

ANLEITUNG

Malen Sie mit dem Flachmaler ovale Pinselspuren in Titanweiß schwungvoll auf Chinapapier und legen dies zur Trocknung zur Seite. Auf einer Untermalung in Lindgrün spachteln Sie Krakelierpaste in loser Form auf den Großteil des Bildträgers. Die Untermalung lassen Sie partiell stehen. Legen Sie Brasilbraun am oberen Bildrand an. Stellen Sie dabei den Bildträger senkrecht und lassen die Farbe nach unten laufen; den Rest versprühen Sie mit Wasser. Arrangieren Sie die Collageelemente zunächst zur Probe. Achten Sie auf die Balance der Formen und kleben Sie die Teile mit Acrylbinder fest. Betonen Sie die Formen mit Kohlekonturen. Schattieren Sie den Hintergrund vom oberen Bildrand ausgehend ab, indem Sie etwas Kohlestaub mit den Fingern verreiben.

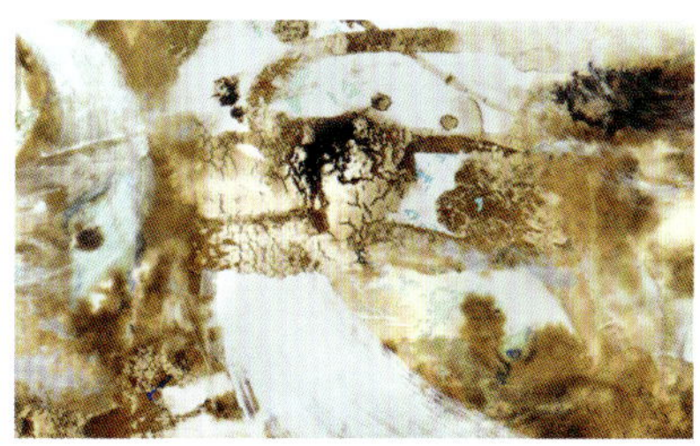

Zwischenzustand vor Negativbetonung

TIPP

Collagierte, deckend auf Chinapapier gemalte Farbspuren schweben über der unteren Schicht.

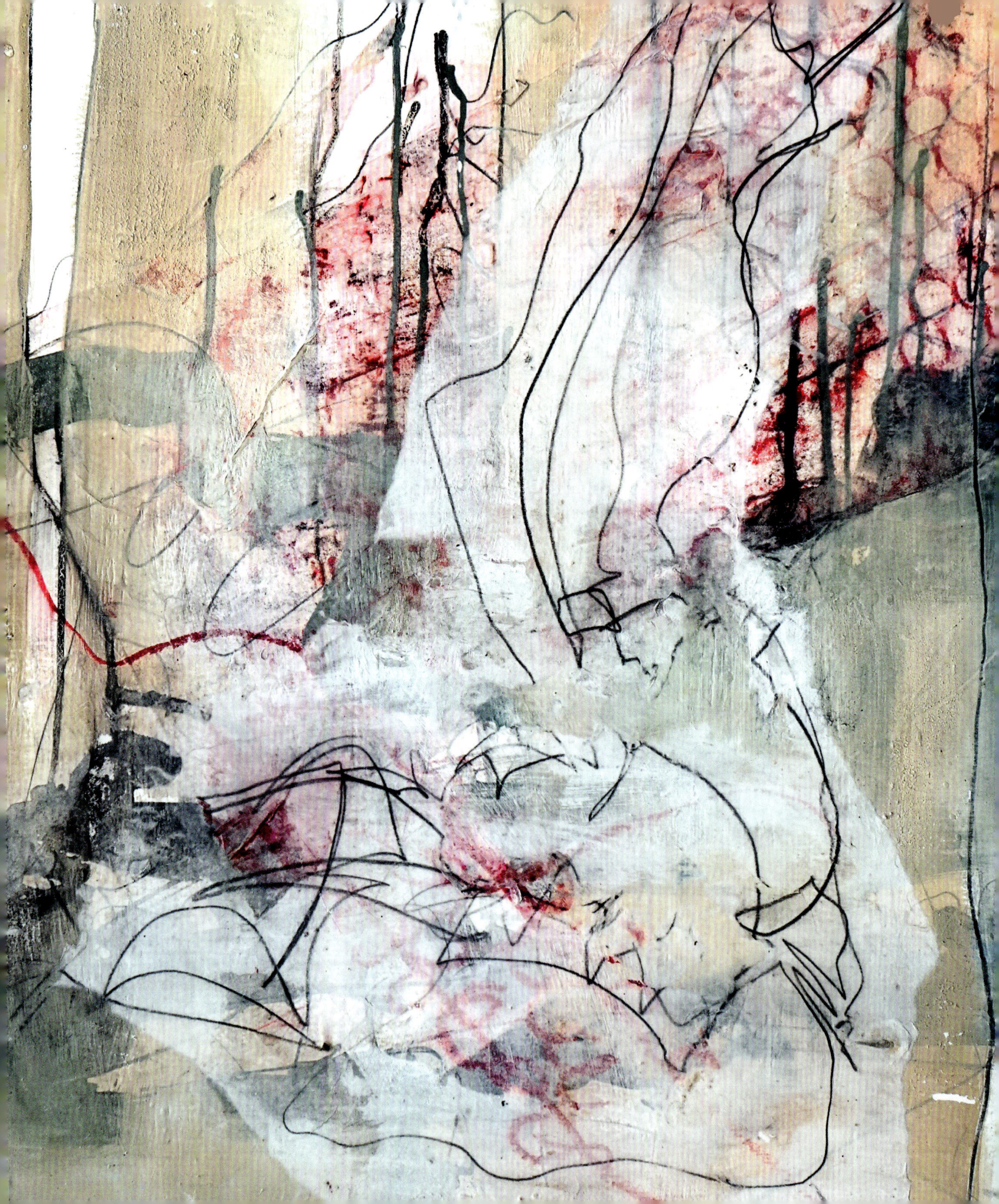

Lasur auf unterschiedlichen Papieren

AUFTRAG UND MATERIAL

Themenschwerpunkte

Farbe, Fläche, Linie, Form, Muster, Harmonie, Variation

Werkzeug

Spachtel, Flachmaler

Material

Keilrahmen: 80 × 60 cm, Acrylbinder, verschiedene Papiere, Grafitstift 6 B

Ölpastell: Magenta

Acrylfarben: Sand, Grüne Erde, Schwarz

Originalformat

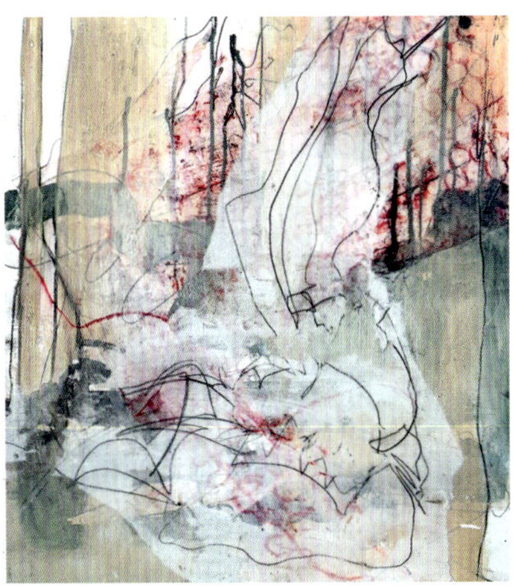

ANLEITUNG

Malen Sie mit unverdünnter schwarzer Acrylfarbe eine Reihe verschieden großer freier Formen auf Chinapapier und lassen alles trocknen. Auf demselben Papier frottieren Sie mit Ölpastell in Magenta unterschiedliche Strukturen wie z. B. ein Lochblech. Sie zerreißen die Collage und arrangieren die Teile zunächst zur Probe. Erst wenn Ihnen die Komposition gefällt, kleben Sie die Teile fest. Sowohl mit dem Grafitstick als auch mit dem Ölpastell kritzeln Sie über die gesamte Fläche. Schütten Sie leicht verdünntes Warmgrau über den Kernbereich des Bildes und stellen den Bildträger senkrecht, um die Farbe nach unten laufen zu lassen. Malen Sie anschließend mit dem Flachmaler breite Blockstreifen in Sand auf.

Auf ein großes Stück Chinapapier zeichnen Sie eine abstrakte Form mit Grafit und überkleben damit mindestens zwei Drittel der Fläche. Teilweise transparent antrocknend verschleiert die obere Lage Papier die unteren Schichten.

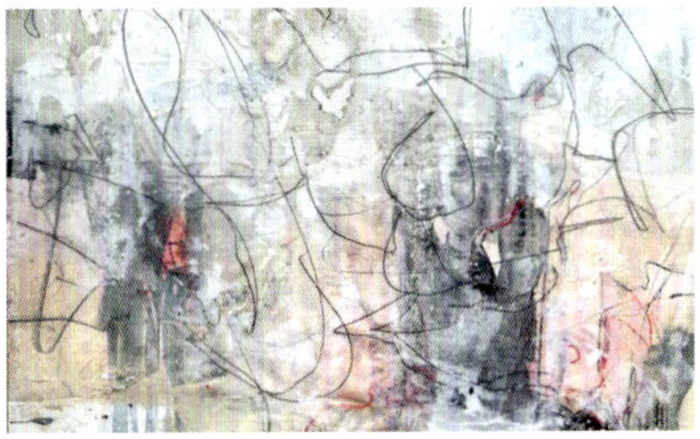

Arbeiten Sie wie in dieser Variante mit demselben Material und in analogen Schritten mit geringfügigen Änderungen an beiden Bildern gleichzeitig.

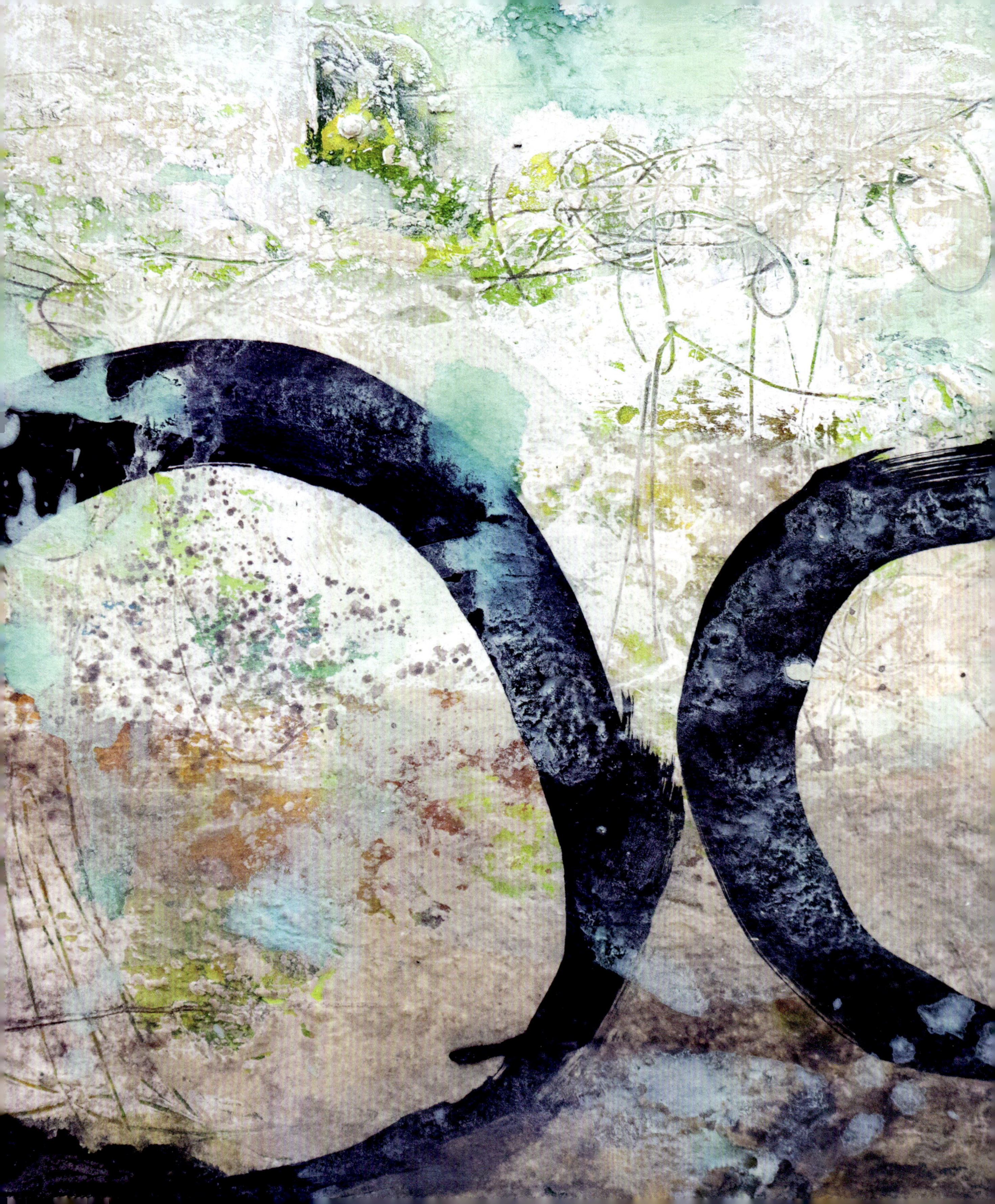

Chinapapier auf geschichteter Farbe

AUFTRAG UND MATERIAL

Themenschwerpunkte

Farbe, Fläche, Linie, Form, Dynamik, Schwerpunkt, Harmonie

Werkzeug

Spachtel, Flachmaler, Sprühflasche, Bleistift

Material

Keilrahmen: 60 × 80 cm, Chinapapier, Acrylbinder

Acrylfarben: Titanweiß, Maigrün, Hookersgrün, Kobalttürkis, Lichter Ocker, Vandyckbraun, Kieselgrau, Schwarz

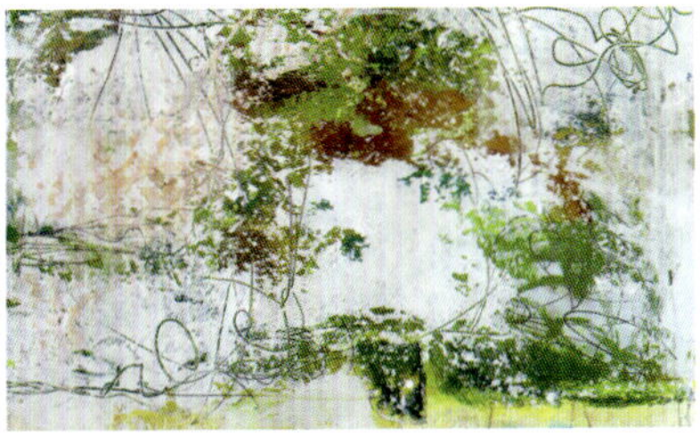

Zwischenzustand vor Collage

ANLEITUNG

Malen Sie deckende schwarze Kreise auf Chinapapier und legen dies zur Trocknung zur Seite. Auf einer Untermalung in Lichtem Ocker spachteln Sie Maigrün und Hookersgrün in loser Folge auf den Bildträger. Die Untermalung lassen Sie partiell stehen. Vom linken Bildrand ausgehend spachteln Sie Kieselgrau granulierend auf. Einen verdünnten Rest schlagen Sie mit dem Flachmaler auf das Bild. Mit Bleistift gravieren Sie dynamische Spuren in die feuchte Farbe. Lasieren Sie das linke senkrechte Drittel mit Vandyckbraun. Mit Titanweiß granulieren Sie über die restlichen zwei Drittel der Bildfläche. Arrangieren Sie die Collage zunächst zur Probe. Erst wenn Ihnen die Komposition gefällt, kleben Sie die Teile mit Acrylbinder fest. Mit dem Flachmaler sprenkeln Sie eine verdünnte Mischung aus Weiß und Kobalttürkis über die gesamte Fläche.

Originalformat

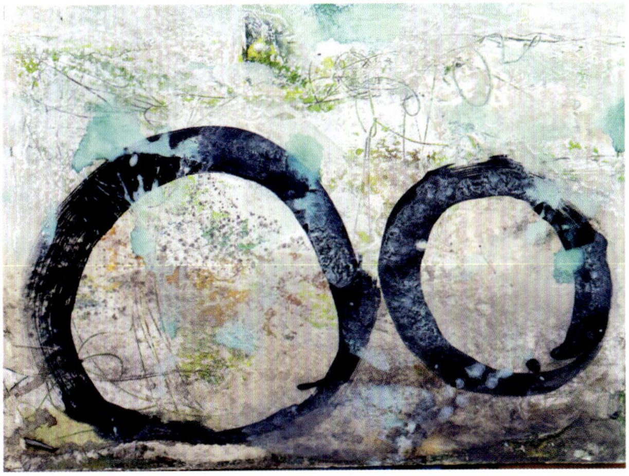

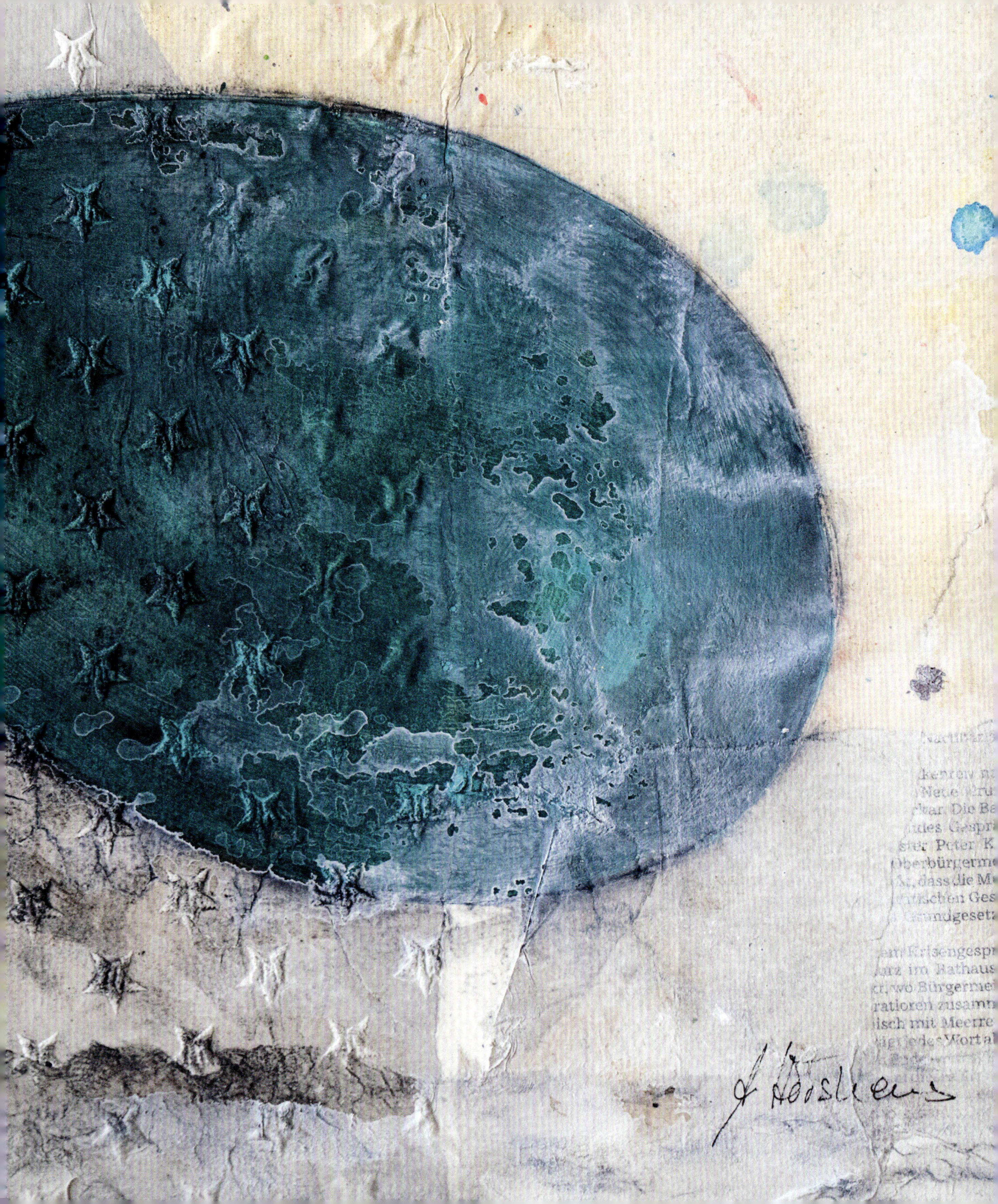

Lasur auf Papiercollage

AUFTRAG UND MATERIAL

Themenschwerpunkte

Farbe, Fläche, Form, Muster, Balance, Dominanz

Werkzeug

Flachmaler, Sprühflasche

Material

Keilrahmen: 30 × 40 cm, Kohle, Grafitstift, Acrylbinder, verschiedene Papiere (hier: Geschenkpapier, Zeitung, Packpapier, Chinapapier mit Frottage)

Acrylfarben: Kobalttürkis

Aerocolor: Supraweiß

Originalformat

TIPP

Collagen gehen leichter von der Hand, wenn Sie mit demselben Material in Serie arbeiten.

ANLEITUNG

Beginnen Sie mit einer Collage aus verschiedenen Papieren; arrangieren Sie die Collage zunächst zur Probe. Erst wenn Ihnen die Komposition gefällt, kleben Sie die Teile in teilweiser Überlagerung mit Acrylbinder fest. Ich habe hier ein mit Sternchen geprägtes Geschenkpapier, einen Zeitungsausschnitt, bekleckstes Packpapier und einen Rest Chinapapier mit einer Frottage verwendet. Malen Sie mit unverdünntem Kobalttürkis eine angeschnittene, relativ große ovale Form auf. Mit Kohle setzen Sie eine dezente Kontur. Um die Struktur des Papieres hervorzuheben, verreiben Sie etwas Kohlestaub mit den Fingern über die farbige Form (evtl. auch über einen Teil der restlichen Fläche). Verbinden Sie die einzelnen Flächen mit einer Lasur. Legen Sie dazu Supraweiß vom rechten und unteren Bildrand ausgehend an und versprühen die Ränder mit Wasser.

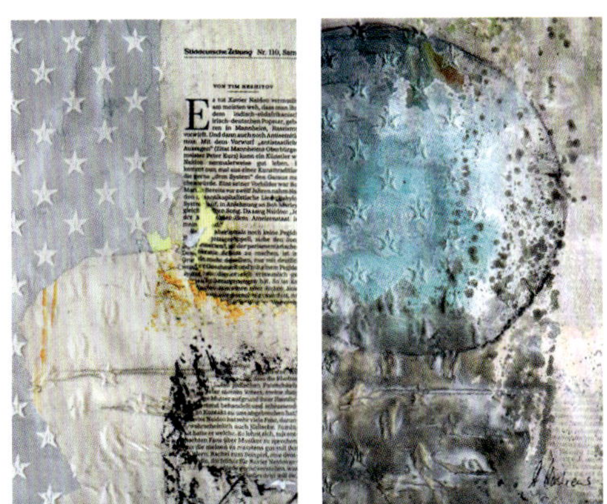

Variation mit Zwischenschritt vor Farbauftrag

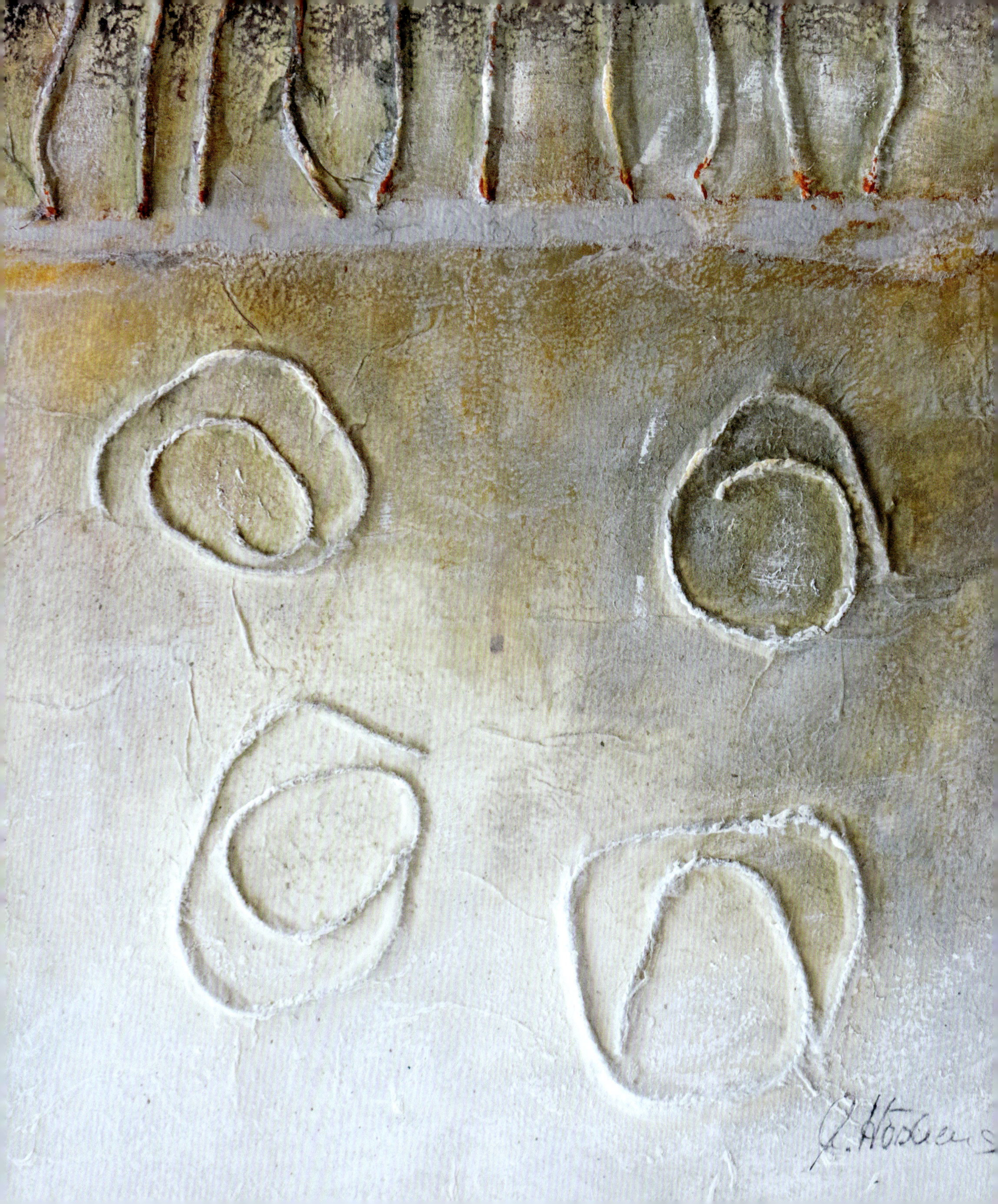

Paketschnur unter Chinapapier

AUFTRAG UND MATERIAL

Themenschwerpunkte

Farbe, Fläche, Linie, Muster, Balance, Dominanz

Werkzeug

Flachmaler, Sprühflasche, Schere

Material

Keilrahmen: 40 × 60 cm, Grafitstift, Acrylbinder, Chinapapier mit Frottage und ohne Frottage, Paketschnur

Acrylfarben: Titanweiß, Warmgrau, Goldocker, Vandyckbraun, Silber

Aerocolor: Supraweiß, Brasilbraun, Sepia

Ölpastell: Titanweiß, Orange

Originalformat

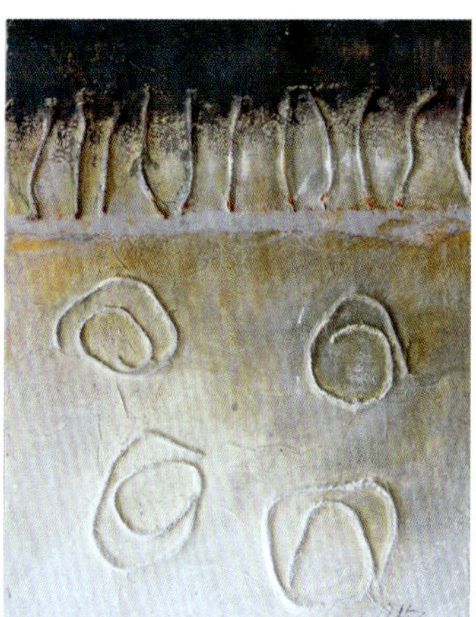

ANLEITUNG

In gleich lange Stücke geschnittene Paketschnur arrangieren Sie zunächst zur Probe. Erst wenn Ihnen die Komposition gefällt, legen Sie die Teile in vorab aufgestrichenen Acrylbinder und kleben Chinapapier darüber. Drücken Sie das Papier mit dem Flachmaler an, sodass es die Schnüre richtiggehend ummantelt. Granulieren Sie die Fläche partiell, vom jeweiligen Bildrand ausgehend mit dem Flachmaler in Warmgrau und Goldocker. Lasieren Sie das Bild vom unteren Bildrand ausgehend mit Supraweiß, vom oberen Rand mit Brasilbraun und Sepia in getrennten Schichten und versprühen die Ränder mit Wasser. Vom oberen Bildrand granulieren Sie Vandyckbraun über die Schnurenden weich aus. Auf der oberen Drittellinie legen Sie einen Streifen Silber an und versprühen die Ränder mit Wasser. Granulieren Sie Titanweiß und Orange in Ölpastell über die erhaben stehenden Schnüre.

Variation: Sie frottieren verschiedene Muster mit dem Grafitstift auf das restliche Chinapapier und collagieren damit die verbliebene Fläche.

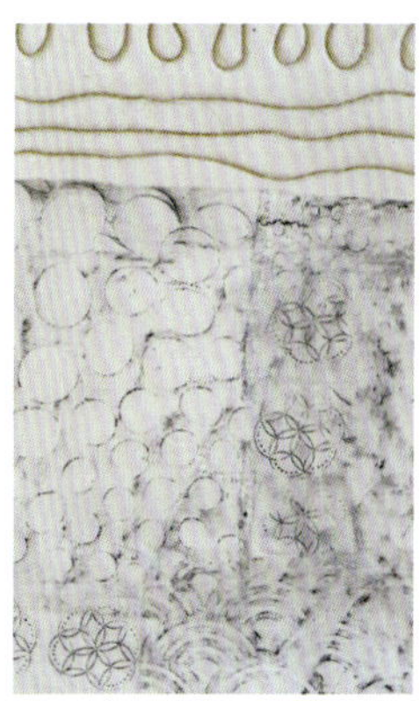

Vor dem Farbauftrag sehen Sie die einzelnen Frottagen.

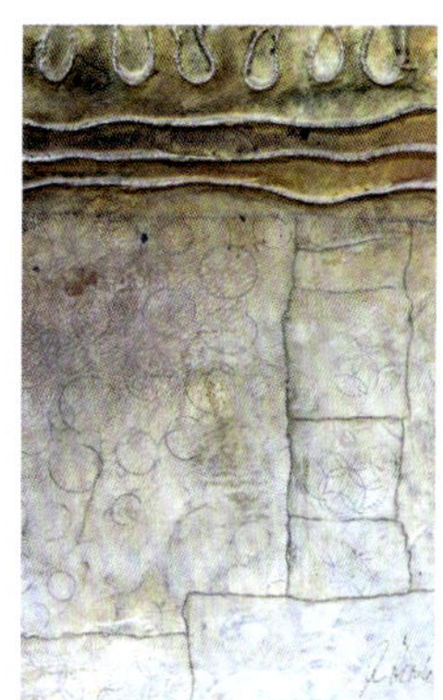

Dezente Bleistiftkonturen betonen die Papierränder.

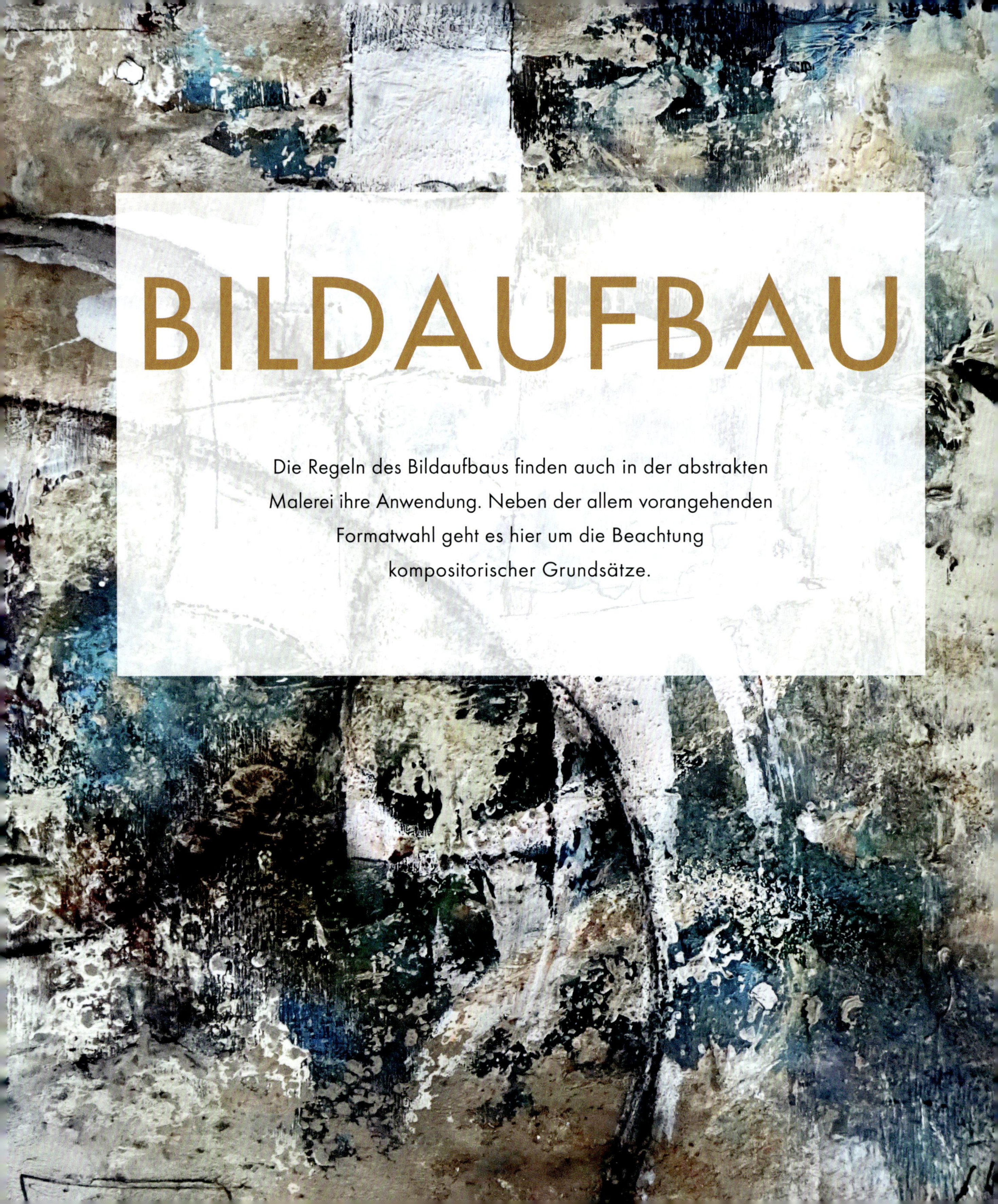

BILDAUFBAU

Die Regeln des Bildaufbaus finden auch in der abstrakten Malerei ihre Anwendung. Neben der allem vorangehenden Formatwahl geht es hier um die Beachtung kompositorischer Grundsätze.

FORMATWAHL

Nicht zu unterschätzen ist die Formatwahl; bestimmend für die Aussagekraft Ihres Bildes sollte das Format bewusst gewählt werden. Neben den ruhig wirkenden Quadraten und unseren DIN-Normen entsprechenden Rechtecken gibt es immense Möglichkeiten aufregender Extremformate. Auf sehr schlanken Hochformaten oder auf extrem flachen und breiten Querformaten wirken dieselben Motive viel aufregender und dynamischer.

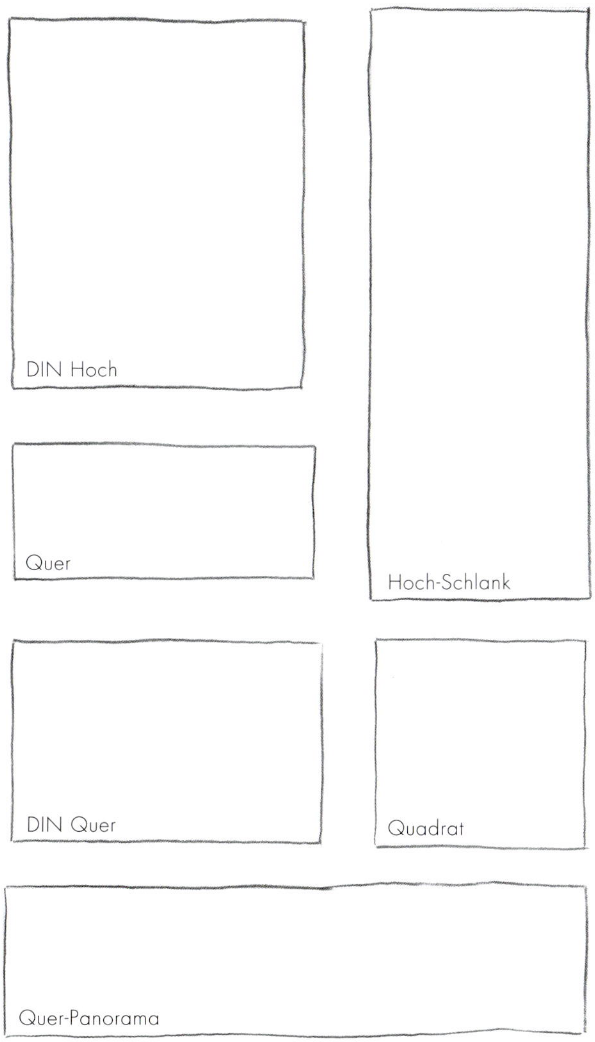

Anhand reduzierter Skizzen machen Sie sich Gedanken über die Auswahl an möglichen Formaten.

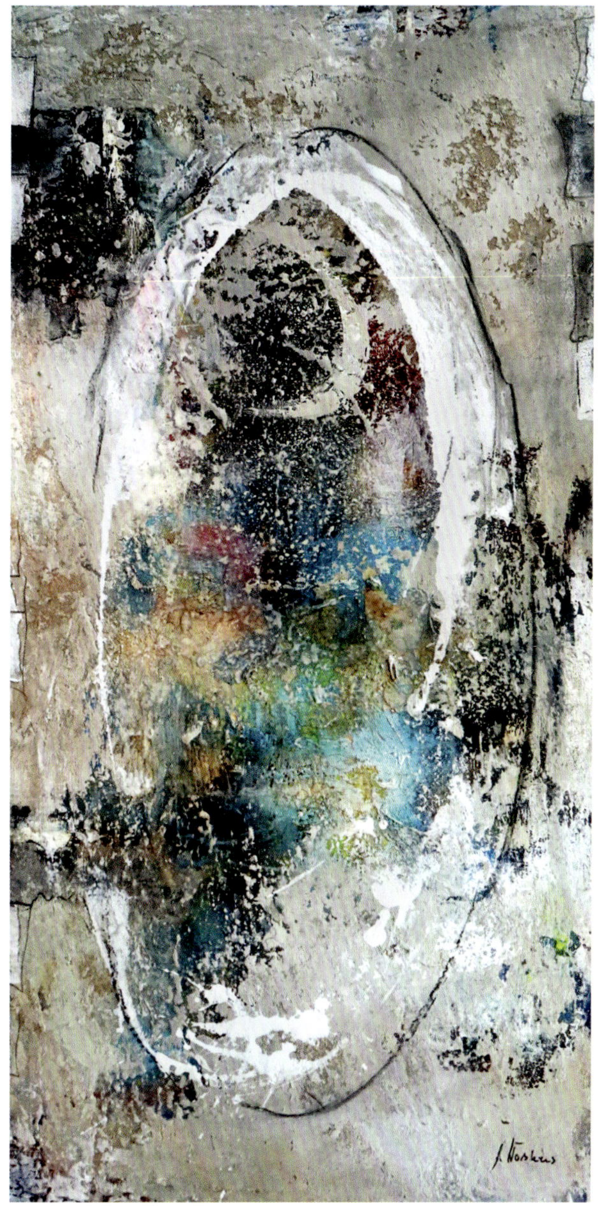

In diesem Fall fiel die Wahl auf ein schlankes Hochformat.

KOMPOSITIONSREGELN

Gesetzmäßigkeiten, die Flächenverhältnisse und Anordnung bzw. Positionierung von Formen und Farben im Bild regeln, nennt man Kompositionsregeln. Selten so offensichtlich wahrnehmbar wie in der realistischen Darstellung ist die Beachtung dieser Regeln auch im informellen und abstrakten Bereich Usus. Sekundäre Bildaussagen trifft man durch unterschiedliche Anordnungen, z. B. kann man Spannung oder Ruhe ins Motiv bringen. Möchten Sie eine bestimmte Idee verwirklichen oder eine Vorlage abstrahieren, so legen Sie die Komposition mit durchdachten und skizzierten Entwürfen im Vorfeld fest. Beginnen Sie ohne vorgefasste Idee mit dem Ziel, sich treiben zu lassen, so entwickeln Sie die Komposition spontan aus dem Arbeitsprozess heraus. Zugrunde liegen in jedem Fall die Regeln des Goldenen Schnitts und der Diagonalkomposition.

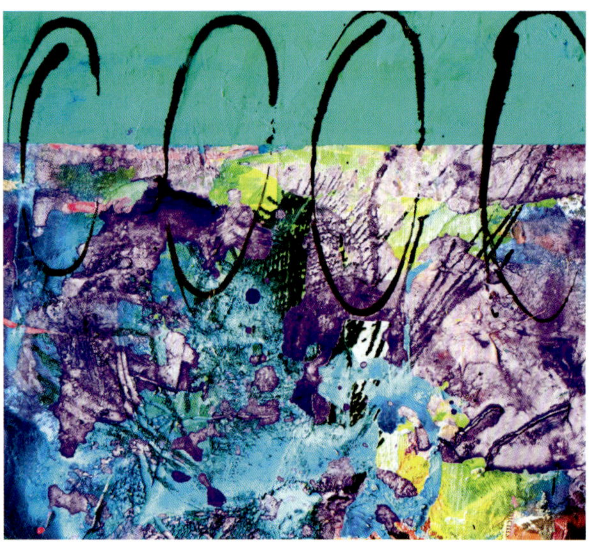

Die klar erkennbare Flächentrennung erfolgt hier auf der oberen Drittellinie.

GOLDENER SCHNITT

Die Aufteilung der Flächen im relativen Größenverhältnis zueinander ist Gegenstand dieser Regel, die als ideales Prinzip ästhetischer Proportionierung bewertet ist. Um das Interesse des Betrachters zu wecken sowie Spannung und Lebendigkeit zu erzeugen, bevorzugt man Unregelmäßigkeit bzw. Asymmetrie anstatt langweiliger Gleichmäßigkeit. Im vereinfachten und optisch begreifbaren Sinn des Goldenen Schnitts gleicht dies der Bündelung von 2/3 der Fläche im Verhältnis zu 1/3.

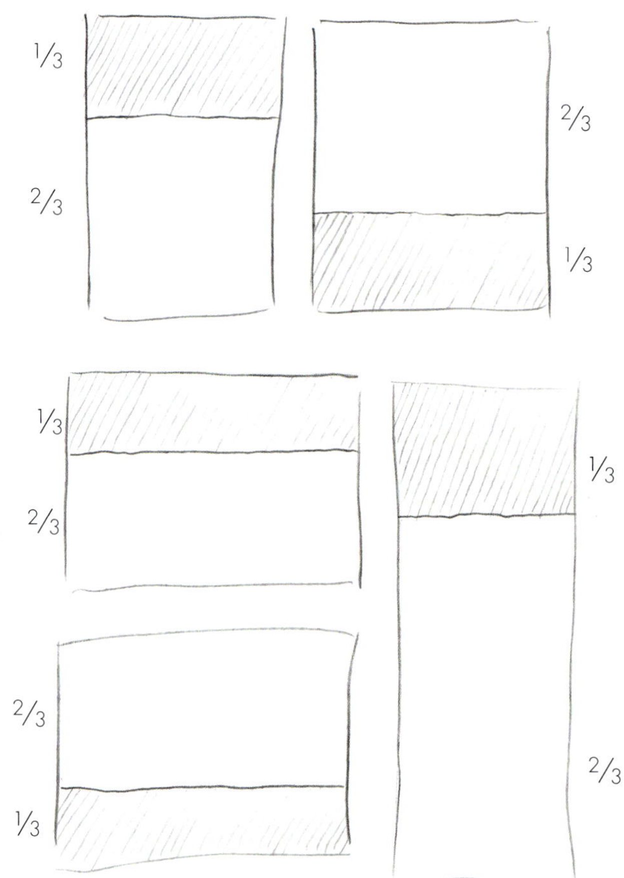

Beispielhafte Flächenbündelung im Verhältnis 2/3 zu 1/3.

Geht es nicht nur um Flächenverhältnisse, so wird das Bild nach der waagrechten Teilung auch senkrecht gedrittelt. Dabei ergeben sich insgesamt vier Kreuzungspunkte. Einer dieser Schnittpunkte wird zum Goldenen Schnittpunkt, d. h. fokussierend zum Interessenzentrum des Bildes erwählt. Diesem Bereich wird die volle Aufmerksamkeit geschenkt; er wird mithilfe der primären Bildelemente aktiv betont, während die anderen Bereiche weniger hervorgehoben werden.

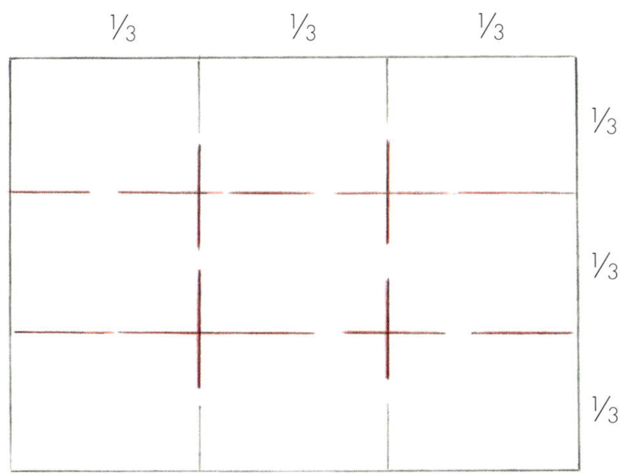

Durch die senkrechte Drittelung ergeben sich vier Schnittpunkte.

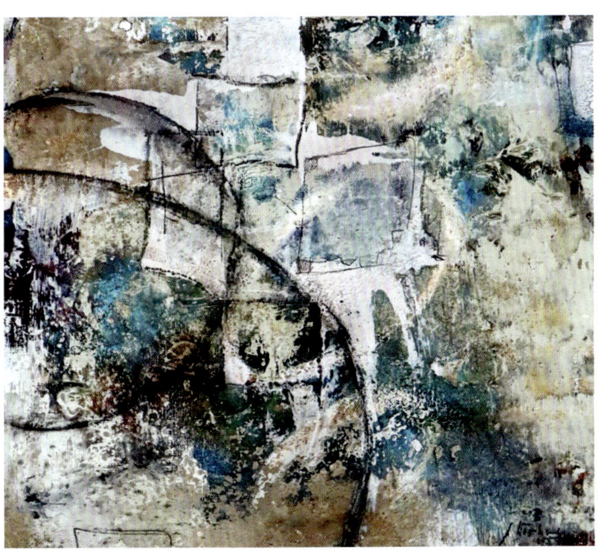

In diesem Motiv liegt das Zentrum im oberen linken Schnittpunkt.

DIAGONALKOMPOSITION

Die richtungsweisende, diagonale Anordnung von Formen oder eine entsprechende Linienführung steigert Energie und Dynamik eines Bildes. Das Bild mutet angenehmer an, wenn bestimmte Elemente über diese Linien verlaufen. Diagonalen vermitteln Bewegung und erzeugen je nach deren Ausrichtung unterschiedliche Wirkungen. Durch die vertraute Leserichtung empfindet man „von links nach rechts" verlaufende Diagonalen als angenehm; die Gegendiagonalen eher als beschwerlich. Die aufstrebende Blickrichtung wirkt positiv, die abfallende eher negativ. Diagonale Führungslinien sind auf den ersten Blick nicht immer wahrnehmbar, leiten jedoch den Betrachter auf „imaginären Pfaden" durch das Bild. Ein professioneller Maler überlässt hier nichts dem Zufall, sondern steuert mit derartigen Richtungsweisern durch seine Bilder.

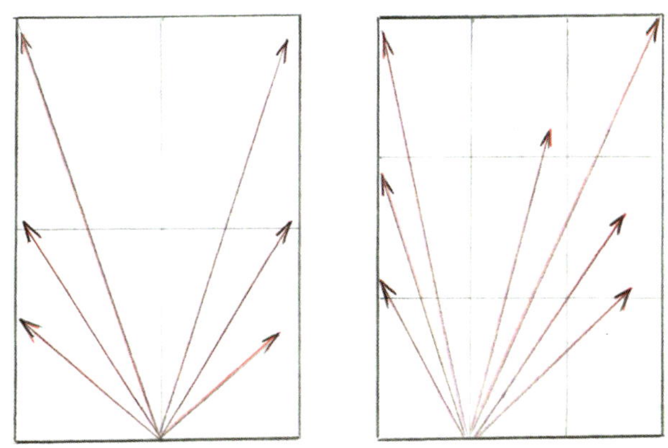

Auch hier greift die 2/3-Aufteilung; durch den Ansatz der Diagonalen auf der linken Drittellinie (s. rechte Abb.) empfinden Sie deutlich mehr Spannung und Dynamik als bei mittiger Anordnung.

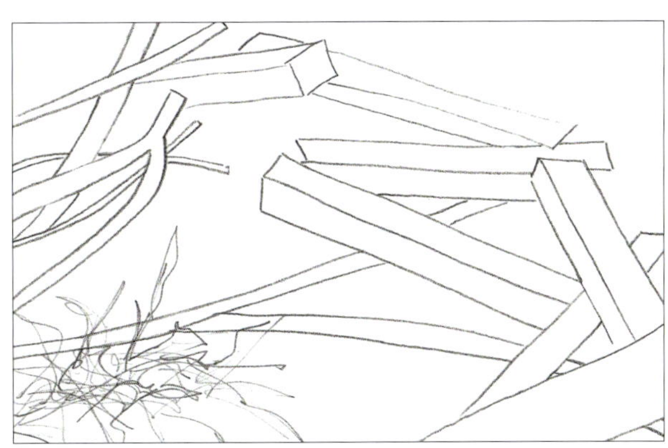

Diagonale Elemente leiten durch das Bild.

BILDEINGANG UND -AUSGANG

Schaffen Sie eine Stelle, an der man das Bild „betreten" kann, an dem also der Kontakt zum Betrachter hergestellt wird. Von diesem Bildeingang aus führen Sie mit aktiven Bereichen, die den Blick auf sich ziehen, zur geballten Anordnung der Objekte im Goldenen Schnitt. Der Betrachter wird wie von unsichtbarer Hand zum Wesentlichen geführt; auf denselben Wegen findet dieser auch wieder heraus. Es ist angenehm, einladend und einfacher, vom Maler unbewusst gelenkt zu werden, anstatt sich mühsam seinen eigenen Weg durch ein Bild suchen zu müssen.

Über die Gewichtung von Farben und Flächen kann der Betrachter trotz gleicher Bildaufteilung unterschiedlich geführt werden. An den folgenden Beispielen, die auf der Grundlage derselben Zeichnung wie im Bild unten links basieren, wird der Unterschied durch die verschiedene Flächengestaltung deutlich sichtbar. So wird der Fokus beispielsweise durch die Betonung der Flächen im Bereich des Goldenen Schnittpunkts im unteren linken Drittel gehalten; die ursprünglichen Führungslinien kommen gegen diese Farbpräsenz nicht an und werden außer Kraft gesetzt.

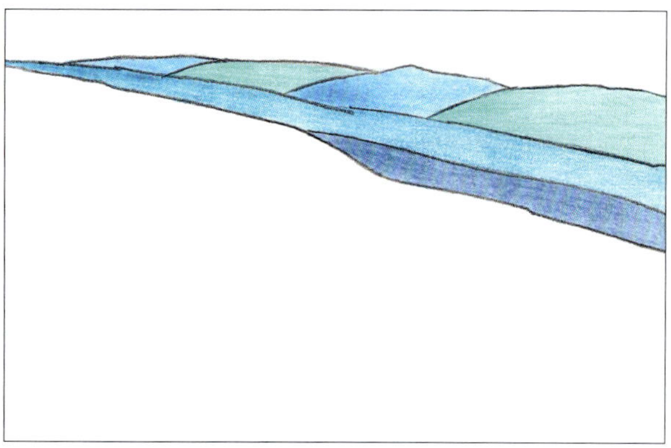

Der Betrachter muss einen Umweg in Kauf nehmen, um am rechten Bildrand einsteigen zu können.

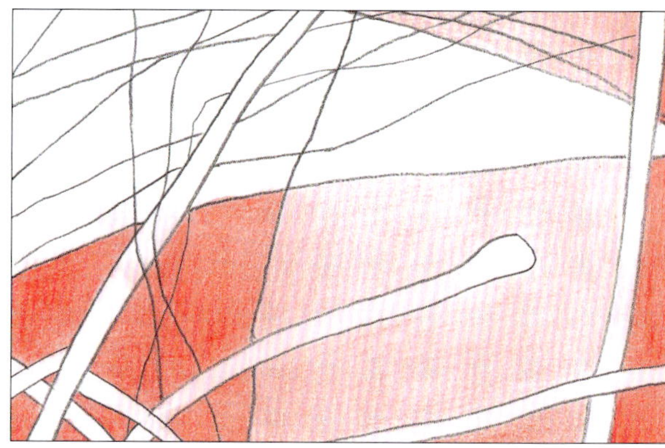

Die Zusammenfassung einzelner Flächen in der Farbe Rot bewirkt eine deutliche Flächentrennung von etwa 2/3 zu 1/3.

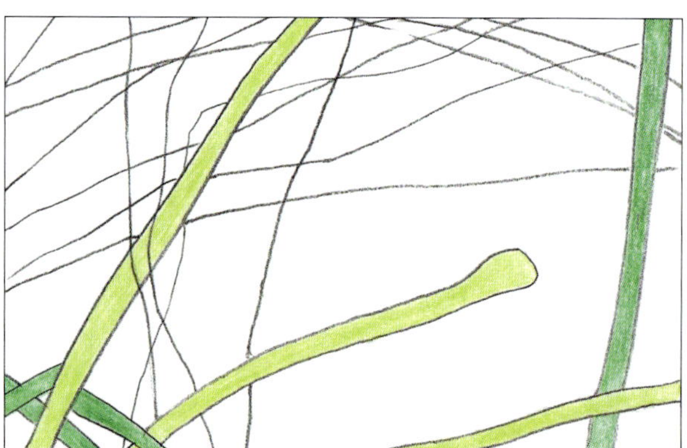

Der Betrachter kann von links unten ins Bild einsteigen und wird über die rechte Senkrechte zurück nach unten links geleitet.

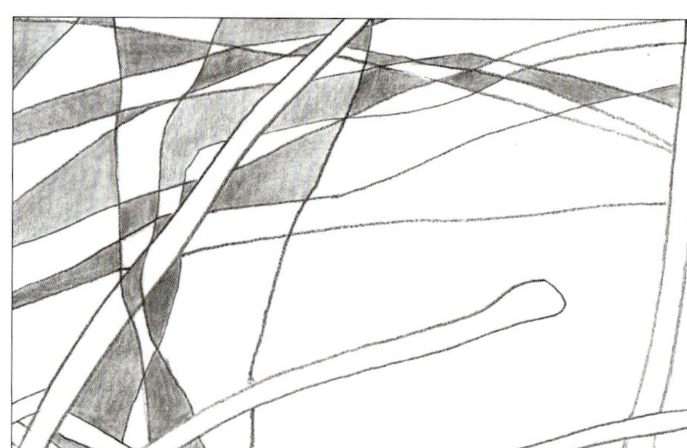

Über die diagonale Vernetzung kleiner Flächen wird die linke senkrechte und die obere waagrechte Drittellinie betont.

ANWENDUNG

Inspiriert von den Formen und Strukturen eines mit Bauschutt aufgefüllten Waldweges ist dieses grob strukturierte Werk auf der Basis mehrerer Entwurfskizzen entstanden.

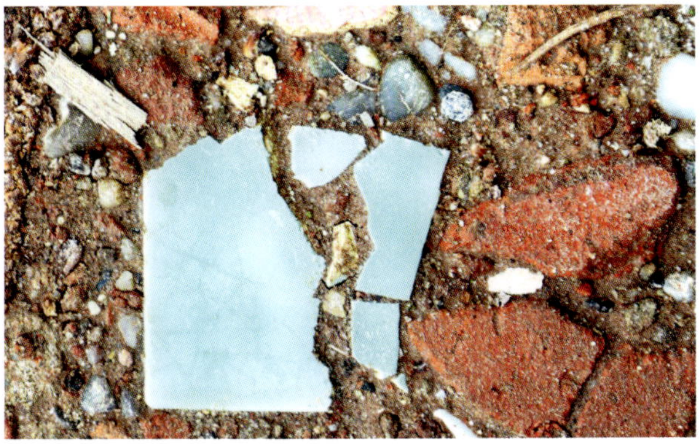

Sie arbeiten anhand einer Vorlage wie z. B. diesem Foto.

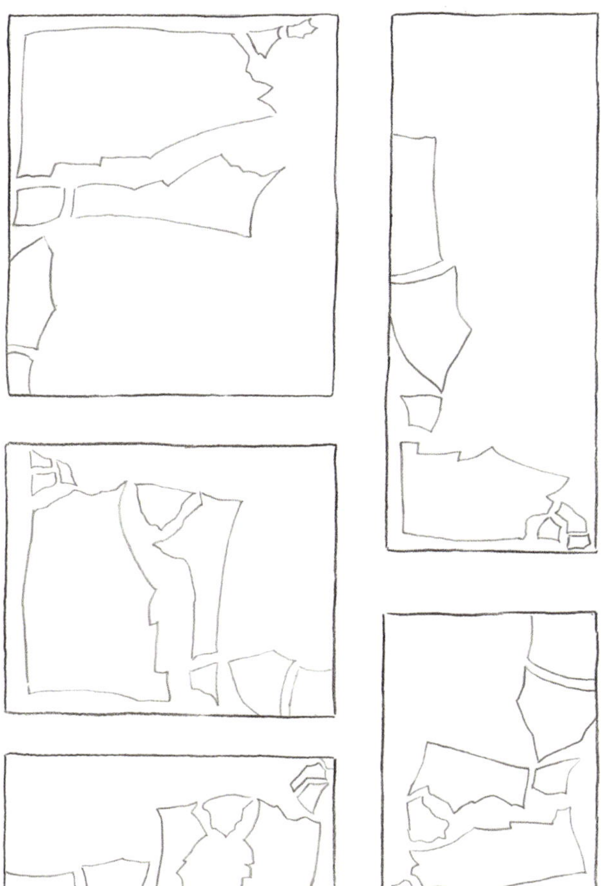

Entwürfe auf verschiedenen Formaten

ANLEITUNG

In freier Zusammenstellung wurde hier die Formensprache der Splitterstücke aus dem Foto übernommen. Die losen Steinchen am Waldboden inspirierten mich zur Verwendung dieser Schablone.

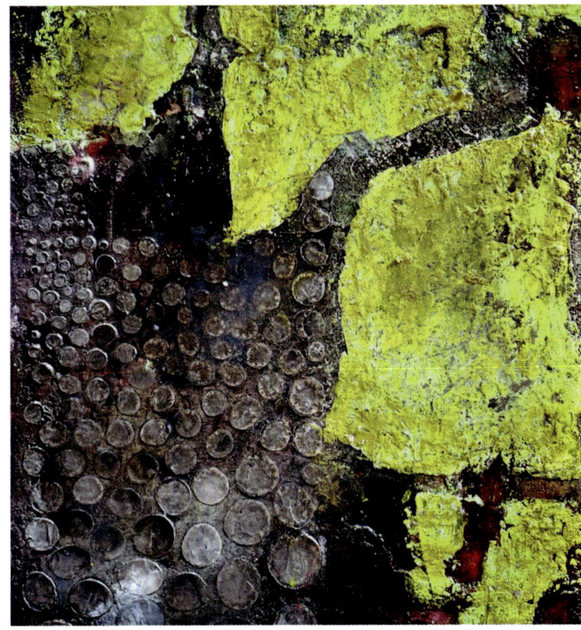

Auf einer deckenden Untermalung in Indischgelb lasieren Sie leicht verdünntes Krapp dunkel. Um die Struktur des Waldbodens nachzustellen, vermengen Sie Paste mit Quarzsand und spachteln die Masse in großzügigen Bewegungen auf den Großteil der Bildfläche. Spontan entstandene Löcher im Strukturauftrag lassen Sie stehen, um einen Ausblick auf die blanke Leinwand zu behalten. Lasieren Sie die gesamte Bildfläche mit Warmgrau. Legen Sie nun eine Schablone (hier ein Muster mit unterschiedlich großen Kreisen) auf. Vermengen Sie Paste mit Asche und füllen die Aussparungen der Schablone auf, indem Sie die Masse mit dem Spachtel darüberziehen. Nach dem Abziehen der Schablone zeigt sich das Muster haptisch mit scharfen Auftragsrändern. Leicht verdünntes Vandyckbraun lasieren Sie mit dem Flachmaler über die gesamte Fläche. Sie zeichnen nun die gewünschten Formen mit Kohle auf und spachteln diese zuerst mit Gelbgrün ab. Die noch feuchte Farbe überziehen Sie anschließend mit einer zweiten Schicht partiell in Grüner Erde.

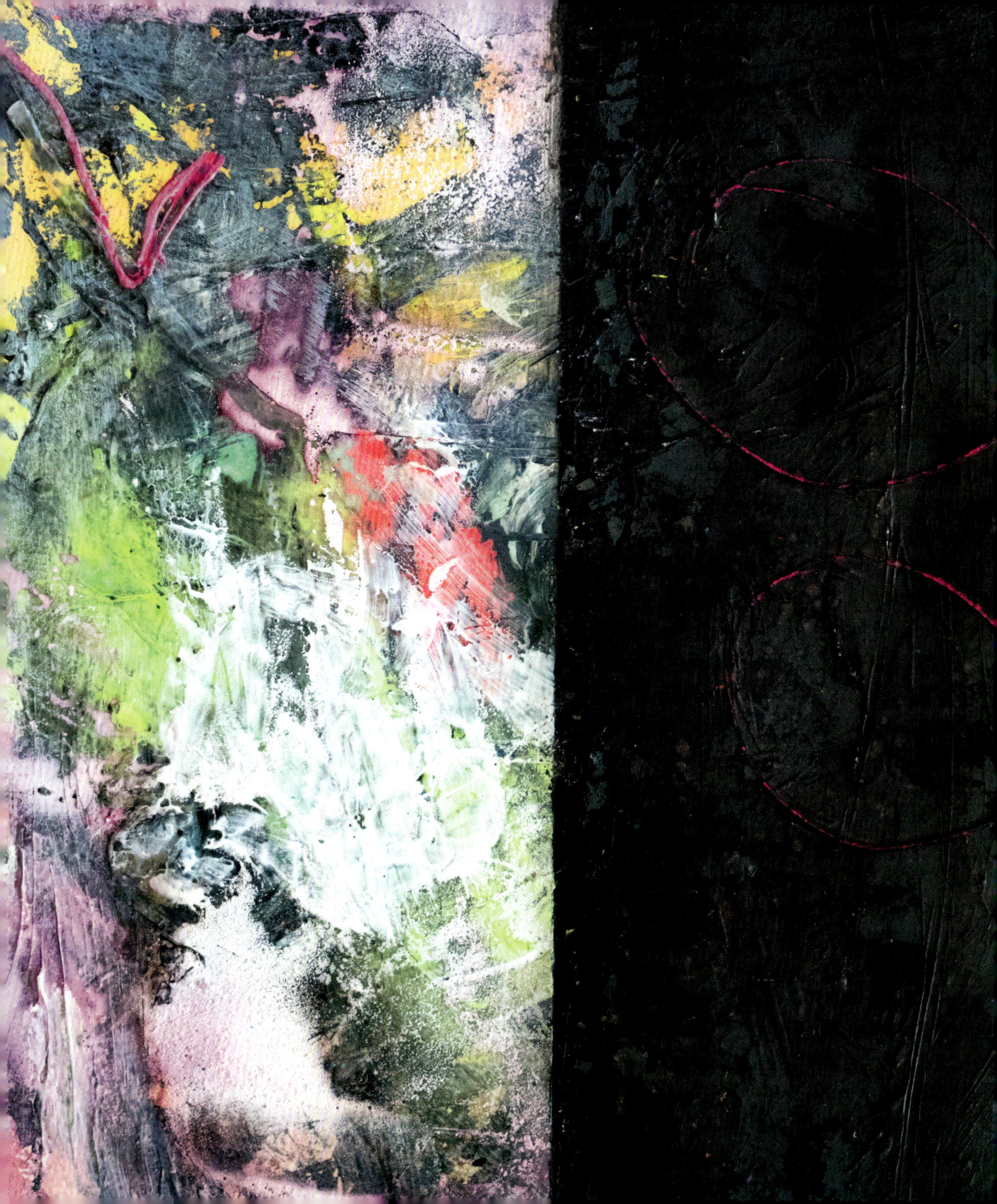

Drittelung senkrecht

AUFTRAG UND MATERIAL

Themenschwerpunkte

Farbe, Fläche, Linie, Dynamik, Kontrast

Werkzeug

Spachtel, Flachmaler, Sprühflasche, Dosierflasche mit Tülle

Material

Keilrahmen: 60 × 90 cm

Acrylfarben: Titanweiß, Magenta, Maigrün, Hookersgrün, Primärgelb, Lichter Ocker, Schwarz

Ölpastell: Titanweiß, Orange

Originalformat

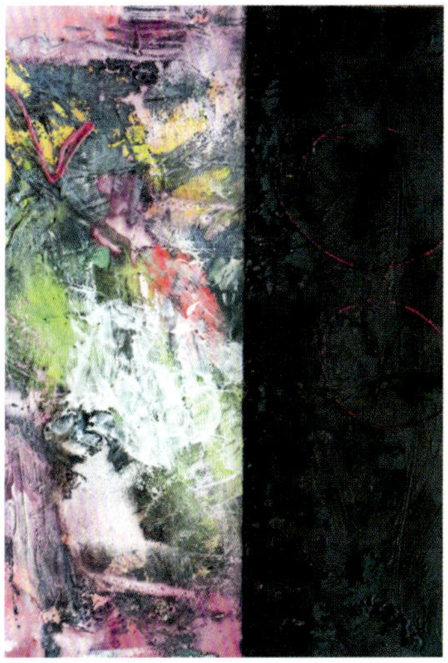

ANLEITUNG

Spachteln Sie Paste in freier Bewegung auf den Kernbereich der Leinwand. Kritzeln Sie mit dem Bleistift Spuren in die feuchte Paste. Dieses Werk hat sich sozusagen nebenbei entwickelt. Ich verwende gerne meine Farbreste aus der Arbeit in anderen Bildern, um ohne vorhergehende Planung zu nehmen, was gerade übrig ist, und damit in vielschichtigen Lasuren zu spielen. Spachteln oder streichen Sie die jeweilige Farbe in freier Bewegung auf, verdünnen Sie den Rest und sprenkeln und versprühen die Farbe. Diverse Schichtungen sind in ihrer Reihenfolge letztendlich nicht mehr nachvollziehbar. Sich in Teilen überlagernd bleibt nur ein kleiner Bereich der unteren Lagen sichtbar. Abschließend beruhigen Sie das Werk, indem Sie etwas mehr als ein Drittel flächig pastos deckend in Schwarz übermalen. Dezente Ovale, in Magenta mit der Dosierflasche und einer feinen Tülle aufgemalt, stellen den Kontakt zur bunten Fläche her.

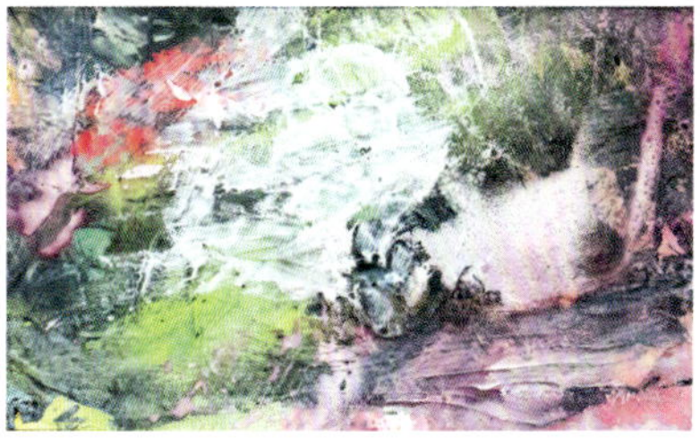

Gesamtfläche ohne schwarze Übermalung

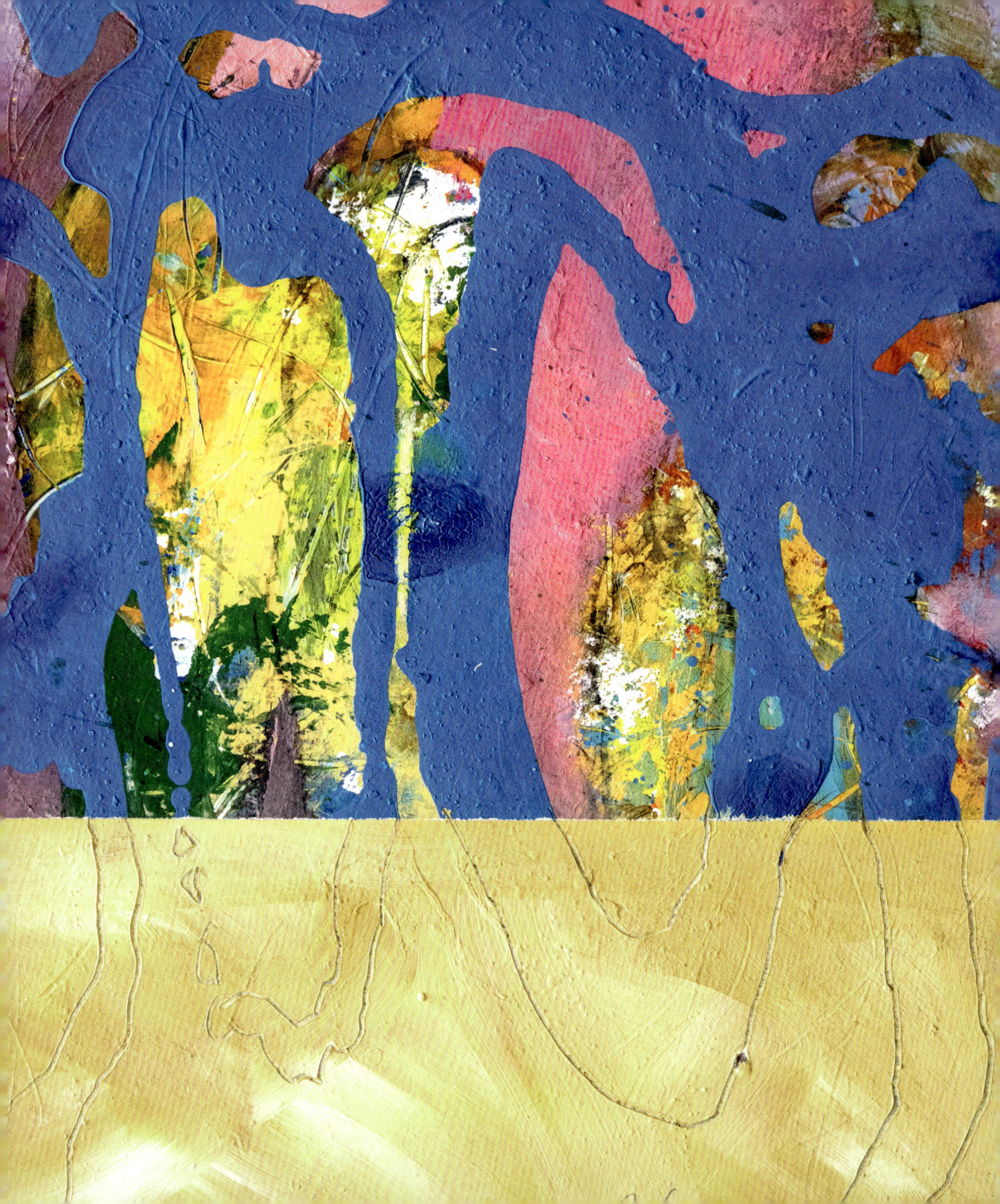

Flächenvernetzung mittels Gravur

AUFTRAG UND MATERIAL

Themenschwerpunkte

Farbe, Fläche, Linie, Form, Struktur, Muster, Variation, Kontrast, Wiederholung

Werkzeug

Spachtel, Flachmaler, Tesakrepp, Bleistift, Dosierflasche

Material

Keilrahmen: 60 × 90 cm

Acrylfarben: Primärgelb, Hookersgrün, Titanweiß, Orange, Sand, Lichter Ocker, Siena gebrannt, Vandyckbraun, Primärmagenta, Primärcyan

Originalformat

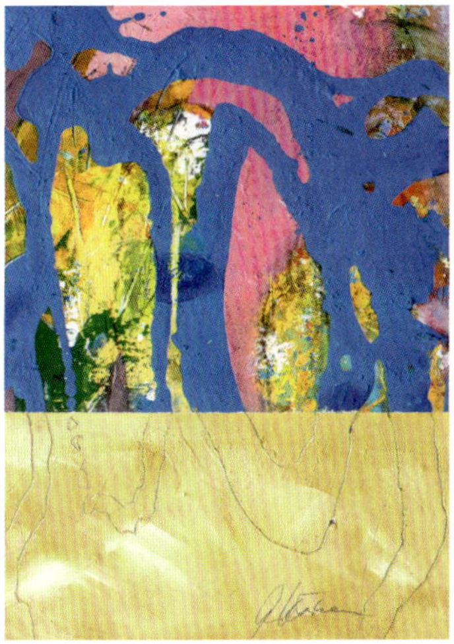

ANLEITUNG

Für die Anlage der Untermalung werden zunächst die Farben Gelb und Hookersgrün in freier Bewegung pastos gespachtelt. In loser Reihenfolge setzen Sie die beiden Farben neben- und ineinander; aus diesen willkürlichen Mischungen ergeben sich diverse Farbnuancen. Kritzeln Sie mit dem Bleistift Spuren in die feuchten Farben. Sie verdünnen abschließend die Farbreste und sprenkeln diese mit dem Flachmaler auf den Bildträger. Ihrer Intuition folgend versprühen Sie die Farbe in Teilbereichen mit Wasser. Spachteln Sie partielle Lichter in Weiß auf. In einer zweiten Ebene wiederholen Sie den ersten Schritt mit den verwandten Farben Gelb, Orange, Sand, Lichter Ocker, Siena gebrannt und Vandyckbraun. Den Erstauftrag lassen Sie dabei in Teilbereichen sichtbar stehen. Sie verdünnen eine Mischung aus Titanweiß und Magenta in einer Dosierflasche und malen mit der Tülle schwungvolle Farbspuren auf die gespachtelte Fläche; wiederholen Sie den Vorgang mit Cyan. Kleben Sie etwas mehr als ein Drittel mit Tesakrepp ab und beruhigen Sie das Werk, indem Sie die Fläche pastos deckend in Titanweiß und Lichtem Ocker übermalen. Mit dem Bleistift gravieren Sie abschließend die Verlängerung der Konturen der blauen Farbspuren in die feuchte Farbe.

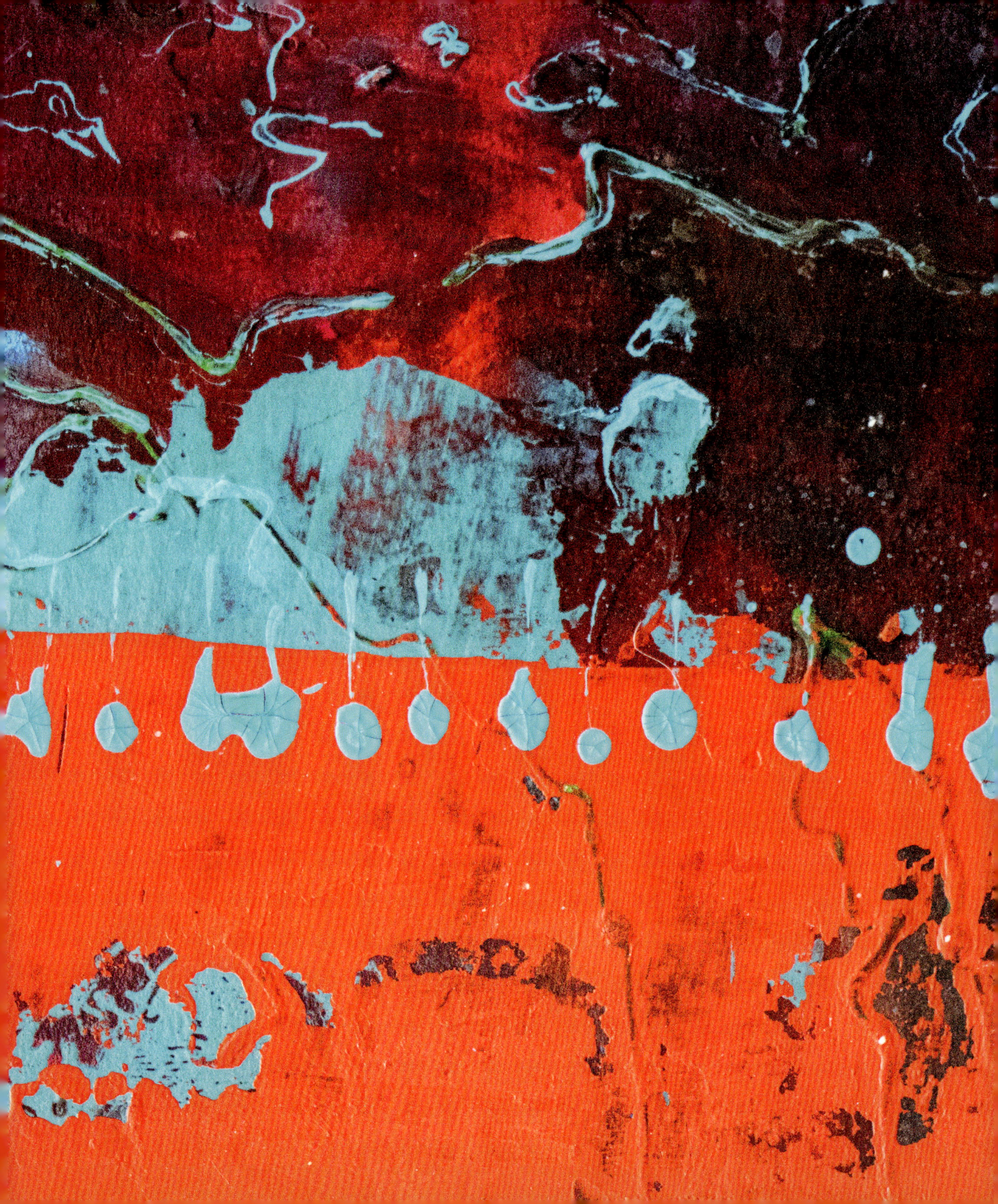

Flächenvernetzung mittels Muster

AUFTRAG UND MATERIAL

Themenschwerpunkte

Farbe, Fläche, Linie, Muster, Dynamik, Variation, Kontrast

Werkzeug

Spachtel, Flachmaler, Sprühflasche, Pipette

Material

Keilrahmen: 60 × 90 cm

Acrylfarben: Kadiumrot, Siena gebrannt, Maigrün, Kobalttürkis, Schwarz

Originalformat

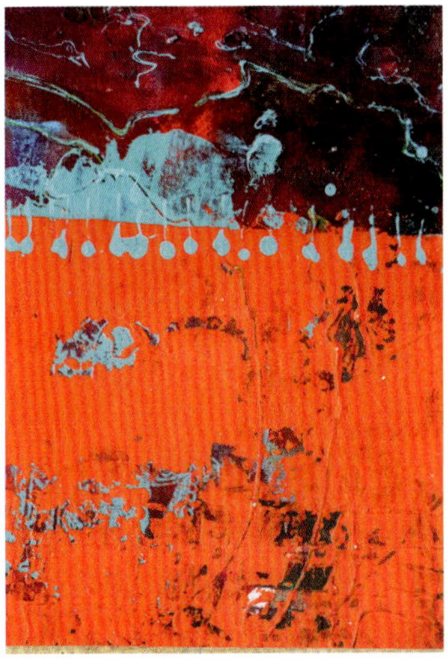

ANLEITUNG

Spachteln Sie Siena gebrannt und Schwarz in freier Bewegung als lockere Untermalung auf die gesamte Bildfläche. Überziehen Sie das Bild mit einer Lasur in Kadmiumrot. Füllen Sie Maigrün in eine Flasche mit spitzer Tülle und zeichnen damit freie haptische Linien. Im Kernbereich der Leinwand spachteln Sie Kobalttürkis fragmentiert auf. Beruhigen Sie das Werk, indem Sie ca. zwei Drittel flächig pastos deckend in kräftigem Kadmiumrot überziehen. Lassen Sie Lücken im Farbauftrag, um auf die unteren Schichten blicken zu können. Abschließend vernetzen Sie die beiden ungleichen Farbflächen mit zeichnerischen Mustern wie z.B. den gestrichelten Linien und Punkten, die in verdünntem Kobalttürkis mit der Pipette aufgezeichnet werden.

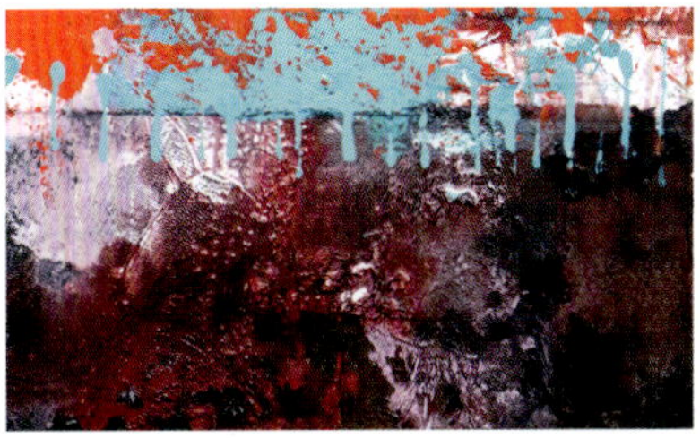

Der Untergrund dieser Variation ist mit Struktur und Zeitungspapier angelegt.

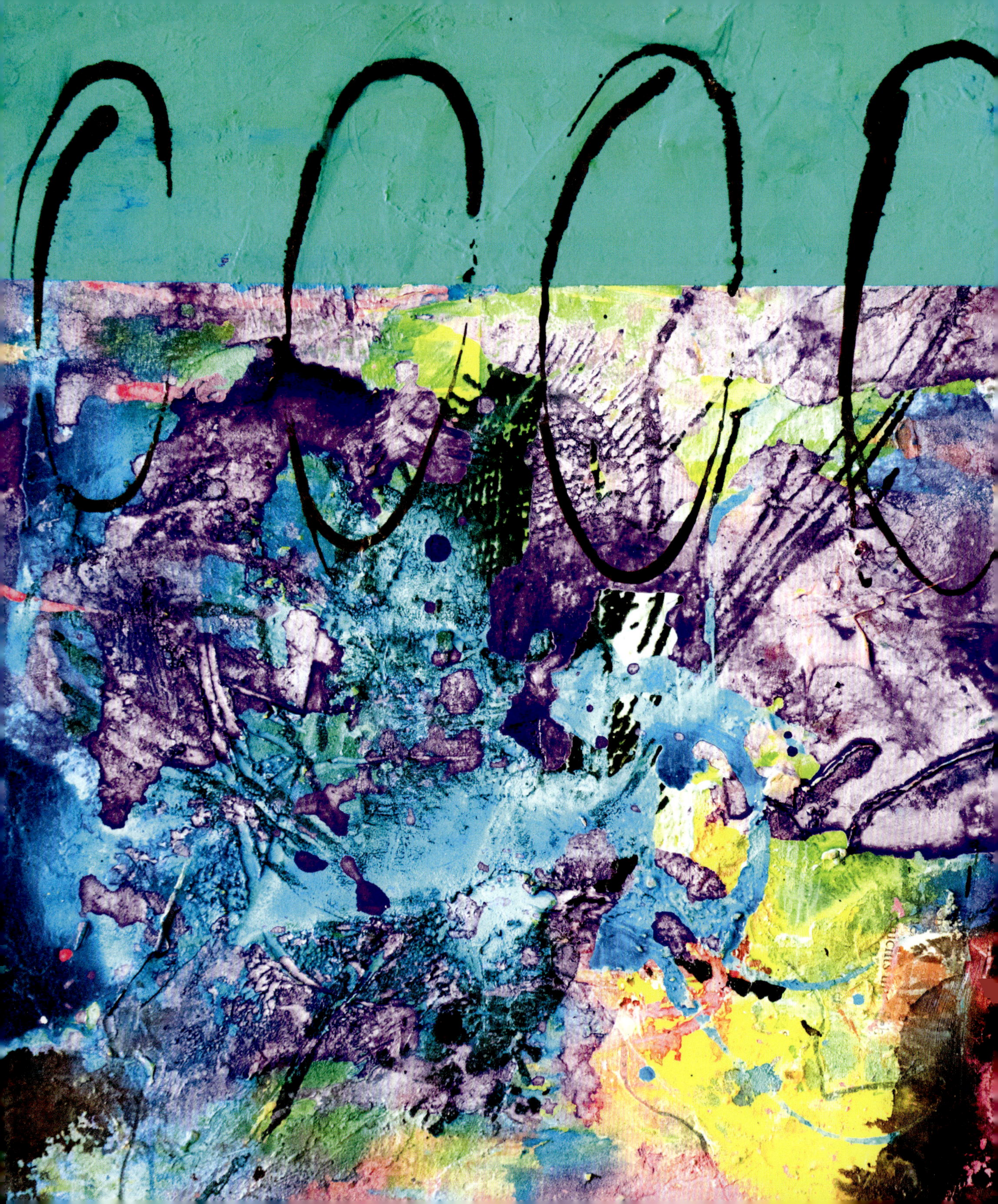

Flächenvernetzung mittels Zeichnung

AUFTRAG UND MATERIAL

Themenschwerpunkte

Farbe, Fläche, Linie, Muster, Dynamik, Variation, Kontrast

Werkzeug

Spachtel, Flachmaler, Sprühflasche, Pipette

Material

Keilrahmen: 60 × 90 cm, Leichtstrukturpaste

Acrylfarben: Schwarz, Umbra gebrannt, Magenta, Cyan, Maigrün, Gelb, Brillantviolett, Kobaltblau, Kobalttürkis

Originalformat

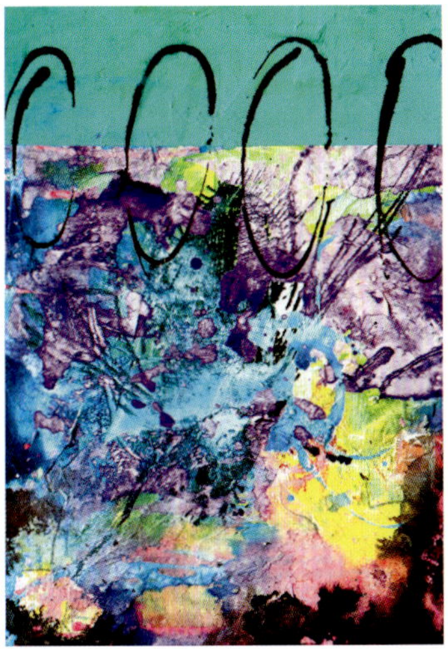

ANLEITUNG

In freier Bewegung streichen Sie unverdünntes Schwarz und Umbra gebrannt in großen Flecken auf. Ohne vorherige Planung bedecken Sie dazu mit dem Flachmaler die gesamte Bildfläche in einer dünnen Lage – kleistern Sie aber nicht die unterliegende Struktur zu. Im Folgenden spielen Sie in mehrschichtigen Lasuren. Achten Sie dabei auf die Verträglichkeit der Töne im Sinne der Farbenlehre und vermeiden Sie direkten Kontakt von komplementären Farben. Am besten arbeiten Sie in der Reihenfolge Gelb, Maigrün, Kobaltblau, Cyan, Magenta und Violett. Verdünnen Sie dazu die jeweilige Farbe und schütten Sie diese zunächst auf den Bildträger. Farbreste sprenkeln Sie mit dem Flachmaler auf und versprühen die Farbränder nach Bedarf mit Wasser. Sich in Teilen überlagernd bleiben partielle Bereiche der unteren Lagen sichtbar. Abschließend beruhigen Sie das Werk, indem Sie das gesamte obere Drittel flächig pastos deckend in kräftigem Kobalttürkis übermalen. In diesem Fall vernetzen dynamische Ovale, die in verdünntem Schwarz mit der Pipette aufgemalt wurden, die beiden ungleichen Farbflächen.

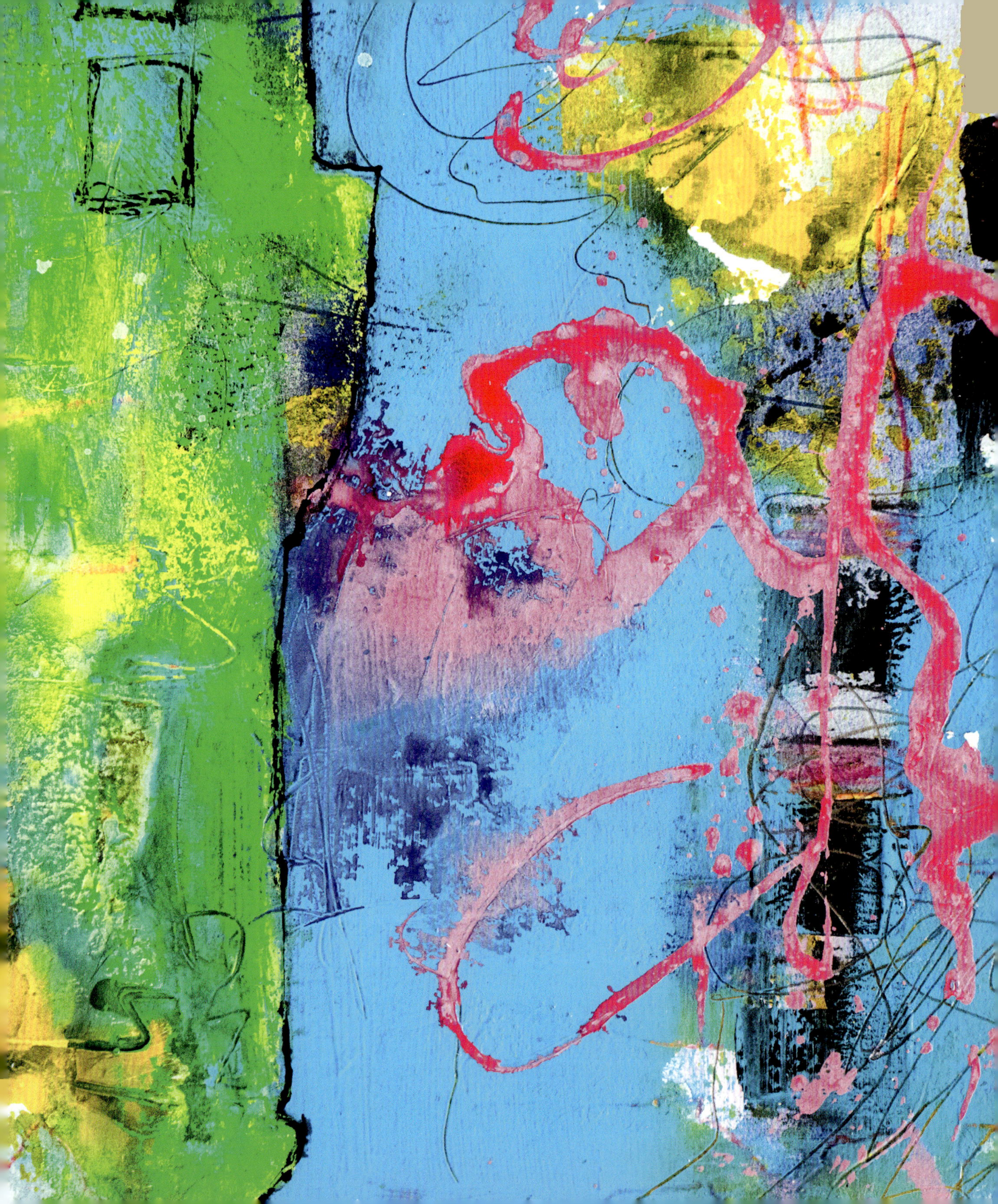

Lose Flächenteilung mittels Kontur

AUFTRAG UND MATERIAL

Themenschwerpunkte

Farbe, Fläche, Linie, Form, Muster, Dynamik, Variation, Kontrast

Werkzeug

Spachtel, Flachmaler, Borstenpinsel, Sprühflasche, Pipette, Bleistift

Material

Keilrahmen: 60 × 90 cm, Leichtstrukturpaste

Acrylfarben: Magenta, Cyan, Maigrün, Neapelgelb, Kieselgrau, Titanweiß, Schwarz

Aerocolor: Ultramarin, Goldocker

Originalformat

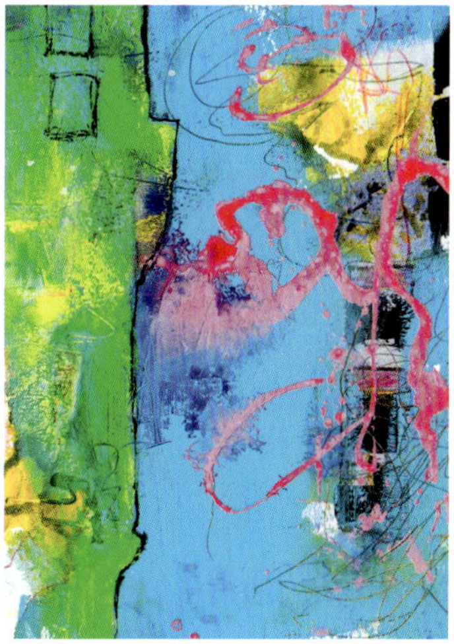

ANLEITUNG

Spachteln Sie Paste in freier Bewegung auf den Kernbereich der Leinwand. Kritzeln Sie mit dem Bleistift Spuren in die feuchte Paste. Legen Sie eine deckende Untermalung in Kieselgrau an. Über Teilbereiche sprenkeln und spritzen Sie eine Lasur in Ultramarin mit einem Borstenpinsel und wiederholen diesen Vorgang mit Goldocker. Mit dem Flachmaler malen Sie eine Reihe deckender schwarzer Quadrate auf der rechten senkrechten Drittellinie. Mit einem pastosen Auftrag in Cyan decken Sie ca. 2/3 der Fläche ab und vernebeln in Teilbereichen granulierend die Klarheit der unterliegenden Farbaufträge. Kritzeln Sie mit Bleistift lockere Bewegungsspuren in die noch feuchte Farbe. Auf einen in Neapelgelb granulierten, unregelmäßigen Balken am linken Bildrand lasieren Sie partiell kräftiges Maigrün. In einer sämigen Mischung aus Magenta und Titanweiß zeichnen Sie mit der Pipette freie Linien auf und versprühen diese in Teilbereichen. Abschließend zeichnen Sie mit der Pipette spielerische schwarze Konturen und grenzen die beiden großen Flächen damit voneinander ab.

FARBE

Farbe verleiht dem Werk Atmosphäre und Ausstrahlung. Farben können ruhig und harmonisch oder aggressiv wirken; sie sind sozusagen der Bote eines bestimmten Gefühls. In dieser Lektion finden Sie das notwendige Basiswissen über Farbmischungen und Farbbeziehungen und deren Auswirkungen im Bild.

FARBKREIS

Ausgehend von Isaak Newtons Farbenlehre etablierte sich die Darstellung von Grund- und Mischfarben in einem Kreis. In einem Farbkreis angeordnet, lassen sich die „Beziehungen" der Farben zueinander bestens darstellen:

- In der Mitte befinden sich die Primärfarben.
- Die aus jeweils zwei Primärfarben gemischten Sekundärfarben schließen sich an sie an.
- Auf dem äußeren Ring befinden sich die Tertiärfarben zwischen den jeweiligen Ausgangstönen.
- Farben, die sich auf dem Kreis direkt gegenüberliegen, nennt man Komplementärfarben.
- Farben, die im Farbkreis nebeneinanderliegen, bezeichnet man als verwandte Farben.

BEGRIFFSDEFINITION

- Der Oberbegriff **Farbe** benennt die Farbe an sich, zum Beispiel „rot"oder „blau".
- In diesem Rahmen werden die **Farbtöne** unterschieden, z. B. „rosarot", „tomatenrot" oder „dunkelrot".
- Als dritter Fachbegriff ist der sogenannte „Farbstich" zu nennen: es handelt sich dabei um eine Farbe, die einen kaum sichtbaren Hauch der beigemischten Farbe hat, beispielsweise ein „blaustichiges Grau".

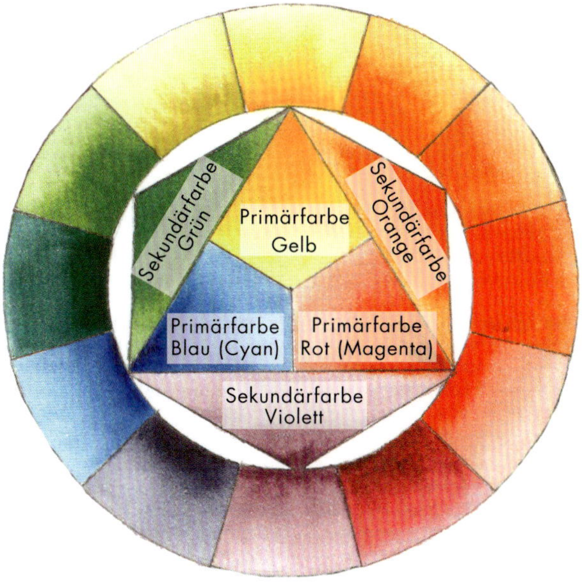

PRIMÄRFARBEN

Die Farbenlehre basiert auf den sogenannten Primärfarben. Reines Gelb, Rot und Blau kann man nicht aus anderen Farben mischen; untereinander gemischt ergeben sich daraus jedoch alle anderen Farbtöne (außer Weiß). Da jeder Hersteller die Grundfarben anders benennt, kann hier keine allgemein gültige Farbbezeichnung empfohlen werden; in angepassten Farbserien werden sie als Primärgelb, Primärmagenta und Primärcyan bezeichnet.

SEKUNDÄRFARBEN

In der ersten Ausmischung, d. h. wenn Sie jeweils zwei Primärfarben miteinander mischen, erhalten Sie die Sekundärfarben:

- Magenta + Gelb = Orange
- Gelb + Cyan = Grün
- Cyan + Magenta = Violett

TERTIÄRFARBEN

Mischt man eine Primärfarbe mit einer verwandten Sekundärfarbe entstehen die Tertiärfarben:

- Gelbgrün und Blaugrün bei Mischung mit Grün
- Gelborange und Rotorange bei Mischung mit Orange
- Rotviolett und Blauviolett bei Mischung mit Violett

WEITERE FARBABSTUFUNGEN

Prozentual unterschiedliche Farbanteile ergeben eine Vielzahl verschiedener Tonabstufungen. Mit den daraus erzielten Ergebnissen lassen sich durch weitere paarweise Ausmischungen unzählige Farbvarianten erzeugen. Die entstehende Nuance hängt von der Version des jeweiligen Grundtons ab.

ANWENDUNG

Um einen bestimmten Farbton zu erhalten, gehen Sie von einer Grundfarbe aus, an der Sie alle erforderlichen Veränderungen vornehmen.
Mischen Sie im Vorfeld auf der Palette, beachten Sie Folgendes:

- Beginnen Sie Mischungen immer mit dem Ansatz der helleren Farbe.
- Geben Sie die dunklere Farbe vorsichtig hinzu, um sich schrittweise dem gewünschten Ton anzunähern.
- Haben Sie den ungefähren Ton erreicht, können Sie ihn nuancieren.
- Korrigieren Sie das Mischergebnis in kleinen Schritten bzw. mit geringen Mengen einer weiteren Farbe.
- Lassen Sie verschiedene Tonwerte wirken; mischen Sie die Farbe nicht zu einem toten Einheitsbrei.

Mischungen können auch direkt auf dem Bildträger in verschiedenen Techniken ausgeführt werden:

- Nass in Nass auf dem angefeuchteten Bildträger; die Farben fließen zusammen und suchen sich ihren eigenen Weg;
- in durchscheinenden Lasurschichten überlagernd – eine optische Mischung, da sich die einzelnen Farbschichten lediglich überlagern und somit für das Auge nicht trennbar sind;
- pastos oder verdünnt ineinander verrieben;
- partiell nebeneinandergesetzt (Pointilismus);
- granulierend überlagernd (durchscheinend).

Probeaufstriche ermöglichen einen Vergleich der Mischergebnisse.

INTERAKTION

Das Auge sieht Farben nicht isoliert, sondern in ihrer Gesamtheit. Alle Farben und Töne beeinflussen sich gegenseitig. Jeder neue Farbtupfer in einem Bild verändert die Beziehung zwischen den bereits vorhandenen Farben. Im Rahmen dieser Interaktion verhalten sich Farben zueinander in bestimmten Beziehungen, deren Wirkungsprinzipien in der Ausgestaltung abstrakter Bilder unverzichtbar sind.

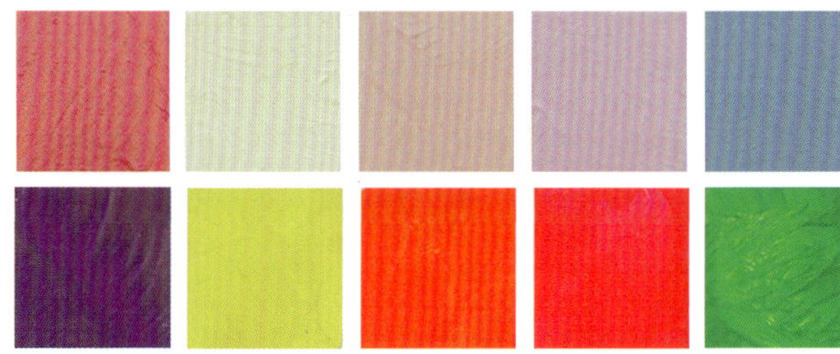

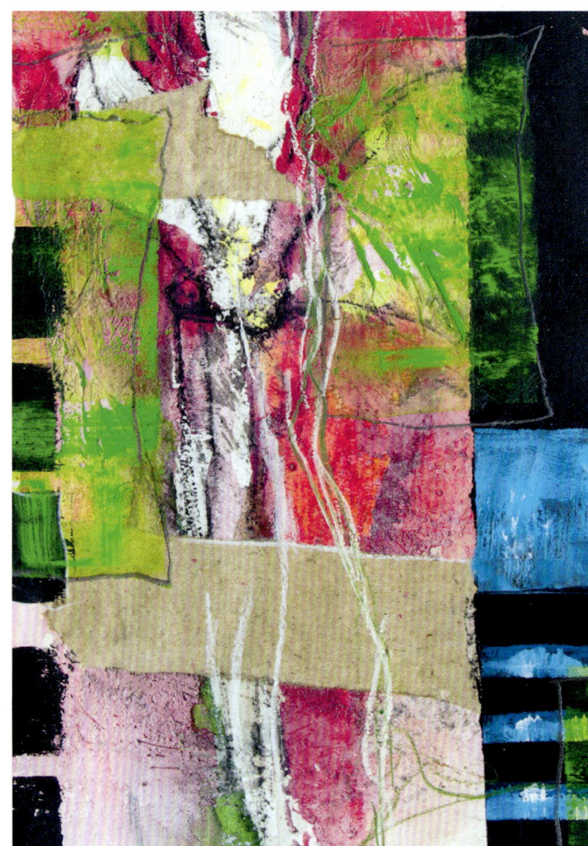

Die oben abgebildeten Töne verschmelzen im Bild.

VARIATIONEN

- **Kalt-Warm-Kontrast** – Alle Farbtöne sind in kalte und warme Farben einzuteilen. Der Bereich der Gelb-Orange-Rot-Töne wird als wärmer eingestuft als der Bereich der Grün-Blau-Violett-Töne. Allerdings gibt es von jeder Farbe warme und kalte Töne.
- **Komplementärkontrast** – Komplementäre Farben verhelfen sich nebeneinander positioniert zu mehr Leuchtkraft; miteinander vermischt ergeben sie gebrochene Grautöne.
- **Farbklang** – Ein Farbklang besteht aus verwandten Farben; sprich solche, die im Farbkreis nebeneinanderliegen. In der Ausmischung zweier Grundfarben entsteht eine ganze Farbfamilie.
- **Tonwertmalerei** – Der Tonwert beschreibt den jeweiligen Grad der Farbintensität. Dies geht von höchster Sättigung bis hin zur Transparenz bzw. von der Reinbuntheit bis hin zur stärksten Aufhellung mit Weiß oder Abdunkelung mit Schwarz.
- **Monochrome Malweise** – In monochromer Malweise beschränkt sich der Künstler auf den Gebrauch einer Farbe. Werden lediglich Grautöne verwendet, spricht man von „Grisaille".

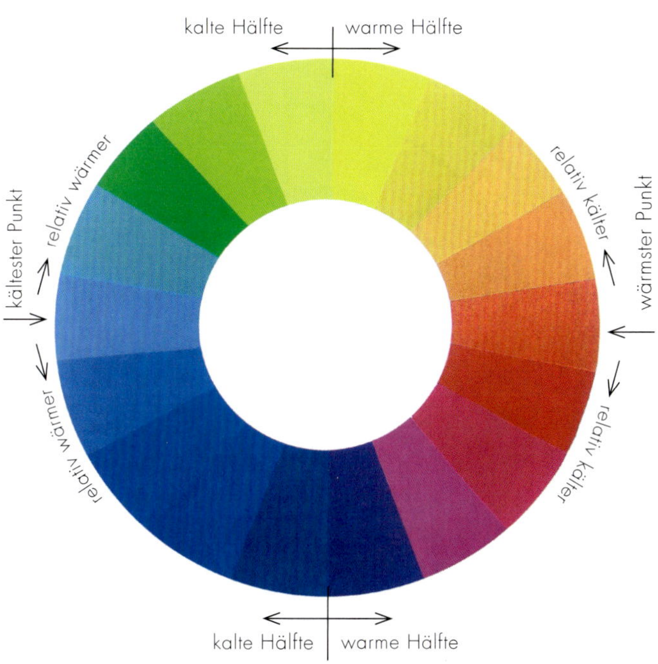

Im Gesamtvergleich wird der Bereich der Grün-Blau-Violett-Töne als kalt, der der Gelb-Orange-Rot-Töne als warm eingestuft.

ANWENDUNG

Mit tonalen Skizzen ist schon ein großer Teil der Komposition geklärt. Testen Sie die Wirkung in mehreren Farbvariationen aus. Eine expressive Bildwirkung wird z. B. durch einen starken Gegensatz von Hell und Dunkel oder im komplementären Kontrast erzielt.

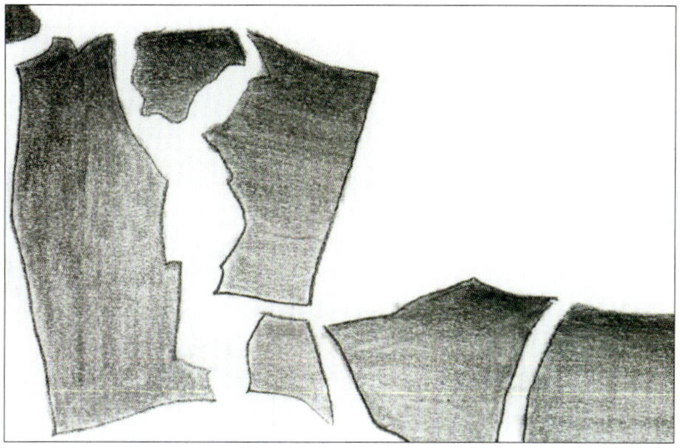

Starker Hell-Dunkel-Kontrast

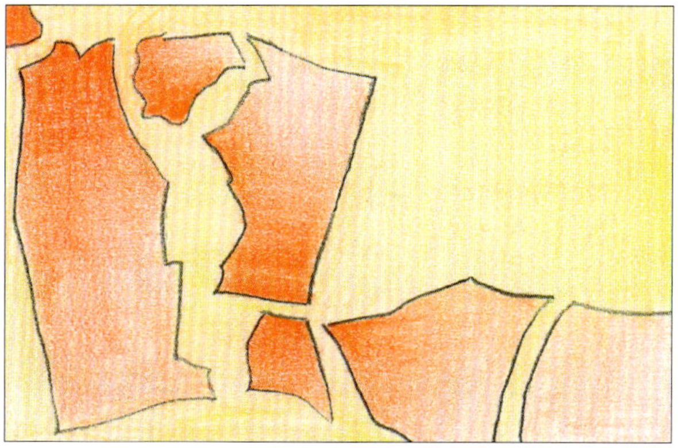

Harmonischer Farbklang

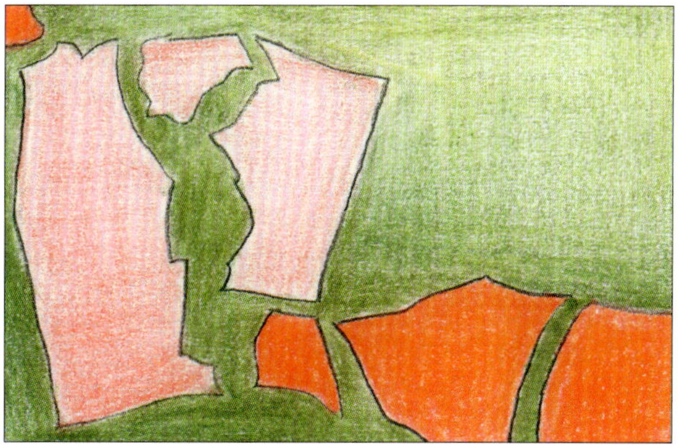

Komplementärer Kontrast

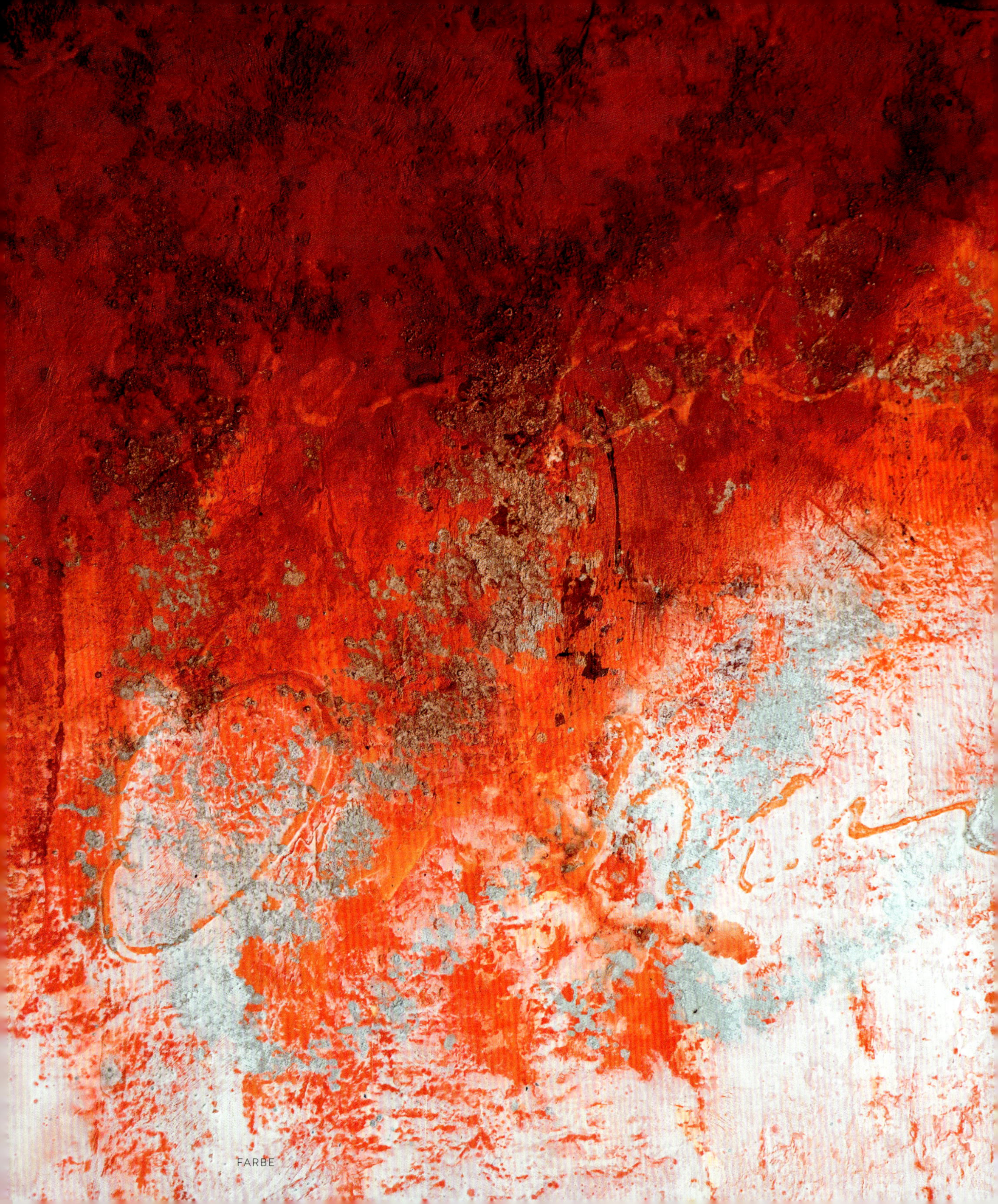

Verlauf in Rot-Orange-Weiß

AUFTRAG UND MATERIAL

Themenschwerpunkte

Farbe, Fläche, Verlauf, Dynamik, Variation, Kontrast

Werkzeug

Spachtel, Flachmaler, Dosierflasche, Sprühflasche, Napf

Material

Keilrahmen: 60 × 100 cm

Acrylfarben: Siena gebrannt, Orange, Kadmiumrot

Spray: Marble Effekt Silber

Aerocolor: Krapprot, Supraweiß

Originalformat

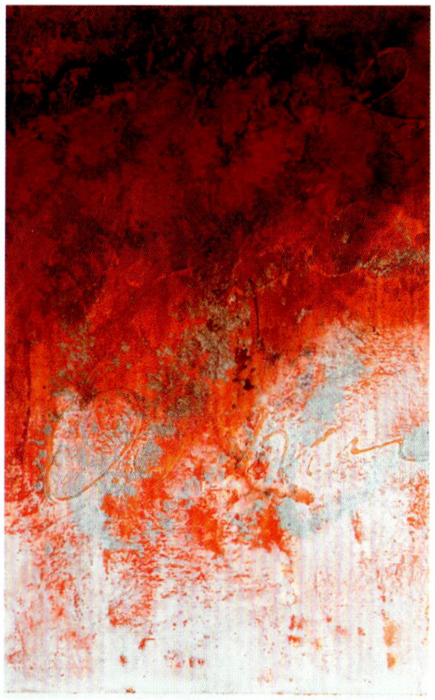

ANLEITUNG

Auf einer im Kern der Leinwand deckend gemalten Untermalung in Siena gebrannt spachteln Sie Kadmiumrot und Orange flächig ineinander. Füllen Sie Orange unverdünnt in eine Dosierflasche und schreiben mit der Tülle in unleserlicher Handschrift eine erhabene Textur über die oberen zwei Drittel der Bildfläche. Wiederholen Sie diesen Schriftzug mit der Spraydose in Marble Silber. Tragen Sie am unteren Bildrand Supraweiß mit der Pipette auf und versprühen mit der Sprühflasche zur Bildmitte hin weiche Übergänge. Wiederholen Sie den Vorgang nun am oberen Bildrand mit Krapprot und schlagen Sie die Farbreste auf dem Pinsel abschließend auf der Bildfläche aus.

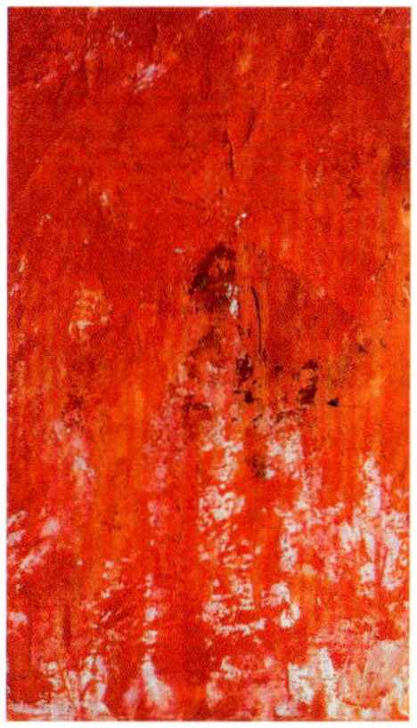

Zwischenzustand I

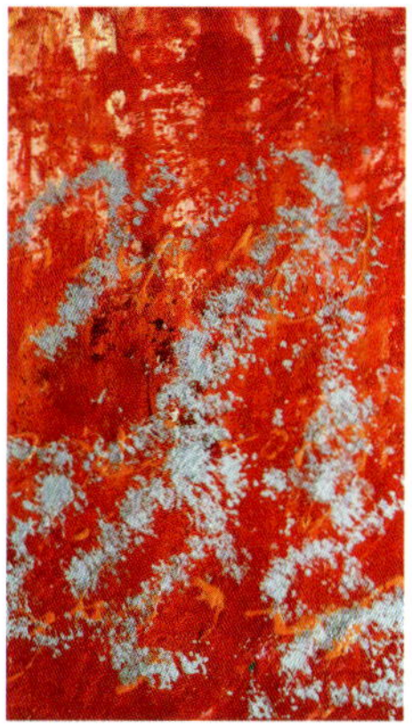

Zwischenzustand II

TIPP

Unleserliche Texturen wirken immer geheimnisvoll und ziehen den Blick des Betrachters unwillkürlich auf sich.

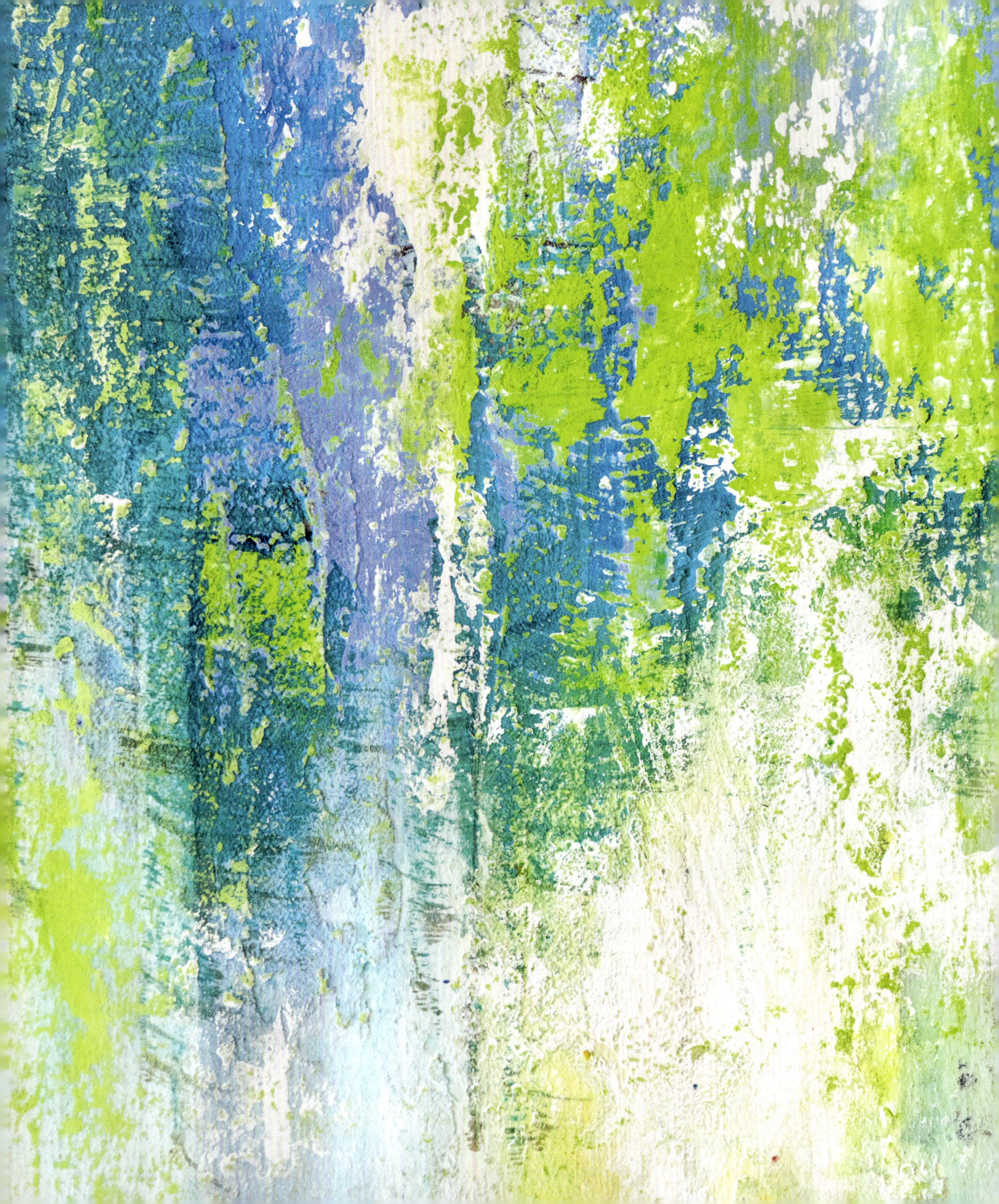

Gespachtelte Strukturen in Blau-Grün-Weiß

AUFTRAG UND MATERIAL

Themenschwerpunkte

Farbe, Fläche, Struktur, Harmonie, Variation, Kontrast

Werkzeug

Spachtel, Flachmaler

Material

Keilrahmen: 40 × 60 cm

Acrylfarben: Titanweiß, Schwarz, Siena gebrannt, Maigrün, Königsblau, Kobalttürkis

Originalformat

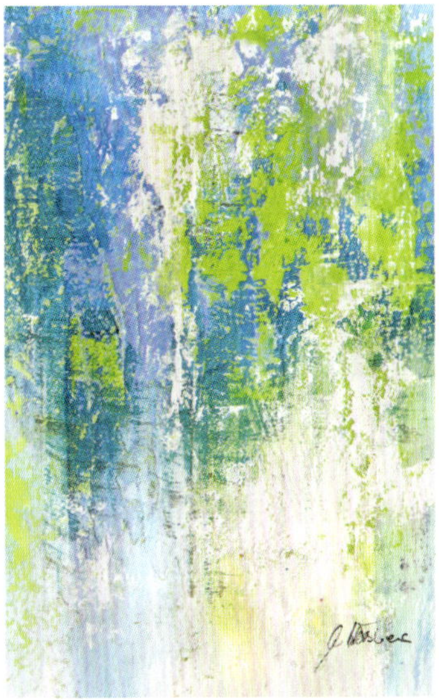

ANLEITUNG

Mit Siena gebrannt und etwas Schwarz legen Sie in der oberen Bildhälfte eine deckende Untermalung an. Nach deren Trocknung streichen Sie Kobalttürkis, Königsblau und Weiß in lockerer Mischung in senkrechten Strichen auf. Lassen Sie dabei kleine Lücken im Farbauftrag stehen und die Farben nach unten weich in die Helligkeit verlaufen. Anschließend setzen Sie die einzelnen Blau- und Grüntöne pastos deckend mit dem Spachtel im oberen Drittel an, achten dabei auf teilweise Überlagerungen der einzelnen Farbaufträge und streichen lediglich die Restfarbe im unteren Drittel der Bildfläche aus. Beginnen Sie mit Kobalttürkis; am oberen Rand ansetzend in senkrechten Bewegungen nach unten ausreibend. Verfahren Sie ebenso mit Königsblau, mit Titanweiß und im letzten Schritt mit Maigrün. Lassen Sie dabei jede Farbschicht zwischendurch aushärten, so entstehen feine haptische Farbstrukturen.

TIPP

Bilder in verwandten Farben wie hier ausschließlich in Blau- und Grüntönen strahlen immer eine gewisse Ruhe aus.

Dezenter Komplementärkontrast

AUFTRAG UND MATERIAL

Themenschwerpunkte

Farbe, Fläche, Struktur, Harmonie, Komplementärkontrast

Werkzeug

Spachtel, Flachmaler

Material

Keilrahmen: 40 × 60 cm

Acrylfarben: Titanweiß, Maigrün, Königsblau, Primärcyan, Primärmagenta

Originalformat

ANLEITUNG

Legen Sie mit dem Flachmaler eine deckende Untermalung an; im oberen Drittel in Primärcyan, im mittleren Drittel nach unten weich verlaufend Primärmagenta. Anschließend lasieren Sie Titanweiß über die gesamte Bildfläche. Lassen Sie dabei jede Farbschicht zwischendurch aushärten. Nun setzen Sie Maigrün pastos deckend mit dem Spachtel im oberen Drittel an und streichen lediglich die Restfarbe im unteren Drittel der Bildfläche aus. Ohne diesen Farbauftrag trocknen zu lassen, verfahren Sie vom entgegengesetzten Ende der Leinwand ebenso mit Titanweiß und verreiben die beiden Farben im Überschneidungsbereich zu einem pastelligen Farbverlauf. Lassen Sie dabei kleine Lücken im Farbauftrag stehen, in denen die Untermalung durchschimmern kann.

TIPP

Der Komplementärkontrast wurde durch den dezenten, untergründigen Ansatz von Rot und dessen Abmilderung durch die pastellige Überarbeitung gemildert.

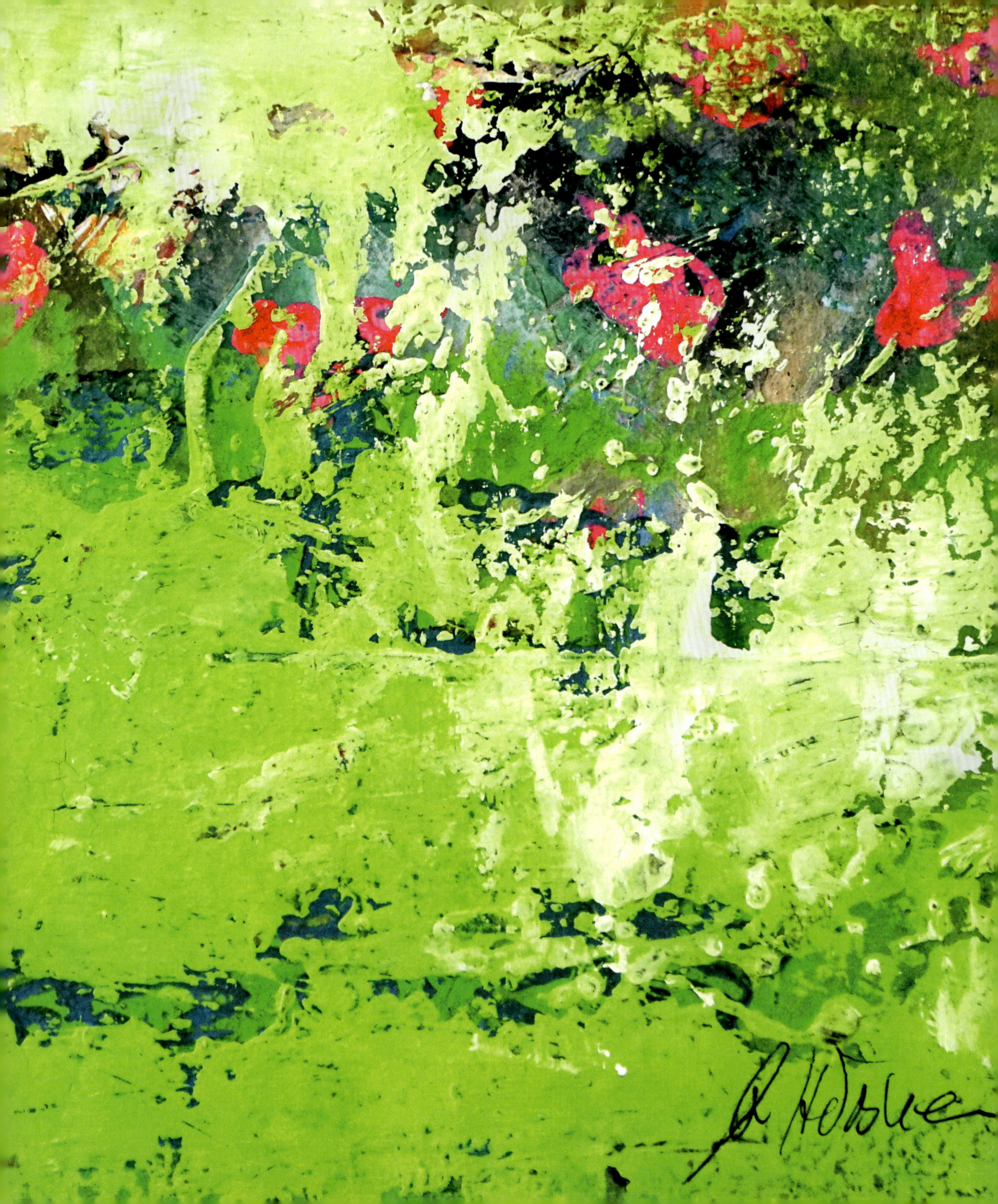

Punktueller Komplementärkontrast

AUFTRAG UND MATERIAL

Themenschwerpunkte

Farbe, Fläche, Struktur, Harmonie, Komplementärkontrast

Werkzeug

Spachtel, Flachmaler

Material

Keilrahmen: 40 × 40 cm

Acrylfarben: Siena gerbannt, Schwarz, Titanweiß, Maigrün, Kobalttürkis, Primärcyan

Aerocolor: Basis Magenta

Originalformat

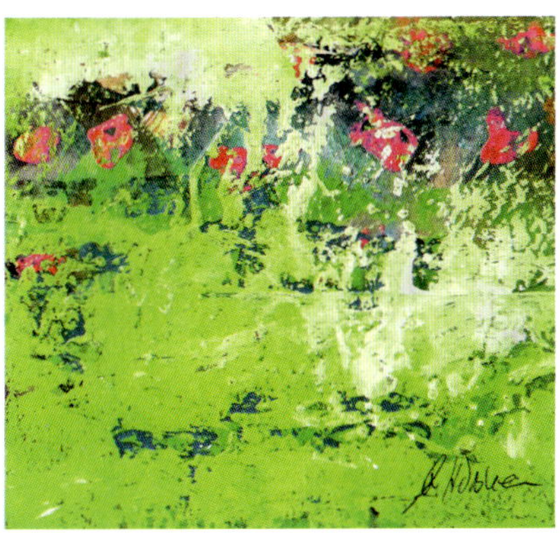

ANLEITUNG

Mit Siena gebrannt und etwas Schwarz legen Sie eine deckende Untermalung mit dem Flachmaler an; durch die teilweise Mischung entstehen verschiedene stumpfe Grau- und Brauntöne. Nach deren Trocknung streichen Sie Kobalttürkis und Primärcyan in lockeren Strichen auf. Lassen Sie dabei deutliche Lücken im Farbauftrag stehen, um auf die Töne der Untermalung blicken zu können. Nun legen Sie im oberen Drittel Basis Magenta in runden Klecksen mit der Pipette an. Nach deren Trocknung setzen Sie Maigrün pastos deckend mit dem Spachtel im unteren Drittel an und streichen lediglich die Restfarbe im oberen Drittel der Bildfläche aus. Ohne diesen Farbauftrag trocknen zu lassen, verfahren Sie in Teilbereichen der Leinwand ebenso mit Titanweiß und verreiben die beiden feuchten Farben im Überschneidungsbereich zu einem pastelligen Farbverlauf. Achten Sie darauf, weder die Kleckse in Magenta noch die Untermalung vollständig zu bedecken.

TIPP

Der punktuell gesetzte komplementäre Kontrast in Magenta verhilft der verhältnismäßig großen grünen Fläche zu mehr Leuchtkraft.

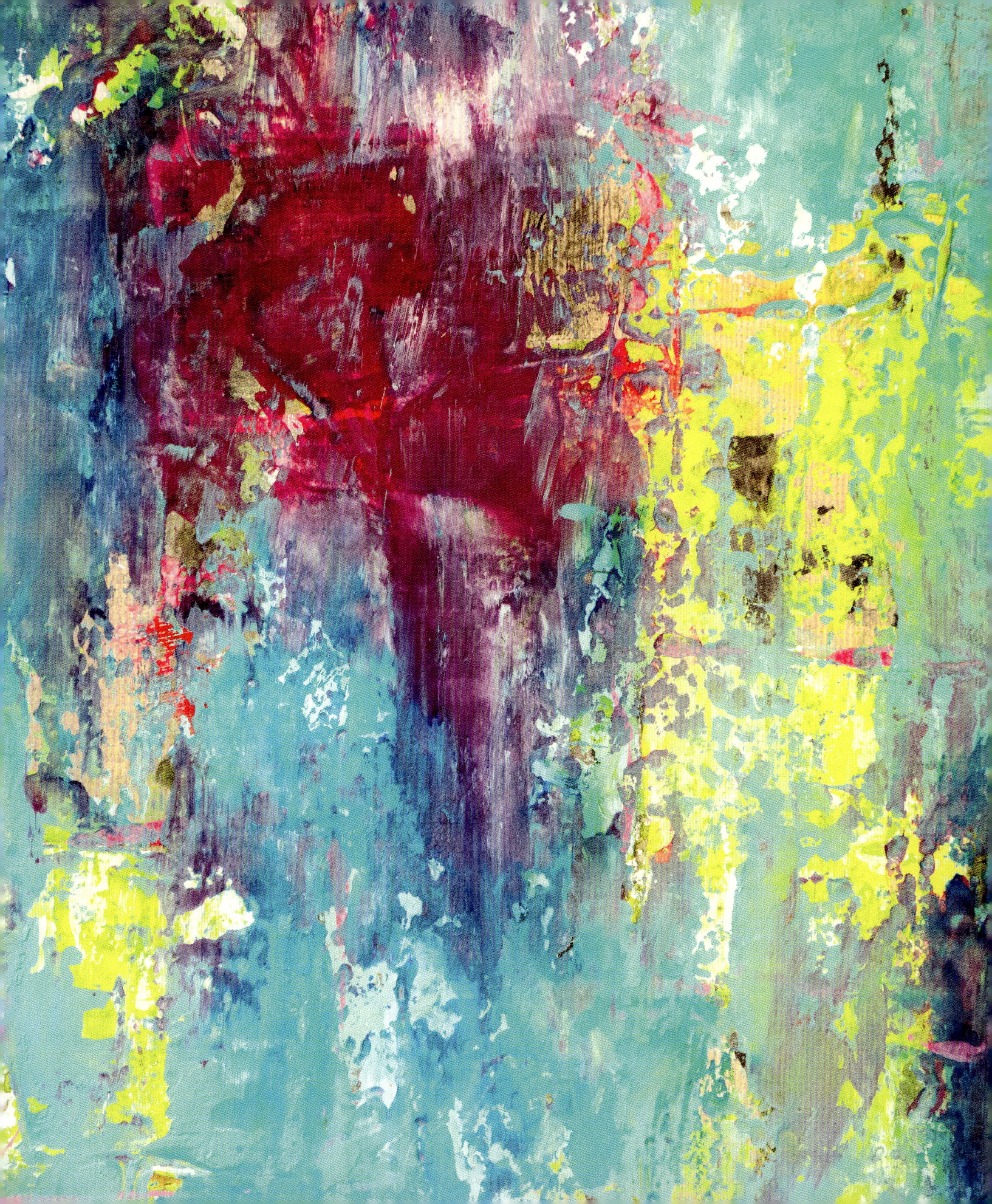

Komplementärkontrast im Goldenen Schnitt

AUFTRAG UND MATERIAL

Themenschwerpunkte

Farbe, Fläche, Harmonie, Rhythmus, Schwerpunkt, Farbklang, Komplementärkontrast

Werkzeug

Spachtel

Material

Keilrahmen: 40 × 60 cm

Acrylfarben: Titanweiß, Maigrün, Kobalttürkis, Primärgelb, Primärcyan, Primärmagenta, Krapp dunkel, Vandyck, Kieselgrau

Originalformat

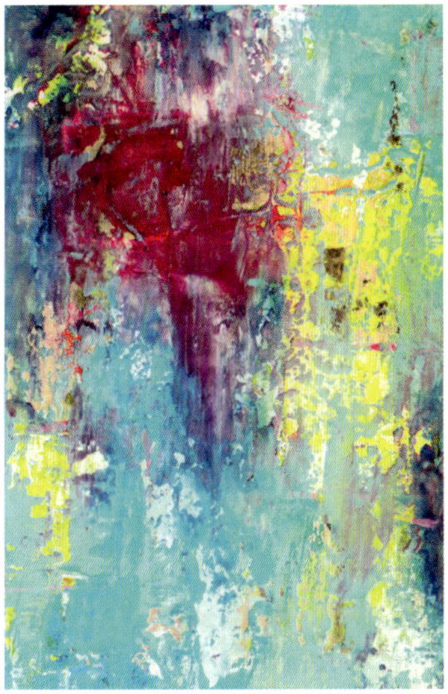

ANLEITUNG

Spachteln Sie zu Beginn Vandyckbraun und Kieselgrau flächig ineinander über die gesamte Fläche; durch die teilweise Mischung entstehen verschiedene stumpfe Grau- und Brauntöne. In der nächsten Lage verfahren Sie ebenso mit Gelb und Maigrün. Lassen Sie dabei deutliche Lücken im Farbauftrag stehen, um auf die Töne der unteren Lagen blicken zu können. Zur Auflockerung fügen Sie einige lichte Stellen mit Titanweiß ein. Nun folgt eine Schicht in Kobalttürkis und Cyan; dieses Mal vom Bildrand ausgehend nach innen aufspachtelnd. Sobald diese Lage leicht angezogen hat, legen Sie im Bereich des linken oberen Goldenen Schnitts eine Fläche mit Magenta und Krapp dunkel an. Die Übergänge verschleifen Sie in die umliegenden halbfeuchten Bereiche; in der Mischung von Magenta und Kobalttürkis entstehen diverse Lilatöne.

TIPP

Die gedeckten Rottöne lassen sowohl das untergründige Maigrün als auch die Flächen in Kobalttürkis leuchten.

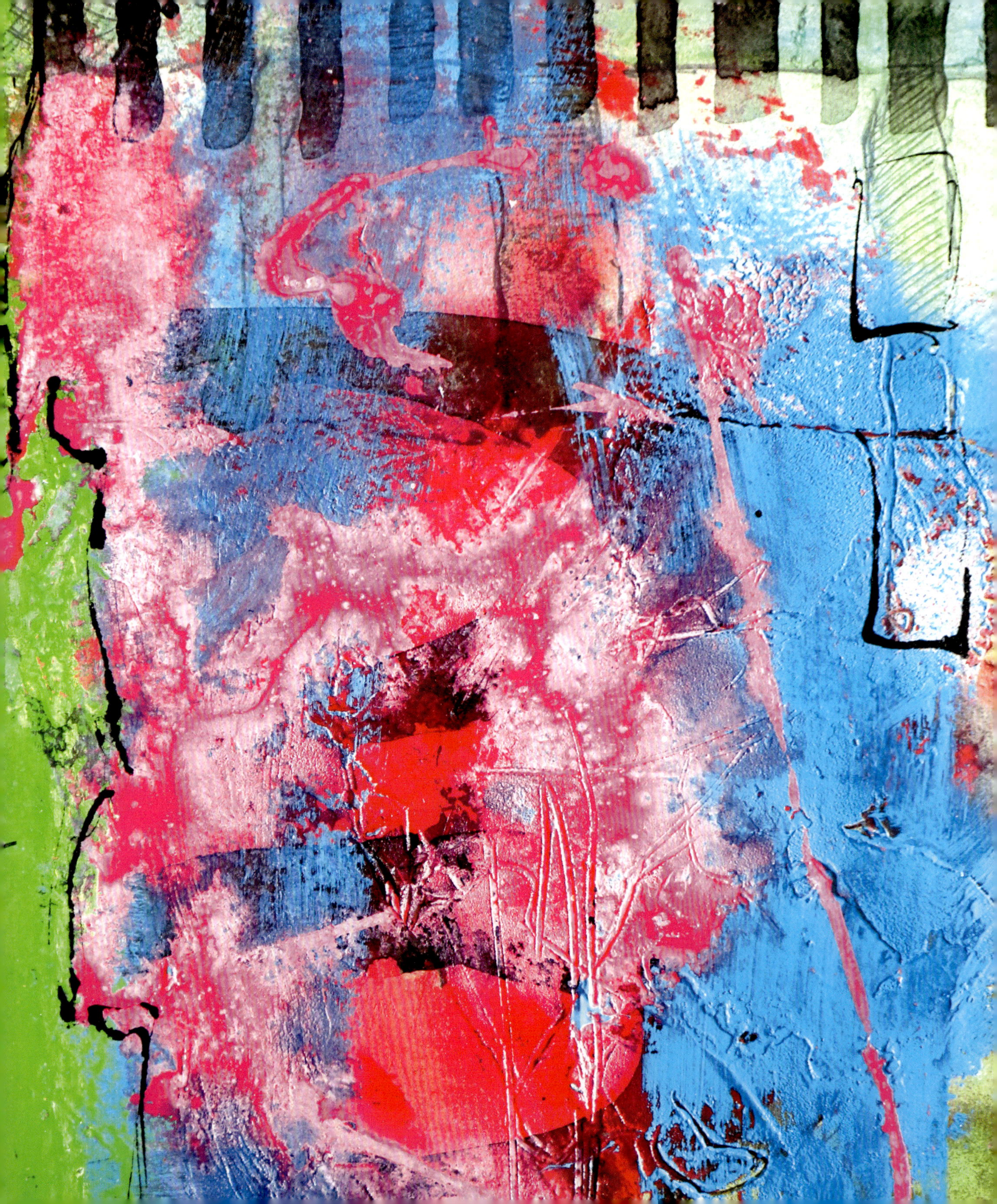

Kräftiger Komplementärkontrast

AUFTRAG UND MATERIAL

Themenschwerpunkte

Farbe, Fläche, Form, Muster, Dynamik, Variation, Kontrast

Werkzeug

Spachtel, Flachmaler, Sprühflasche, Pipette, Bleistift

Material

Keilrahmen: 100 × 150 cm, Leichtstrukturpaste

Acrylfarben: Magenta, Cyan, Maigrün, Titanweiß, Schwarz

Originalformat

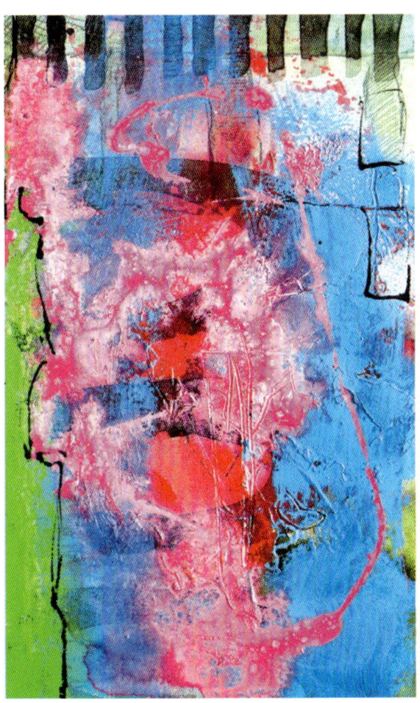

ANLEITUNG

Spachteln Sie Paste in freier Bewegung auf den Kernbereich der Leinwand. Kritzeln Sie mit dem Bleistift Spuren in die feuchte Paste. Legen Sie eine deckende Untermalung in Magenta an, auf die Sie von den Bildrändern ausgehend eine Lasur in Maigrün streichen. Mit verdünntem Schwarz lasieren Sie Muster auf; Streifen am oberen Bildrand und großzügige, angeschnittene Ovale. Mit einer trockenen Lasur in Cyan vernebeln Sie in Teilbereichen die Klarheit der unterliegenden Farbaufträge. Am linken Bildrand lasieren Sie einen unregelmäßigen Balken in kräftigem Maigrün. In einer sämigen Mischung aus Magenta und Titanweiß zeichnen Sie mit der Pipette freie Linien auf und versprühen diese in Teilbereichen. Abschließend zeichnen Sie mit der Pipette spielerische schwarze Konturen. Unterstützende Schraffuren mit einem Bleistift runden das Werk ab.

TIPP

An Leuchtkraft wurde nicht gespart. Drei reinbunte Farben, Maigrün, Magenta und Cyan beherrschen das fröhlich und dynamisch wirkende Bild.

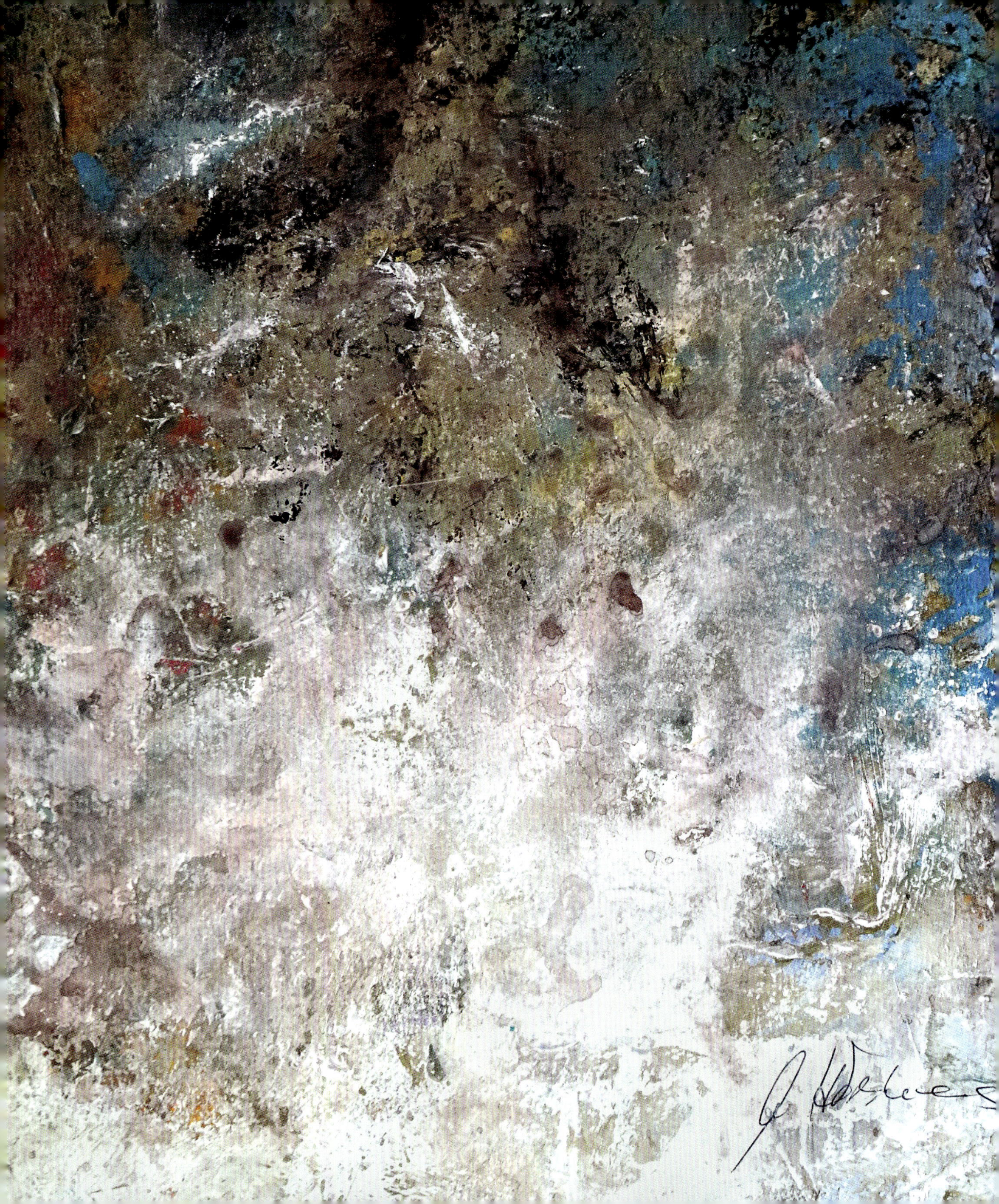

Monochrome Malerei Kombination mit Cyan

AUFTRAG UND MATERIAL

Themenschwerpunkte

Farbe, Fläche, Verlauf, Harmonie, Kontrast

Werkzeug

Spachtel, Flachmaler, Sprühflasche, Napf

Material

Keilrahmen: 60 × 90 cm

Acrylfarben: Titanweiß, Grüne Erde, Cyan, Vandyckbraun, Königsblau, Magenta, Lichter Ocker

Originalformat

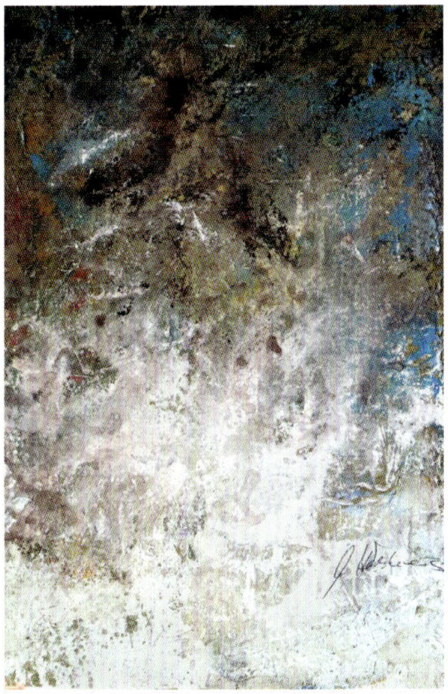

ANLEITUNG

Eine im Kern der Leinwand deckend gespachtelte Untermalung aus Farbresten in Lichtem Ocker, Magenta und Königsblau bemalen Sie vom oberen Bildrand ausgehend mit dem Flachmaler deckend mit Cyan. Lassen Sie den Blick auf die Untermalung partiell frei stehen. Spachteln Sie Grüne Erde granulierend bis etwa zur Bildmitte hin aus und schlagen Sie die verdünnten Farbreste auf dem Pinsel abschließend auf der Bildfläche aus. Sie spachteln vom unteren Bildrand ausgehend Titanweiß granulierend auf und versprühen mit der Sprühflasche zur Bildmitte hin weiche Übergänge. Wiederholen Sie den Vorgang am oberen Bildrand mit Vandyckbraun und schlagen Sie die Farbreste auf dem Pinsel abschließend auf der Bildfläche aus.

TIPP

Erscheinen monochrome Bilder in erdigen Tönen zu unscheinbar, so beleben Sie diese durch die Verwendung einer bunten Farbe, wie hier Cyan.

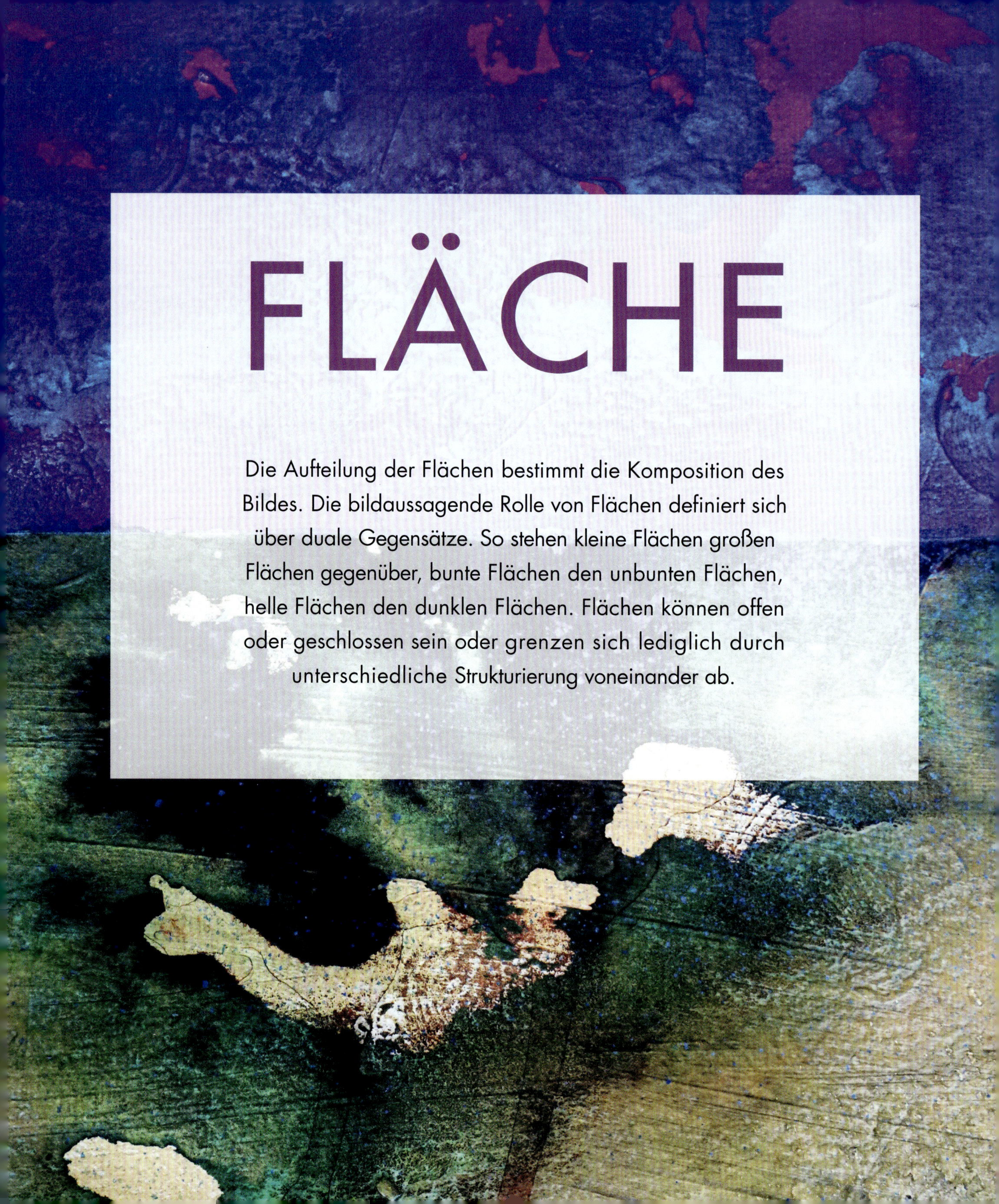

FLÄCHE

Die Aufteilung der Flächen bestimmt die Komposition des Bildes. Die bildaussagende Rolle von Flächen definiert sich über duale Gegensätze. So stehen kleine Flächen großen Flächen gegenüber, bunte Flächen den unbunten Flächen, helle Flächen den dunklen Flächen. Flächen können offen oder geschlossen sein oder grenzen sich lediglich durch unterschiedliche Strukturierung voneinander ab.

BEGRIFFSDEFINITION

- Offene Flächen verlaufen im Hintergrund.
- Abgegrenzte Flächen setzen sich vom übrigen Raum ab.
- Flächengrenzen, die zum Rand der Bildfläche führen, erweitern den Raum. Sie suggerieren die Fortsetzung der Fläche außerhalb des Bildträgers.
- Positive (abgegrenzte Fläche) stehen negativen Flächen (umgebender Hintergrund) gegenüber.

ANWENDUNG

Mit einem Pinsel können Sie streichen, reiben, bürsten, verwischen oder nur abdrücken, tupfen und klopfen. Mit Farbrolle, Schwamm oder Tuch erweitern Sie diese Auftragsmöglichkeiten und erzielen andersartige Oberflächenstrukturen. Mit dem Spachtel arbeiten Sie z. B. schabend, gleitend oder kratzend. Experimentieren Sie mit unkonventionellen Mitteln, stempeln Sie in feuchte Farbflächen mit Noppenfolie oder drücken Sie ein Knäuel aus zerknautschtem Zeitungspapier ab; legen Sie Frischhaltefolie auf nasse Farbe und ziehen diese nach vollständiger Trocknung schwungvoll ab.

Eine entscheidende Rolle spielt das Erscheinungsbild der aufgetragenen Flächen. Richtungsneutrale Farbaufträge wirken beispielsweise beruhigend und unaufdringlich, während expressive, sich kreuzende Aufträge spannend und belebend erscheinen. Diagonal geführte Farbaufträge können sogar richtungsweisend durchs Bild leiten. Aus den Erfahrungen eigener Experimente lernen Sie das Material in ihrer persönlichen Weise einzusetzen und die gewünschten Effekte zu erzielen.

VARIATIONEN

- Dynamisch, expressionistisch, aggressiv
- Schwungvoll, locker, impressionistisch
- Waagrecht, senkrecht, richtungsweisend
- Diagonal kreuzend, streifig, kreisend
- Glatt, gleichmäßig, richtungsneutral

MALTECHNIKEN

Ausgehend von der Vielfalt des Materials und der Verwendung unterschiedlicher Werkzeuge haben Sie die Wahl unter verschiedensten Grundtechniken. Das Wissen um die Techniken ist wichtig für einen freien Malvorgang.

PASTOSE MALWEISE

Deckend mit Pinsel

Tragen Sie die Farben, solange sie feucht sind, in zügigen Hin-und- Her-Bewegungen des Pinsels auf; vermeiden Sie dabei, nur in einer Richtung zu malen. Da Acrylfarbe relativ schnell trocknet, sind ansatzlose Farbaufträge nur in einem begrenzten Zeitrahmen möglich.

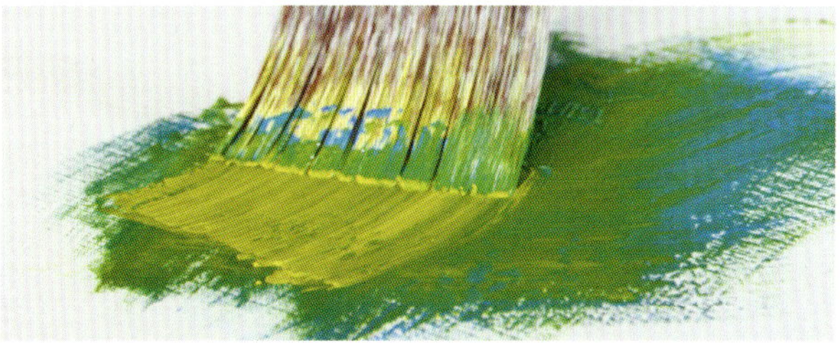

Nutzen Sie bei Flachmalern beide Seiten zum Farbauftrag.

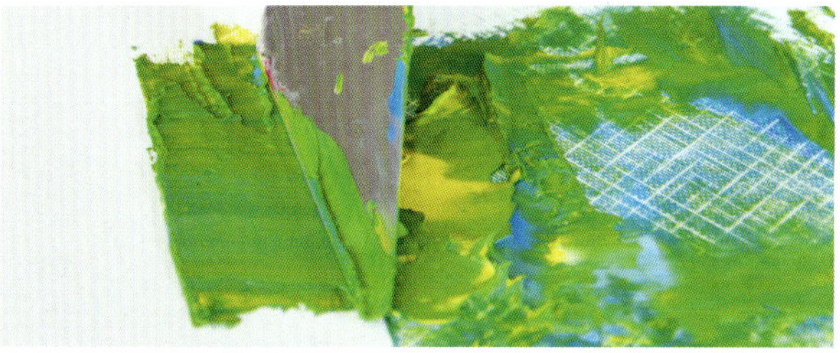

Setzen Sie Farbe mit der seitlichen Kante des Spachtels an, sofern Sie präzise abgesetzte Farbränder erzielen möchten.

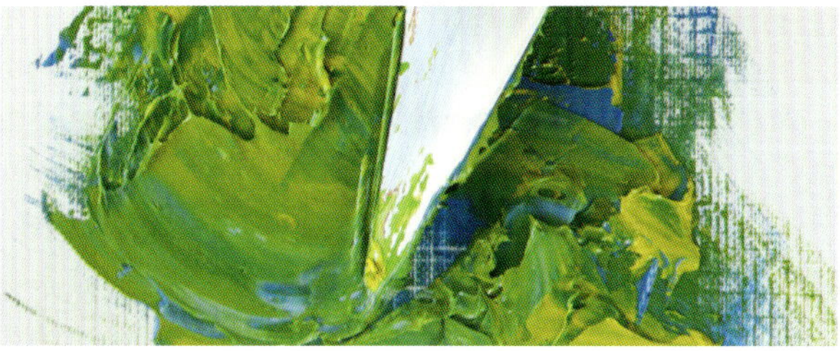

Tragen Sie Farbe mit dem Spachtel in überlagernden Bewegungen auf, ohne die Spuren zu glätten.

Deckend mit Farbwalze, Lappen oder Schwamm
Lammfell- oder Kunstfaserrollen aus dem Malerbedarf hinterlassen spannende Auftragsspuren auf großen Flächen. Leicht haptische Strukturen erzielen Sie mit glatten Hartgummiwalzen, wie sie beispielsweise für Linoldruck verwendet werden. Walzen Sie die Farbe im Vorfeld auf einer Glasplatte gleichmäßig ein, damit keine unerwünschten Rapporte entstehen. Sie können Acrylfarbe auch mit einem Lappen oder einem Haushaltsschwamm verreiben. Haben Sie zu viel Farbe aufgetragen, so eignen sich beide auch zur korrigierenden Farbabnahme.

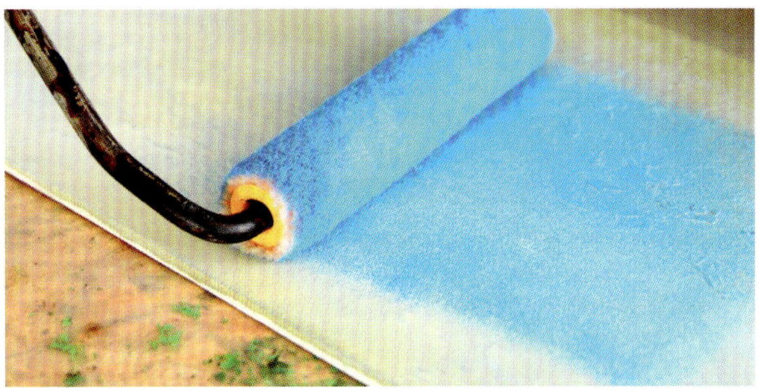

Mit Farbwalzen erzielen Sie gleichmäßige Farbflächen.

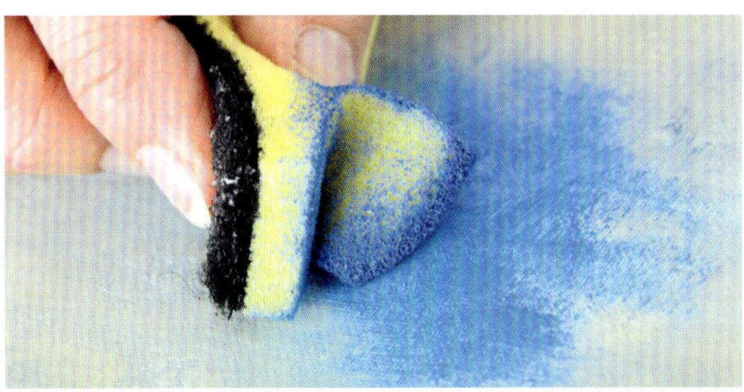

Mit Haushaltsschwämmen können Sie tupfen oder verreiben.

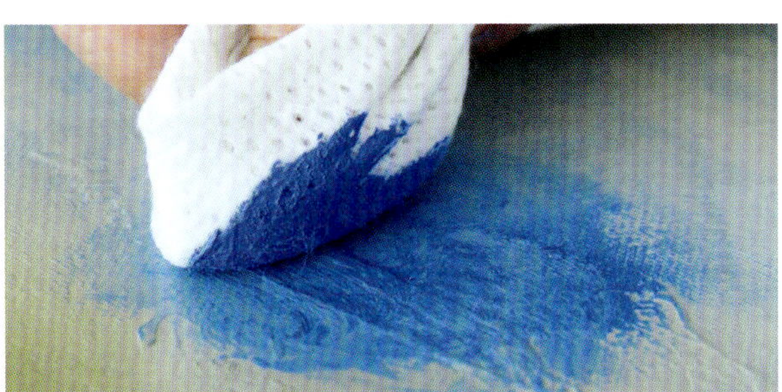

Zu viel Farbe können Sie mit einem Lappen abnehmen.

Pastoser Verlauf
Ein Verlauf ist ein weicher, kaum spürbarer Übergang eines Farbtons zu einem anderen oder zu einem Tonwert derselben Skala. In großen Bereichen verstreichen Sie die Nahtstellen zwischen den einzelnen Tönen, bis die Übergänge verschmolzen sind. In kleineren abgegrenzten Flächen klopfen oder stupfen Sie die beiden Farbbereiche mit dem Pinsel ineinander. Da Acrylfarben schnell antrocknen, müssen Sie zügig arbeiten. Sie halten die Farbe länger offen, wenn Sie zwischendurch mit der Wasserflasche einen feinen Sprühnebel aufspritzen.

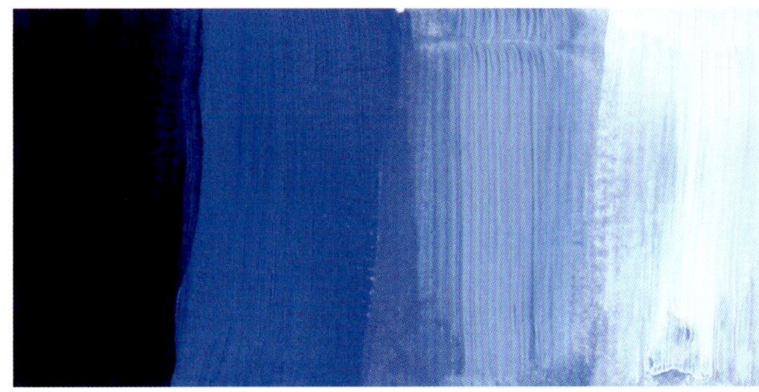

Schritt 1: Für einen tonalen Verlauf legen Sie die Abstufungen zunächst nebeneinander in Tonwerten an.

Schritt 2: Verschleifen Sie dann die Nahtstellen zwischen den einzelnen Tönen, bis alle Übergänge verschmolzen sind.

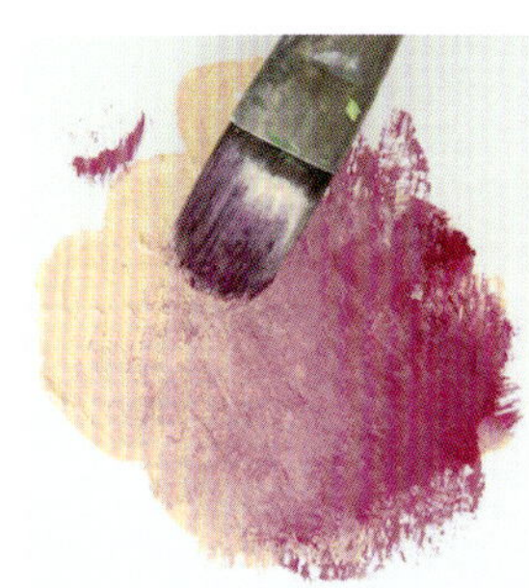

Sie können die Farben auch mit dem Pinsel ineinanderstupfen.

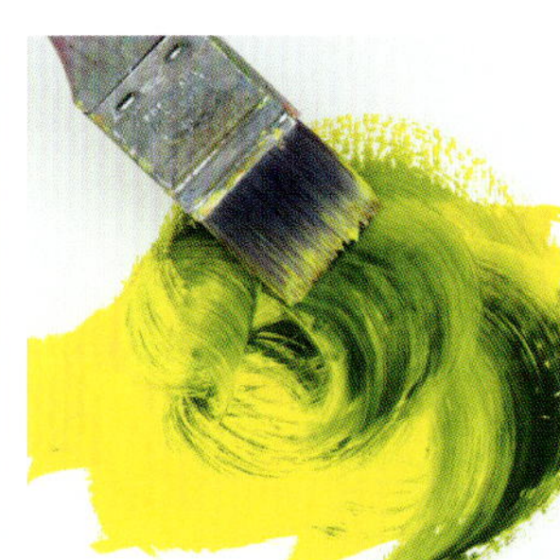

Wolkige Strukturen erzielen Sie mit kreisförmigen Bewegungen.

LASUR

Lasuren sind transparente Farbschichten. Wollen Sie den bereits angelegten Farbton nur verstärken, verwenden Sie die gleiche Farbe. Legen Sie eine andersfarbige Lasur auf, können Sie dadurch den unterliegenden Ton verändern. Man spricht in diesem Fall von einer optischen Farbmischung. Feinste Tonabstufungen lassen sich auch auf trockenen, deckend eingefärbten Flächen anlegen. Eine Lasur auf dem gesamten Bild wirkt wie ein Farbfilter, den man vor das Werk setzt.

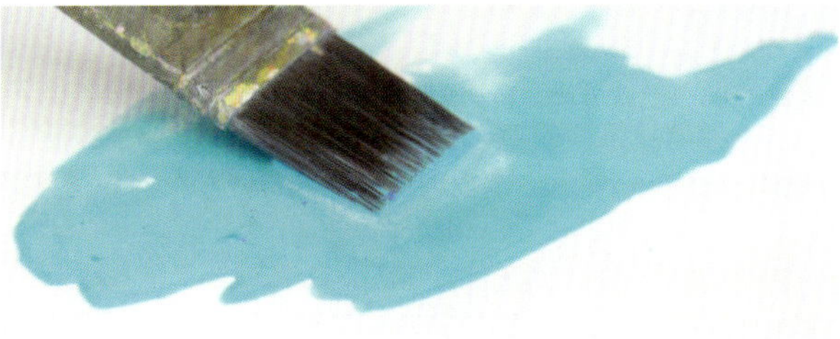

Verdünnen Sie Acrylfarbe zu „eingefärbtem Wasser".

Pastose Lasur
Kontrollierte, gleichmäßige Lasuren erzielen Sie, indem Sie pastoser Farbe farblose Grundierung, dickflüssigen Binder oder Malgel beimengen. So erzeugen Sie Transparenz, ohne die Farbe in ihrer Konsistenz zu verändern. In einer dünnen Schicht angelegt verreiben Sie den Farbauftrag in kreisförmigen Bewegungen.

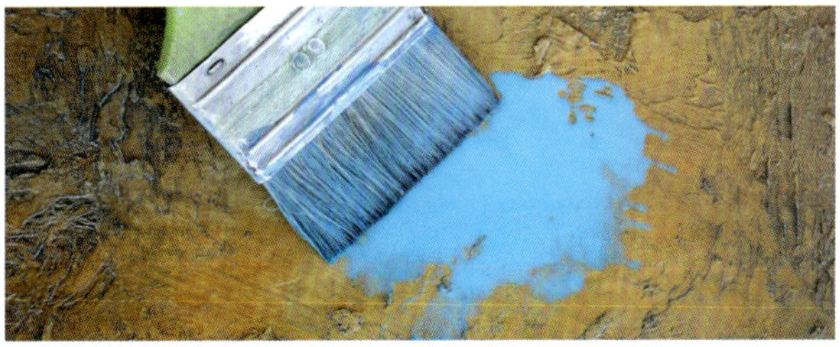

Verteilen Sie die Lasur mit zügigen Bewegungen auf dem Malgrund.

Wässrige Lasur
Stark verdünnte oder flüssige Acrylfarben, die sich farbigen Klarglasscheiben ähnlich „Scheibe für Scheibe" übereinanderlegen, führen optisch in die Tiefe. Jede Schicht muss vor der nächsten Lage trocken sein. Lasuren können mit dem Pinsel aufgetragen oder über die Bildfläche geschüttet werden. Verteilen Sie die Farbe auch durch Drehen und Wenden des Bildträgers. Laufspuren erzeugen Sie, indem Sie den Bildträger aufrecht stellen. Versprühen Sie die Farbränder mit einer Sprühflasche, wenn Sie weiche Übergänge erzielen wollen.

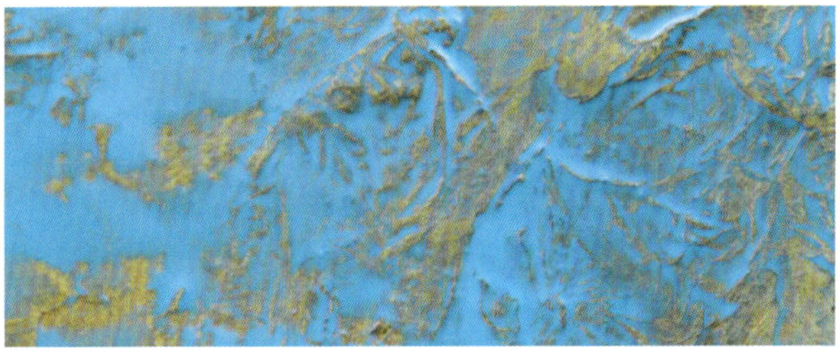

Die Farbe setzt sich während der Trocknung in den Vertiefungen ab.

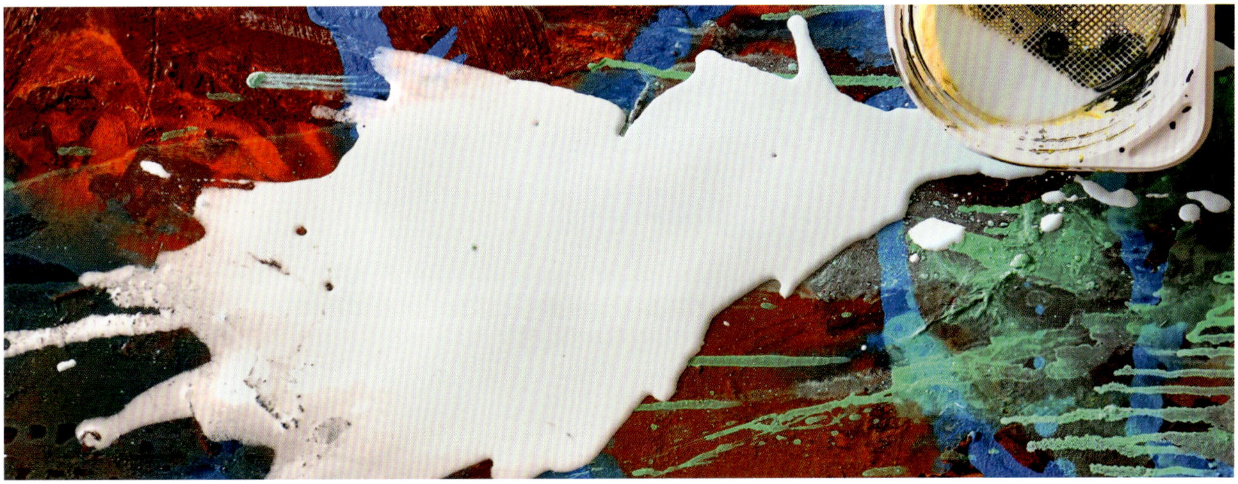

In großen Formaten ergeben sich tolle Effekte, wenn Sie die Lasurverdünnung auf das Bild schütten.

NASS-IN-NASS-TECHNIK

Für die Nass-in-Nass-Technik wird nasse Farbe auf nassen Untergrund aufgetragen. Die stark verdünnten Farben verfließen frei auf dem feuchten Malgrund. Statt die Farbe gleichmäßig zu verstreichen, lassen Sie sie laufen und „verschaukeln" die Übergänge durch Neigen des Bildträgers. Die ursprüngliche Aquarelltechnik erlaubt zarte Farbaufträge und durch das unkontrollierte Ineinanderfließen ergeben sich spannende Verläufe. Bei Nass-in-Nass-Aufträgen auf dicken Strukturschichten sammelt sich die Farbe in den Vertiefungen der Bildfläche und betont deren Charakter.

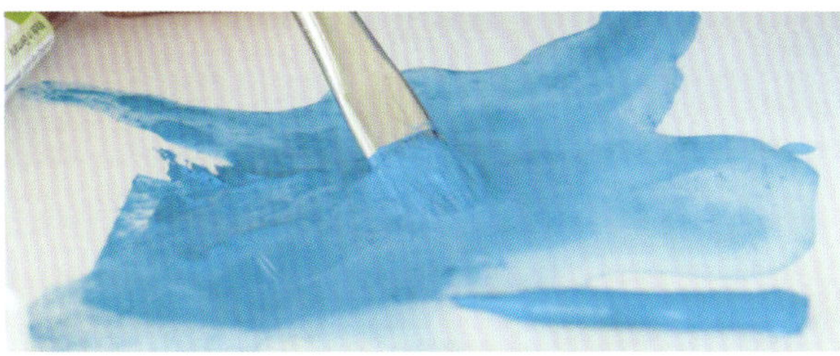

Verdünnen Sie Acrylfarbe auf der Palette zu einer wässrigen Mischung und befeuchten Sie den Malgrund.

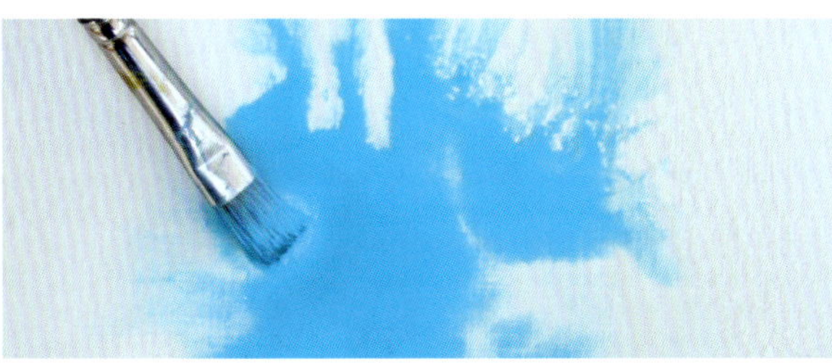

Setzen Sie die Verdünnung zügig auf den Untergrund. Die Farbe breitet sich willkürlich in der angefeuchteten Fläche aus.

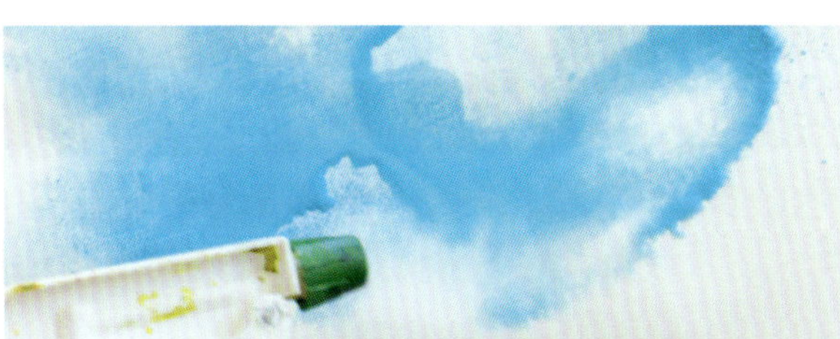

Verschaukeln Sie die Farbe durch Drehen und Wenden des Bildträgers und versprühen scharfe Ränder bei Bedarf mit Wasser.

SPRENKEL- ODER SPRITZTECHNIK

Bei dieser Technik sprenkeln oder spritzen Sie die Farbe auf den Malgrund und erhalten somit Spritzer, Tropfen oder frei verfließende Lasurflecken. Um die Spritzer verlaufen zu lassen, neigen Sie einfach Ihren Bildträger vorsichtig in die gewünschte Richtung. Experimentieren Sie mit verschiedenen Werkzeugen und Handhabungen, um unterschiedliche Wirkungen zu erzielen. Die folgenden Beispiele zur Sprenkel- oder Spritztechnik mit Borstenpinsel, Zahnbürste und Flachmaler sind nur erste Anregungen und können mit Fantasie beliebig ergänzt werden.

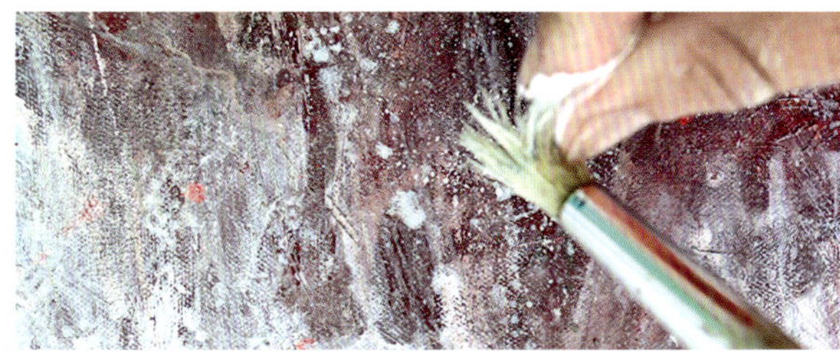

Ziehen Sie einen gefüllten Borstenpinsel mit dem Finger ab – je nach Flüssigkeitsgehalt erhalten Sie kleine oder große Spritzer.

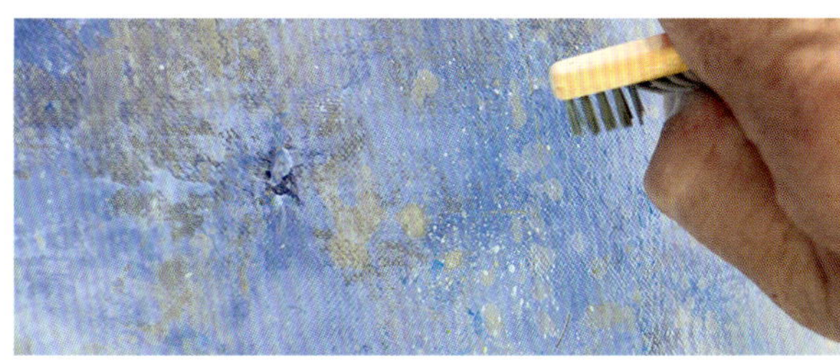

Alternativ tauchen Sie eine alte Zahnbürste in verdünnte Farbe und reiben mit einem Finger über die Borsten.

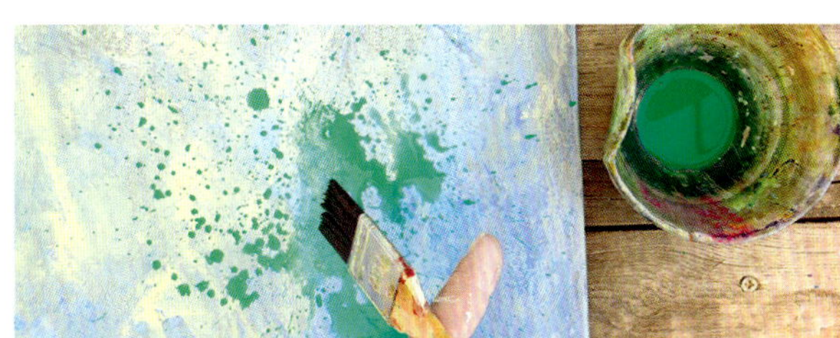

Schlagen Sie einen Flachmaler gegen Ihre Handfläche oder einen anderen Pinsel, um größere Flächen zu sprenkeln.

GRANULIERTECHNIK

Unverdünnte, pastose Farbe mit einem trockenen Pinsel und ohne Druck auf einem rauen Grund aufzutragen, nennt man Granuliertechnik. Verwenden Sie am besten ausrangierte, borstige Pinsel – je ausgefranster, desto besser. Der Pinsel muss absolut trocken sein, Restfeuchtigkeit macht die Technik unmöglich. Sie benötigen außerdem einen strukturierten Untergrund. Glatte Flächen können Sie nicht granulieren, da die Farbe nur an erhabenen Stellen haftet; Vertiefungen bleiben frei stehen, da die Farbe nicht fließt.

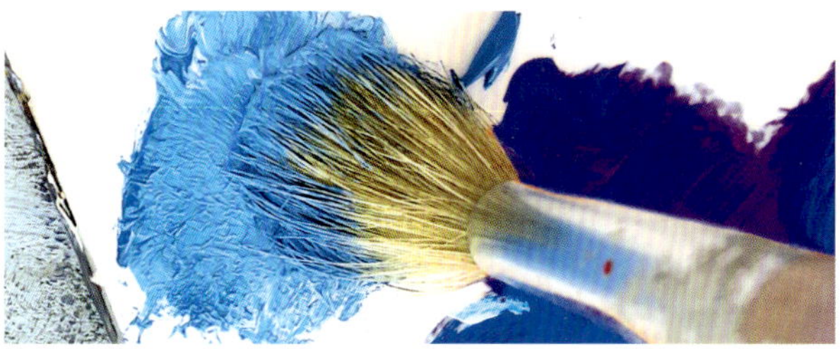

Nehmen Sie eine geringe Menge unverdünnter Farbe und stupfen Sie den Pinsel nur schwach auf der Palette ab, da sonst der Untergrund zu stark bedeckt wird.

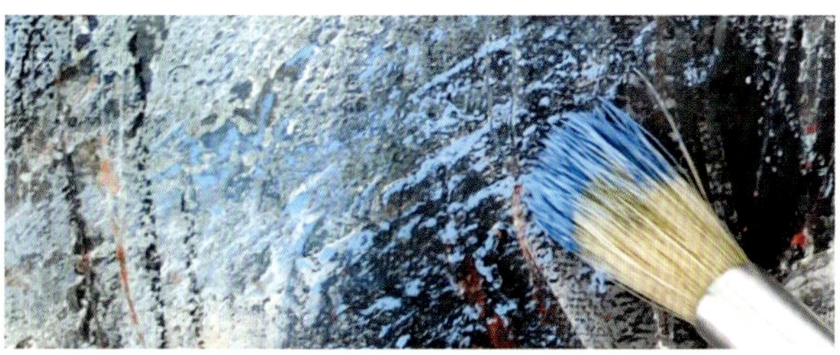

Streichen Sie den Pinsel ohne Druck in flacher, fast waagrechter Haltung über den Untergrund. Je deutlicher der Farbkontrast, desto stärker ist die Wirkung wahrnehmbar.

ABSPRENGTECHNIK

Für die Absprengtechnik sprühen oder spritzen Sie Wasser in nicht vollständig getrocknete pastose Farbflächen. Auf diese Weise „frisst" das Wasser die Pigmente an den frisch benässten Stellen heraus. Nach der Trocknung der pastosen Schicht wischen Sie die nassen Spritzer mit einem Lappen weg. Dadurch erhalten Sie willkürliche Aussparungen, die nun den Blick auf die unterliegende Fläche freigeben. Besonders spannend und reizvoll ist der Einsatz der Absprengtechnik auf kontrastreichen Untergründen.

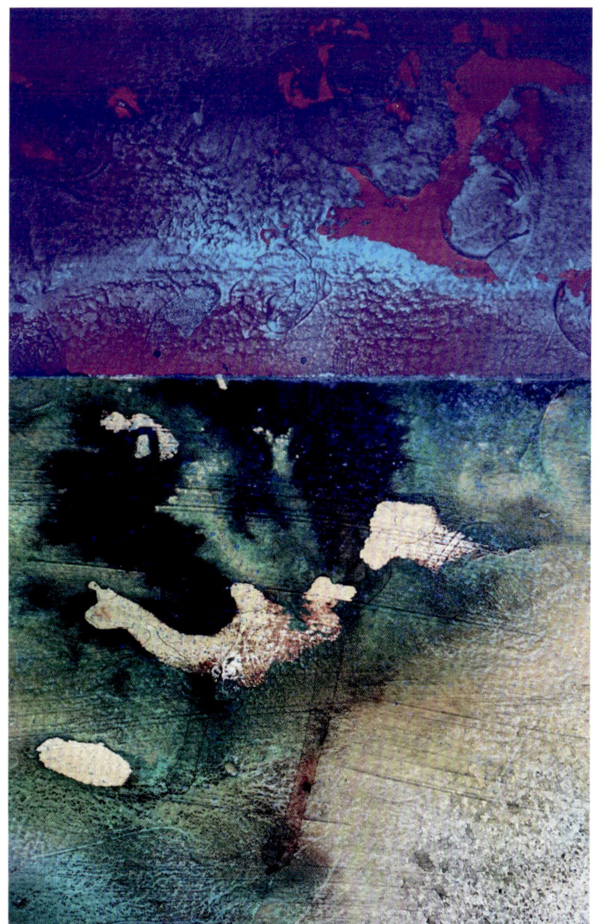

Der Untergrund wird in den abgesprengten Bereichen sichtbar.

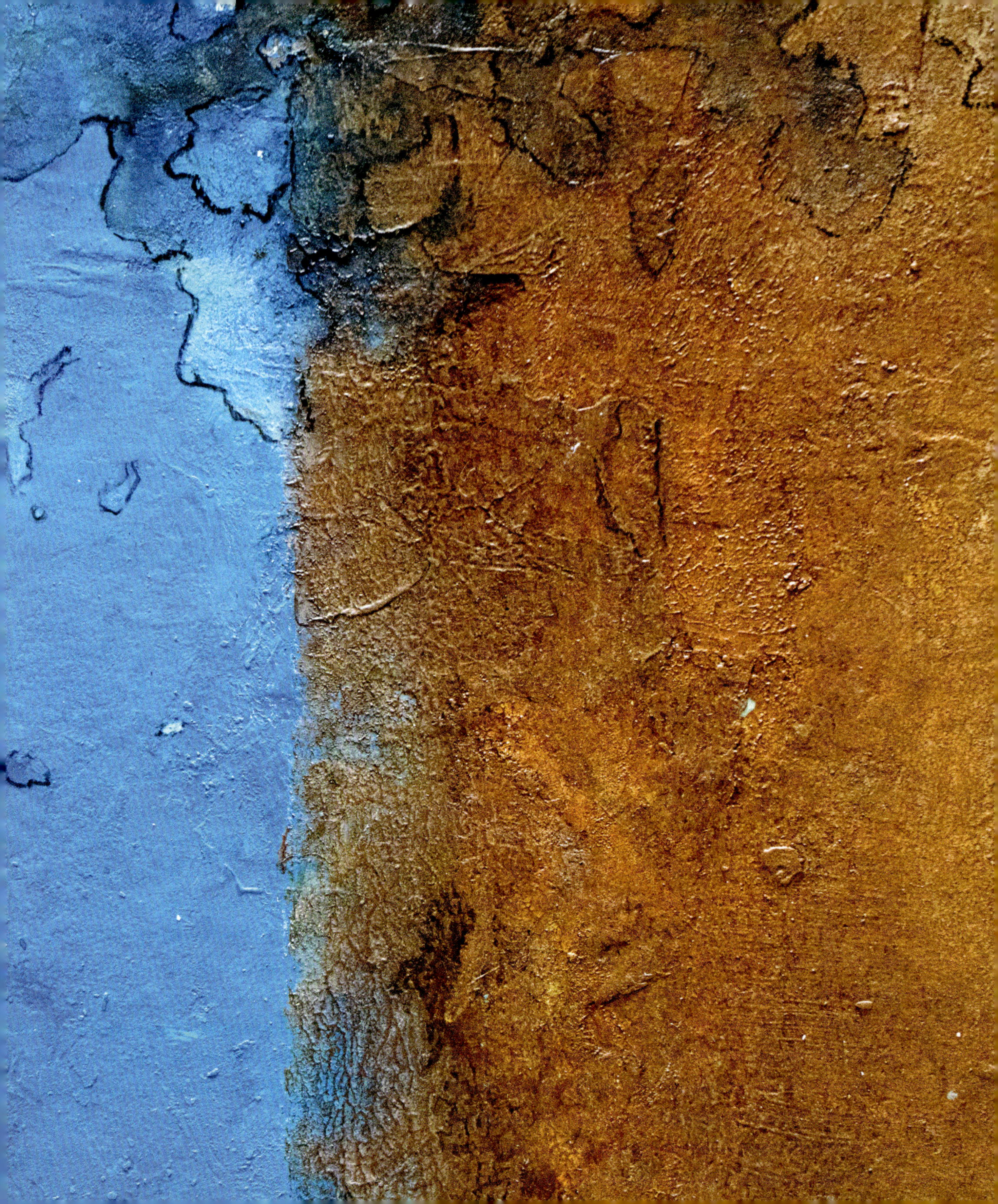

Pastos deckend mit Pinsel und Hartgummiwalze

AUFTRAG UND MATERIAL

Themenschwerpunkte

Farbe, Fläche, Form, Kontur, Farbstruktur, Variation

Werkzeug

Flachmaler, Hartgummiwalze

Material

Keilrahmen: 60 × 80 cm, Kohle

Acrylfarben: Cyan, Umbra gebrannt

Originalformat

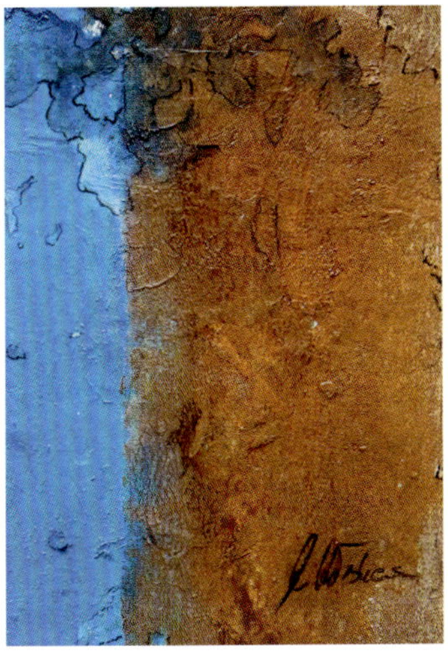

ANLEITUNG

Streichen Sie unverdünntes Cyan in großzügigen Bewegungen über die gesamte Bildfläche. Lassen Sie dabei sowohl Pinselspuren als auch dicker aufgetragene Farbe stehen. Auf der trockenen Erstanlage rollen Sie über etwa zwei Drittel der Fläche Umbra gebrannt mit einer harten Gummirolle auf. Im Übergangsbereich überlagern Sie den Erstauftrag nur mit einer Schicht; im Rest der Fläche rollen Sie nach zwischenzeitlicher Trocknung mehrere Lagen Umbra gebrannt auf und erzielen so die fast lederartig anmutende Farbstruktur. Abschließend schlagen Sie verdünntes Cyan im oberen Drittel mit dem Pinsel auf. Nach vollständiger Trocknung des Bildes konturieren Sie die entstandenen Spritzer und Kleckse mit fragmentierten Kohlelinien.

TIPP

In mehreren Lagen, die zwischendurch restlos trocknen konnten, lässt sich mit der Hartgummiwalze eine sehr spezielle Oberflächenoptik erzielen.

Zwischenzustand vor der Kohlekonturierung

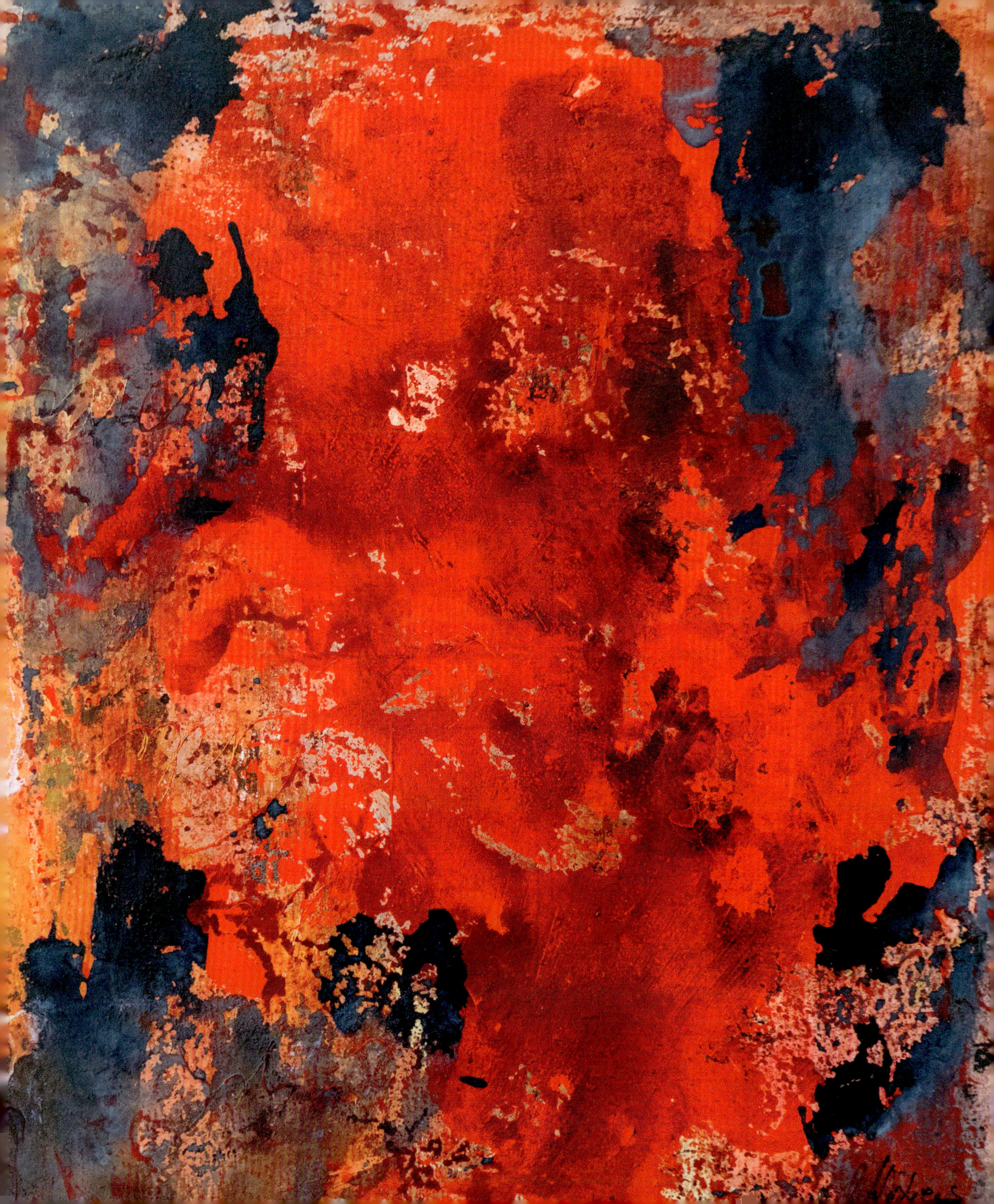

Schüttung auf Untermalung

AUFTRAG UND MATERIAL

Themenschwerpunkte

Farbe, Fläche, Form, Dynamik, Variation, Kontrast

Werkzeug

Spachtel, Flachmaler, Napf, Dosierflasche mit Tülle, Sprühflasche

Material

Keilrahmen: 110 × 150 cm

Acrylfarben: Kadmiumrot, Orange, Silber, Indigo, Schwarz

Aerocolor: Krapprot tief

Originalformat

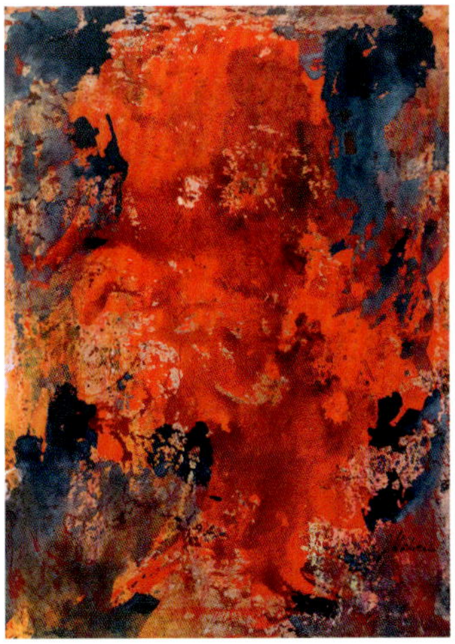

ANLEITUNG

Auf die trockene Untermalung in Schwarz spachteln Sie Orange und Silber in loser Anordnung vernetzt über die gesamte Fläche; die Untermalung blitzt nur an manchen Stellen durch. Mit der Tülle einer Dosierflasche (füllen Sie unverdünntes Silber ab) schreiben Sie einen unleserlichen Text in haptischer Linie. Im Kernbereich des Bildes spachteln Sie Kadmiumrot in freier Form auf; die Randbereiche granulieren Sie aus. Nach deren Trocknung verdünnen Sie Indigo in einem Napf zu einer dünnflüssigen Lasur und schütten die Farbe von allen vier Ecken ausgehend schwungvoll über die Bildfläche. Sie lassen die Ränder der Farbe hart stehen und schlagen die Farbreste auf dem Pinsel abschließend auf der Bildfläche aus. Zuletzt legen Sie Krapprot tief mit der Pipette über die gespachtelte rote Fläche und versprühen die Ränder mit Wasser. Achten Sie auf teilweise Überlagerungen der einzelnen Farbflächen und Lücken im Farbauftrag, die einen Blick auf die unteren Schichten zulassen.

TIPP

Leuchtendes Rot ist nur auf entsprechenden reinen Untermalungen zu erzielen. Gesteigert wird die Leuchtkraft durch die letzte Überlagerug mit dem glänzend antrocknenden Aerocolor.

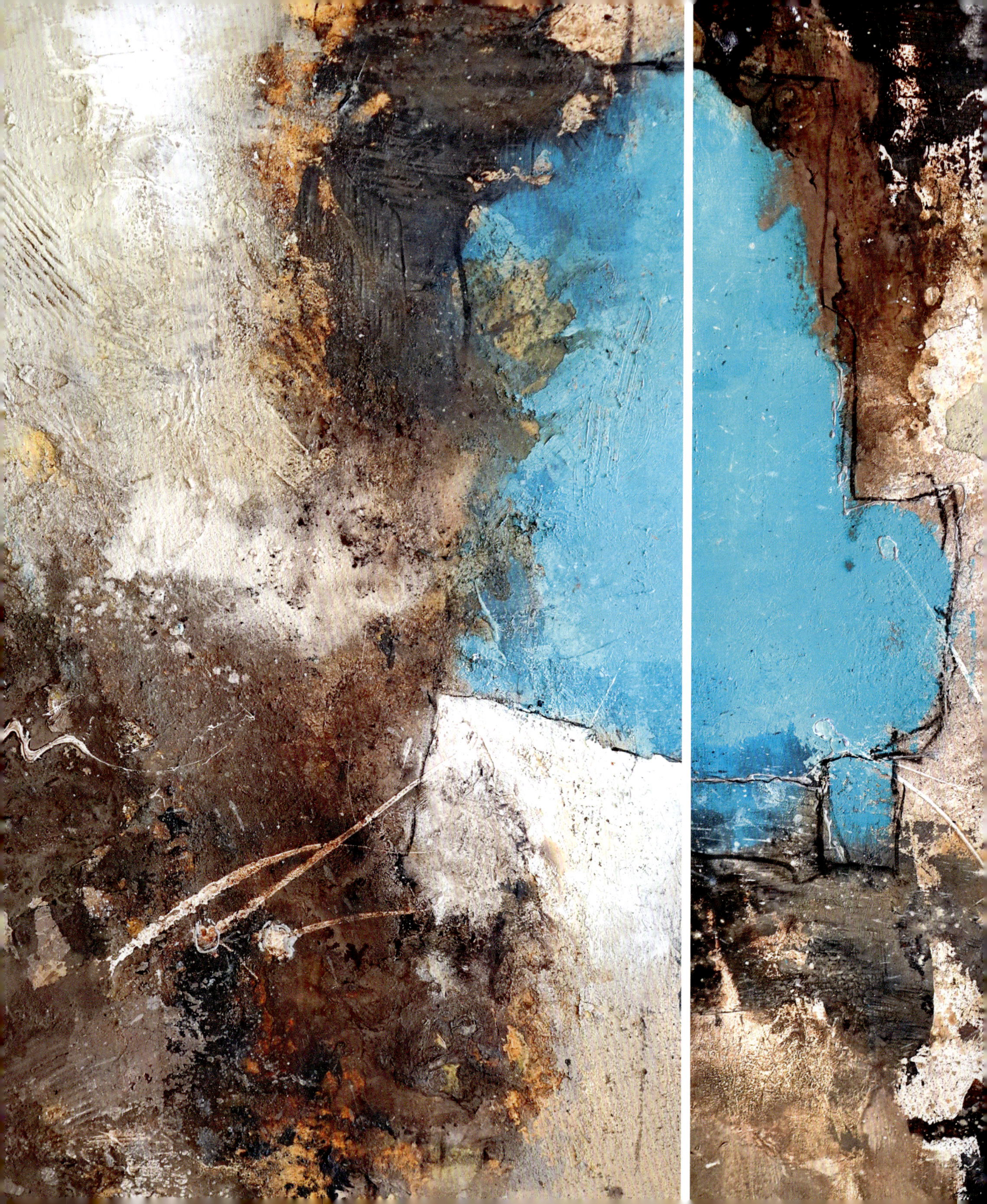

Schüttung auf Collage und Struktur

AUFTRAG UND MATERIAL

Themenschwerpunkte

Struktur, Farbe, Fläche, Form, Linie, Dynamik, Variation, Kontrast

Werkzeug

Spachtel, Flachmaler, Napf, Sprühflasche, Dosierflasche

Material

Keilrahmen: 80 × 100 cm, 40 × 100 cm, Leichtstrukturpaste, Asche, Seidenpapier, Wellpappe, Kohle

Acrylfarben: Titanweiß, Sand, Vandyck, Kieselgrau, Kobalttürkis, Silber

Originalformat

TIPP

Als Dyptichon über zwei unterschiedlich breite Leinwände ausgedehnt ergibt sich eine gewisse Dynamik. Venetzen Sie beide Leinwände an den Übergängen der Nahtstelle.

ANLEITUNG

Collagieren Sie zuerst Wellpappe und Seidenpapier partiell auf und strukturieren dann die Bildfläche in großzügigen Bewegungen mit Paste und Asche. Auf der trockenen Struktur legen Sie eine deckende Untermalung in Titanweiß und Sand an. Nach deren Trocknung spachteln Sie Vandyck in großen Flächen auf, verdünnen den Rest in einem Napf zu einer dünnflüssigen Lasur und schütten die Farbe schwungvoll über die Bildfläche. Vertrauen Sie Ihrer Intuition; lassen Sie Ränder der Farbe hart stehen oder versprühen Sie mit der Sprühflasche weiche Übergänge. Schlagen Sie die Farbreste auf dem Pinsel abschließend auf der Bildfläche aus. Weitere Flächen legen Sie in Kobalttürkis deckend mit dem Flachmaler an und granulieren die Ränder aus. In Titanweiß hellen Sie nun Teilbereiche der verbleibenden Flächen auf und schlagen mit der offenen Farbtube haptische, lineare Spuren über das Werk. In partiellen Schüttungen und Spritzern in Kieselgrau vernetzen Sie dann die Flächen. Mit Kohle und einer Dosierflasche (gefüllt mit unverdünntem Silber) konturieren Sie die Farbflächen in fragmentierten Linien.

Originalformat

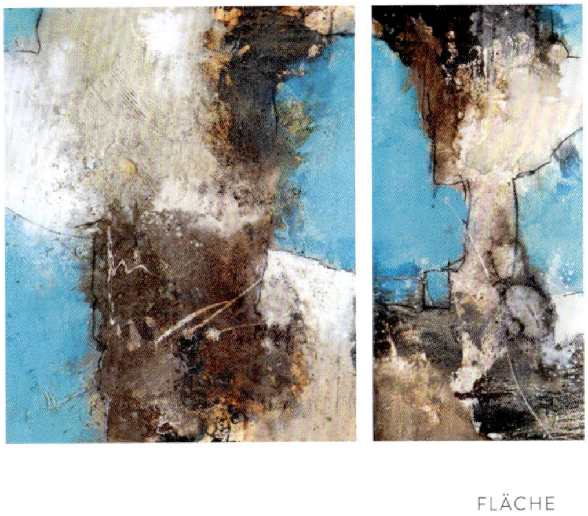

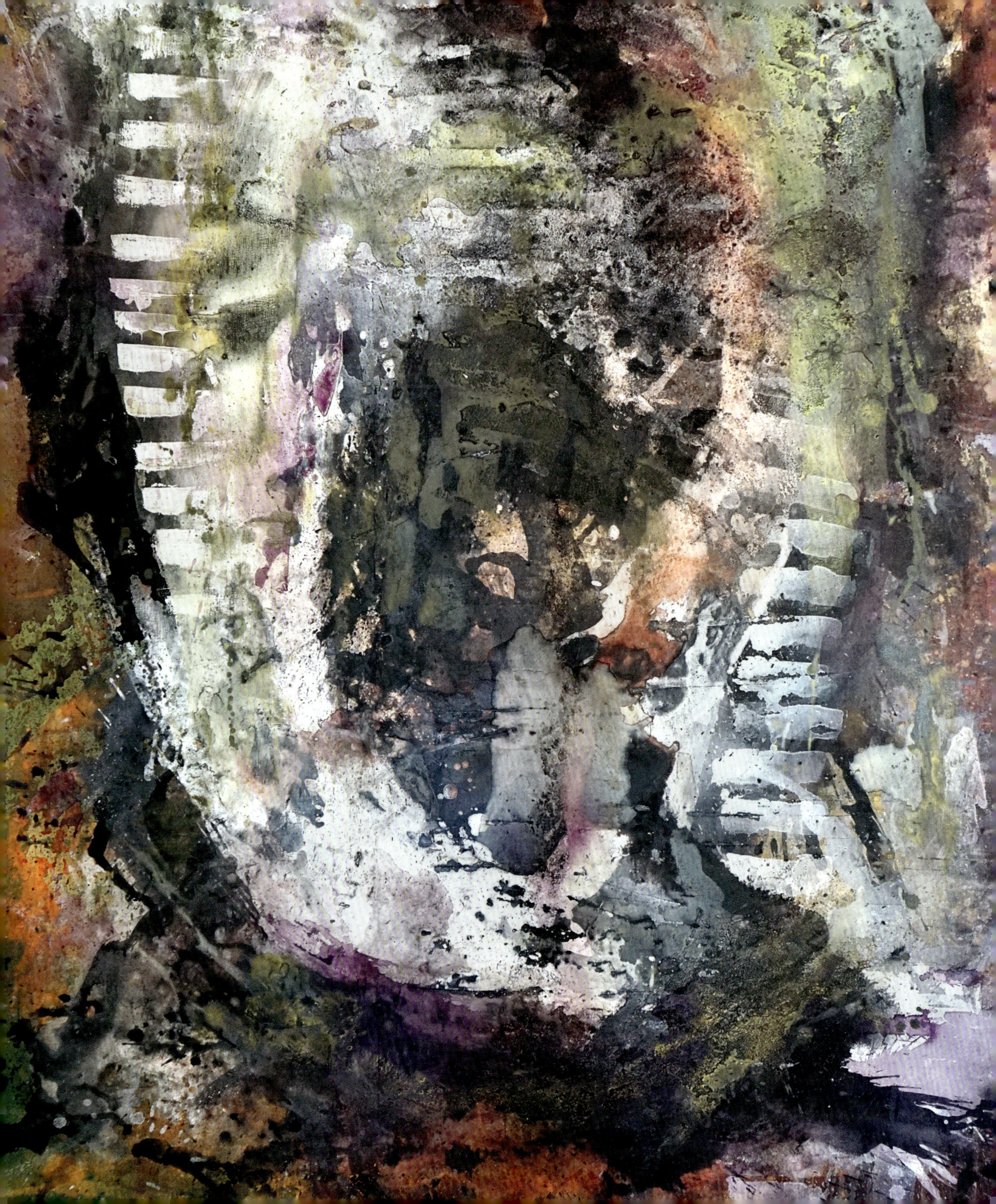

Schüttung auf Struktur

AUFTRAG UND MATERIAL

Themenschwerpunkte

Farbe, Fläche, Form, Dynamik, Variation, Kontrast

Werkzeug

Spachtel, Flachmaler, Sprühflasche, Napf

Material

Keilrahmen: 120 × 150 cm, Leichtstrukturpaste, Asche, Sägespäne

Acrylfarben: Titanweiß, Schwarz, Grüne Erde, Lichter Ocker, Siena gebrannt, Brillantviolett

Originalformat

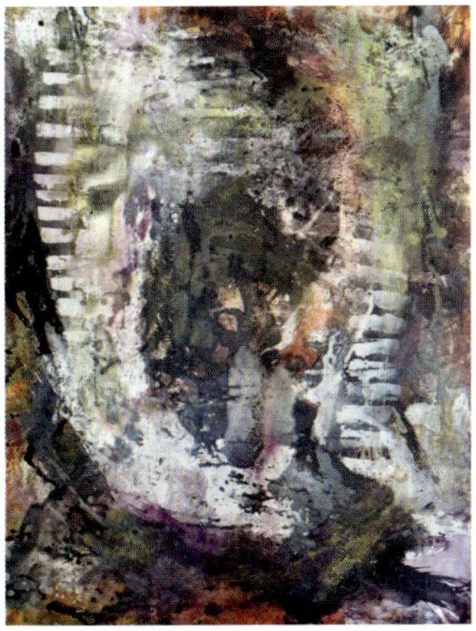

ANLEITUNG

Strukturieren Sie die Fläche in großzügigen Bewegungen mit Paste, Asche und Hobelspänen. Auf der trockenen Struktur legen Sie eine deckende Untermalung in Lichtem Ocker an. Nach der Trocknung verdünnen Sie Siena gebrannt in einem Napf zu einer dünnflüssigen Lasur und schütten die Farbe schwungvoll über die Bildfläche. Vertrauen Sie Ihrer Intuition; lassen Sie Ränder der Farbe hart stehen oder versprühen Sie diese mit der Sprühflasche für weiche Übergänge. Schlagen Sie die Farbreste auf dem Pinsel abschließend auf der Bildfläche aus. Nach Trocknung der ersten Schüttung verfahren Sie ebenso mit Grüner Erde und im dritten Arbeitsgang mit einer sämigen Mischung in Schwarz. In Titanweiß malen Sie nach erneuter Trocknung rechteckige Streifen auf und lasieren im letzten Schritt mit partiellen Schüttungen in Brillantviolett. Achten Sie auf teilweise Überlagerungen der einzelnen Farbflächen und Lücken im Farbauftrag die einen Blick auf die unteren Schichten zulassen.

TIPP

Großzügige Schüttungen machen auf Großformaten richtig Spaß. Arbeiten Sie am besten im Freien, um ungehemmt auch über den Bildträger hinausschütten zu können.

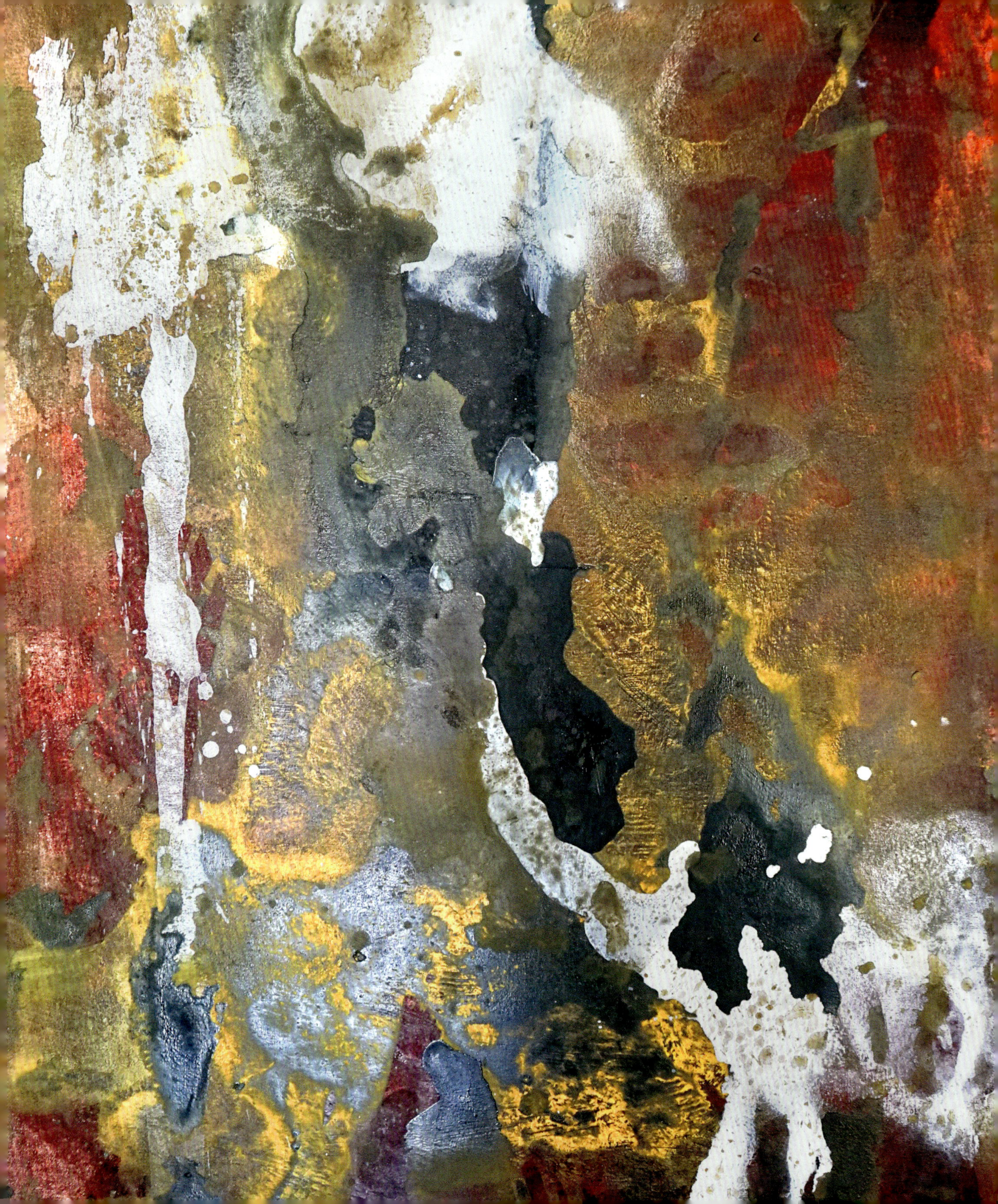

Schüttung auf deckender Untermalung

AUFTRAG UND MATERIAL

Themenschwerpunkte

Farbe, Fläche, Freie Form, Dynamik, Variation, Kontrast

Werkzeug

Flachmaler, Sprühflasche

Material

Keilrahmen: 60 × 100 cm

Acrylfarben: Caput mortum, Titanweiß, Schwarz, Grüne Erde

Originalformat

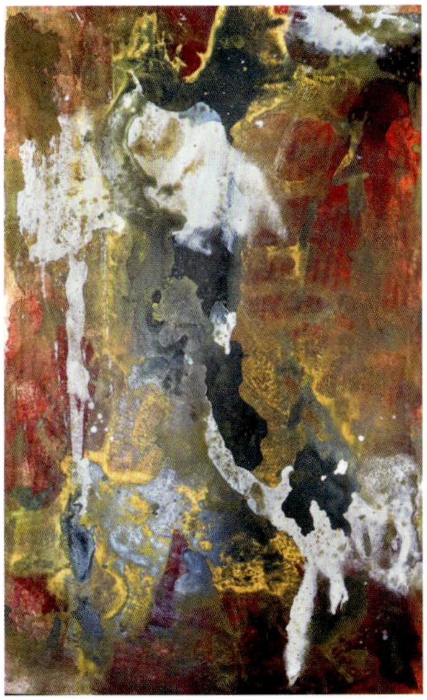

ANLEITUNG

Streichen Sie eine deckende Untermalung in Caput mortum auf die Leinwand. Nach deren Trocknung verdünnen Sie Schwarz in einem Napf zu einer sämigen Lasur und schütten die Farbe schwungvoll über die Bildfläche. Vertrauen Sie Ihrer Intuition; lassen Sie Ränder der Farbe hart stehen oder versprühen Sie diese mit der Sprühflasche für weiche Übergänge. Schlagen Sie die Farbreste auf dem Pinsel abschließend auf der Bildfläche aus. Nach Trocknung der ersten Schüttung verfahren Sie ebenso mit Titanweiß und nach erneuter Trocknung im dritten Arbeitsgang mit Grüner Erde. Lassen Sie Lücken im Farbauftrag stehen und achten Sie auf teilweise Überlagerungen der einzelnen Schüttungen.

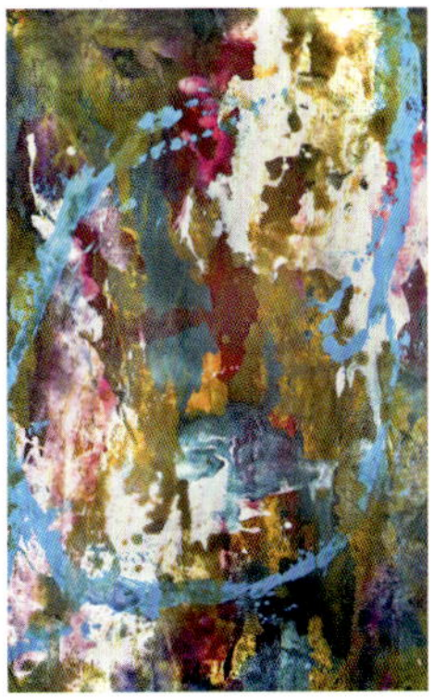

Diese Variation wurde mit anderen Farbtönen in analogen Schritten aufgebaut. Die abschließende blaue Farbspur steht beinahe schwebend auf den unteren Lagen.

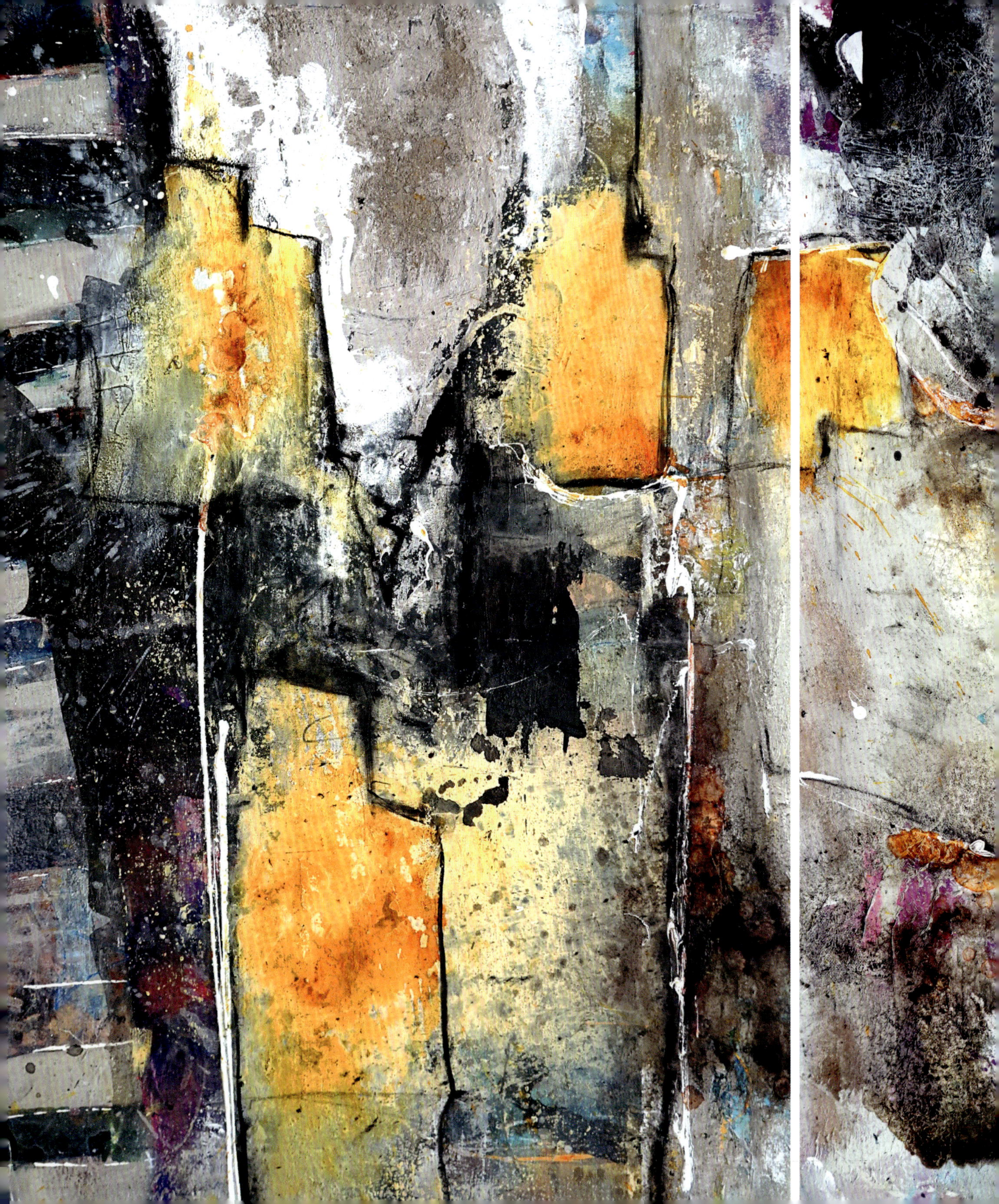

Lasur und Pastos deckend auf Struktur

AUFTRAG UND MATERIAL

Themenschwerpunkte

Fläche, Linie, Muster, Dynamik, Variation, Kontrast

Werkzeug

Bleistift, Pipette, Spachtel, Flachmaler, Sprühflasche, Dosierflasche

Material

Keilrahmen: 80 × 100; 40 × 100 cm, Leichtstrukturpaste, Asche, Kohle

Acrylfarben: Titanweiß, Kieselgrau, Neapelgelb, Vandyckbraun, Schwarz

Aerocolor: Brasilbraun, Goldocker, Basiscyan, Violett, Supraweiß

TIPP

Bildbestimmend sind neben dem senkrechten Band aus Rechtecken die vernetzenden Flächen in herausstechenden Gelbtönen.

ANLEITUNG

In einen Strukturauftrag im Kernbereich gravieren Sie mit dem Bleistift freie Kritzeleien. Es folgen verschiedene Lasuren mit Brasilbraun, Cyan und Violett; tragen Sie die jeweilige Farbe mit der Pipette in Linien und Klecksen auf und versprühen die Ränder mit Wasser. Legen Sie mit dem Spachtel ein Band aus Rechtecken, ähnlich einem Zebrastreifen in Kieselgrau an. Mit der Pipette zeichnen Sie freie Bewegungsspuren, sich wiederholende Ovale in Supraweiß und konturieren die gespachtelten Streifen. Partielle Schüttungen folgen in der Reihenfolge Kieselgrau, Neapelgelb und Schwarz, die Farbreste schlagen Sie mit dem Pinsel auf der Bildfläche aus. Zur Beruhigung werden einige Flächen mit Strukturpaste und Asche abgedeckt. In Titanweiß hellen Sie anschließend Teilbereiche der verbleibenden Flächen auf und schlagen mit der offenen Farbtube haptische, lineare Spuren über das Werk. Abschließend fassen Sie größere Flächen mit Konturen in Kohle zusammen.

Originalformat

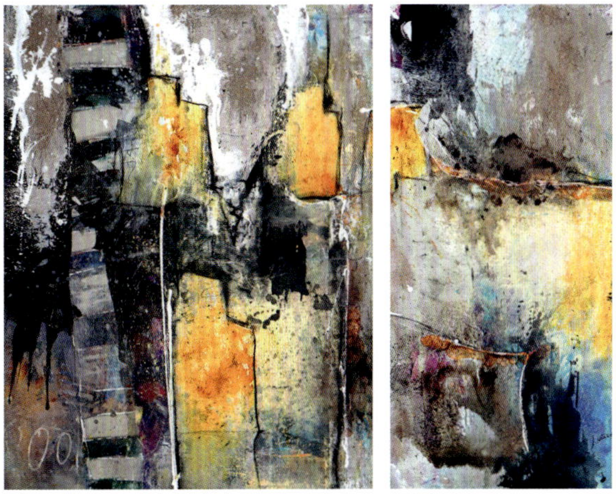

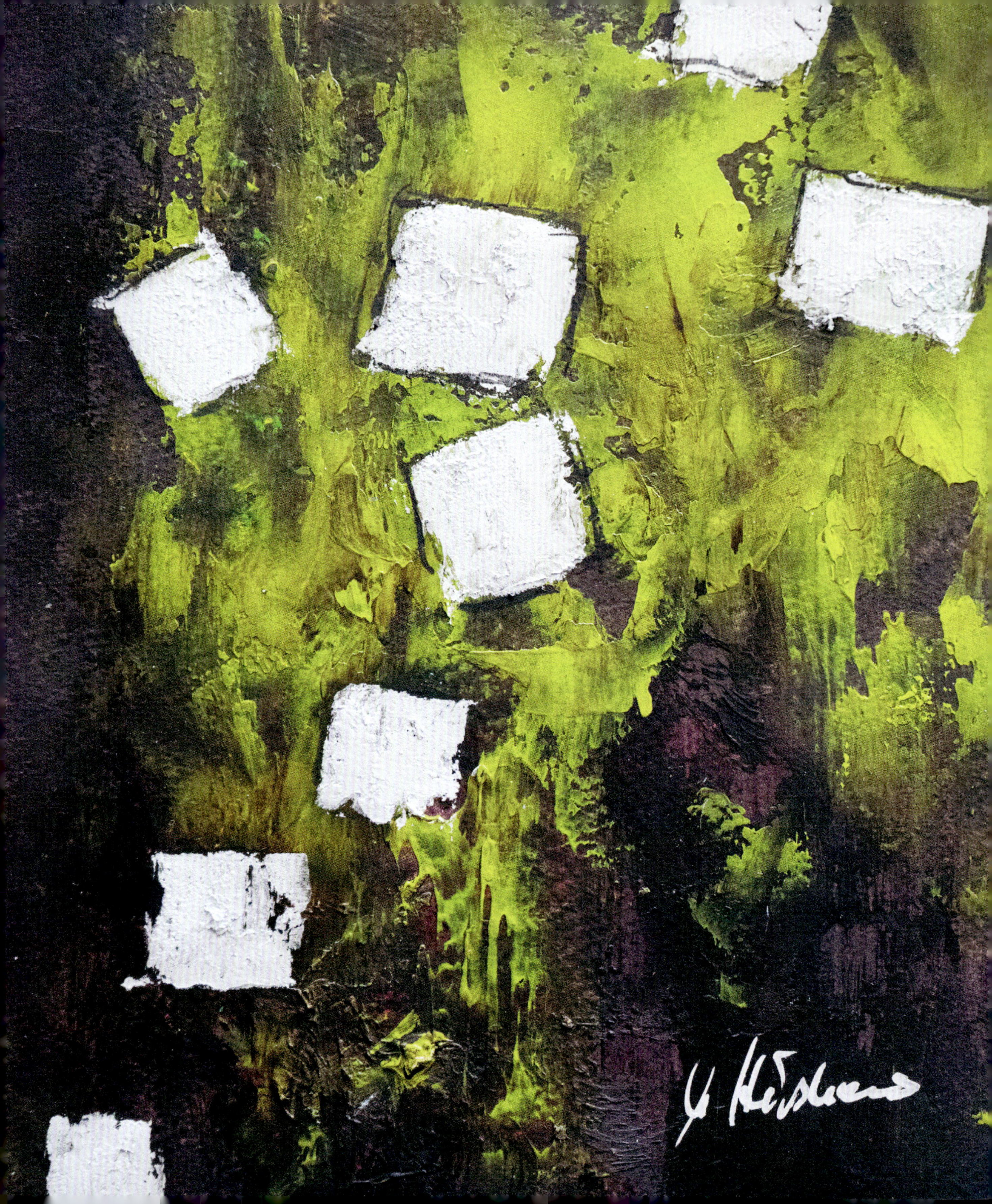

Pastos gespachtelt auf lasierter Untermalung

AUFTRAG UND MATERIAL

Themenschwerpunkte

Farbe, Fläche, Form, Dynamik, Variation, Kontrast, Bewegung

Werkzeug

Spachtel, Flachmaler

Material

Keilrahmen: 60 × 90 cm, Kohle

Acrylfarben: Krapp dunkel, Vandyckbraun, Gelbgrün, Silber

Originalformat

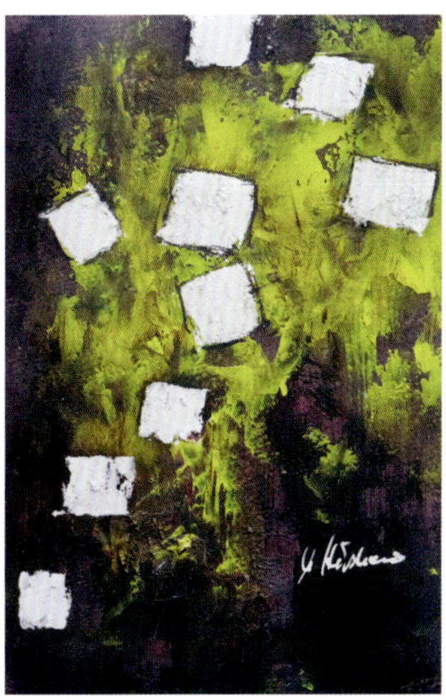

ANLEITUNG

Auf eine lasierte Untermalung in Krapp dunkel spachteln Sie Vandyckbraun fragmentiert auf. Lassen Sie deutliche Lücken stehen, um den Blick auf die Untermalung freizuhalten. Beginnend im oberen rechten Goldenen Schnittpunkt ziehen Sie Gelbgrün mit dem Spachtel auf und streifen die Farbe in den Randbereichen granulierend aus. So als würden vom Himmel silberne Plättchen fallen, legen Sie silberne Quadrate mit dem Spachtel an. Die Konturen der Quadrate in den helleren Bildbereichen betonen Sie abschließend mit Kohle.

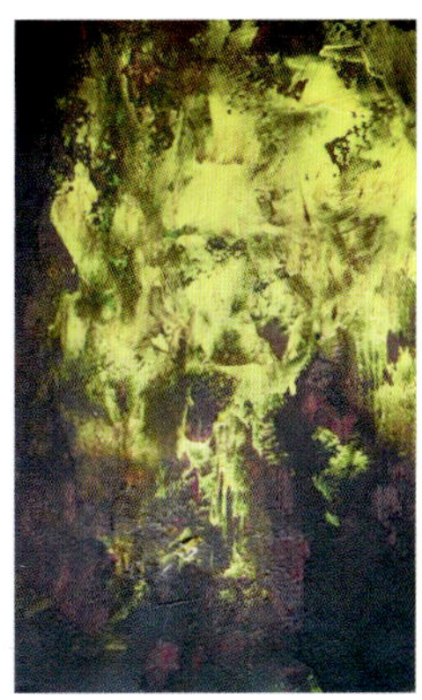

Zwischenzustand

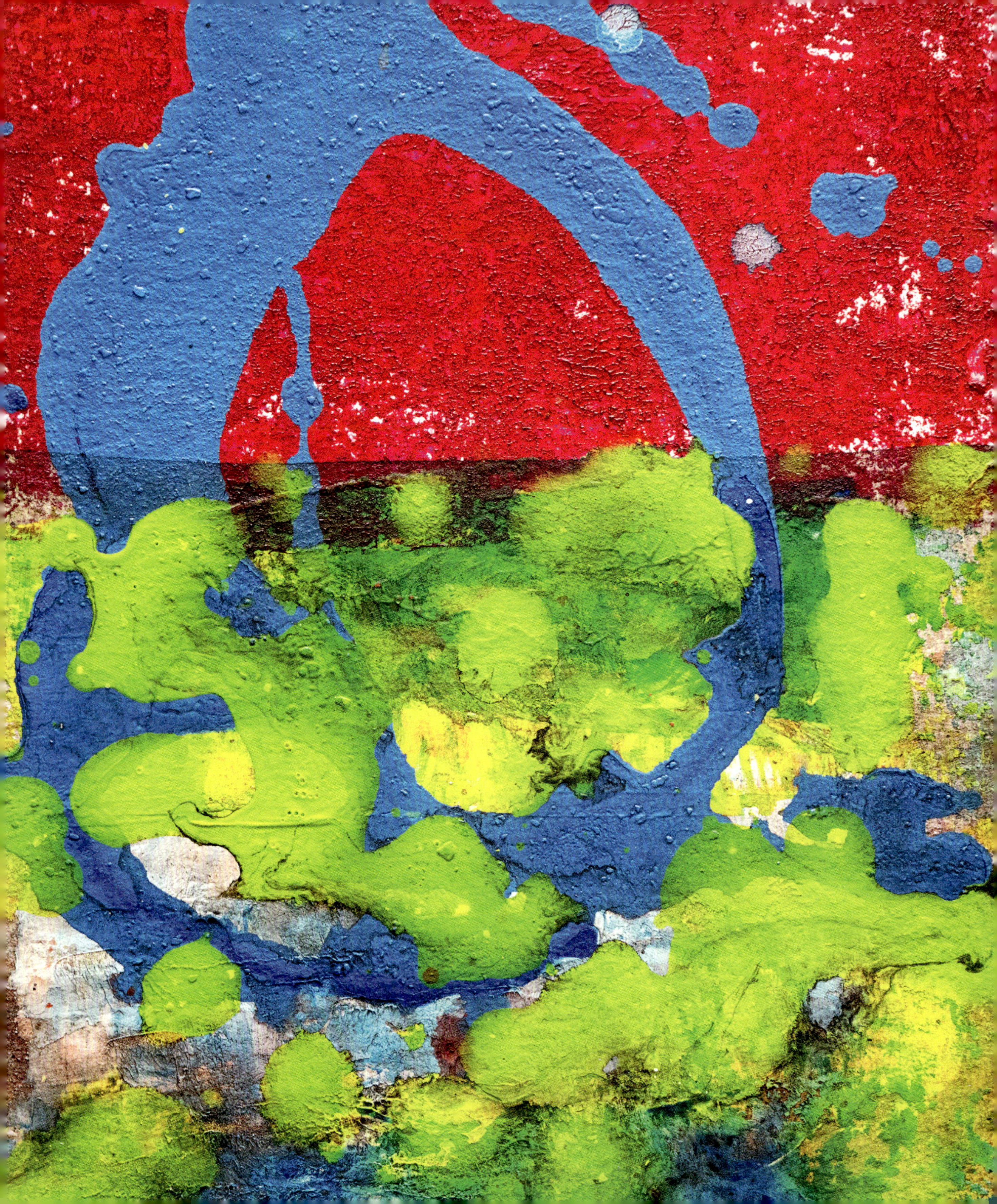

Gewalzter Flächenauftrag

AUFTRAG UND MATERIAL

Themenschwerpunkte

Farbe, Fläche, Form, Dynamik, Variation, Kontrast

Werkzeug

Spachtel, Flachmaler, Hartgummiwalze, Napf, Dosierflasche

Material

Keilrahmen: 50 × 80 cm

Acrylfarben: Primärgelb, Primärcyan, Maigrün, Krapprot dunkel, Vandyck

Originalformat

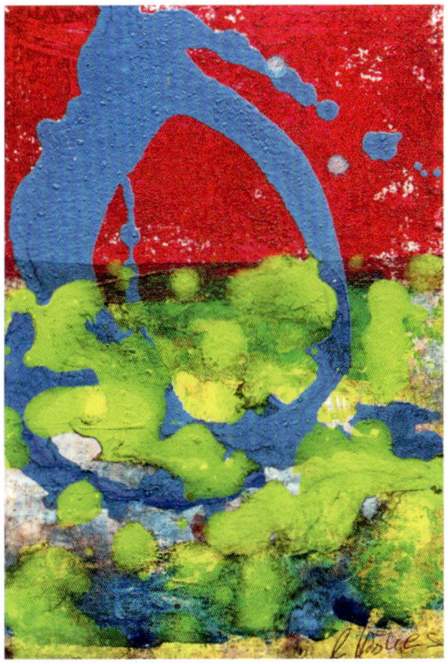

ANLEITUNG

Auf der unteren Bildhälfte liegt eine Untermalung aus gespachtelten Farbresten in Gelb und Maigrün. Auf der verbliebenen leeren Fläche – etwas mehr als ein Drittel – rollen Sie Krapprot dunkel mit der Hartgummiwalze nach zwischenzeitlicher Trocknung in mehreren Lagen auf und erzielen so die fast lederartig anmutende Farbstruktur. Füllen Sie leicht verdünntes Cyan in eine Dosierflasche und malen in einer schwungvollen Bewegung eine ovale Linie über beide Bereiche; billigend in Kauf genommene Spritzer und auslaufende Farbspuren beleben Ihr Werk. Lasieren Sie etwa zwei Drittel des Bildes mit Vandyckbraun. Abschließend decken Sie das obere Drittel mit Zeitungspapier ab und klecksen eine Mischung aus verdünntem Gelb und Maigrün mit dem Pinsel auf. Die Wirkung der dominanten roten Fläche wird durch die ruhige Struktur der Hartgummiwalze zurückgenommen. Frech halten die blaue Farbspur und die lockeren Spritzer in Gelbgrün dagegen.

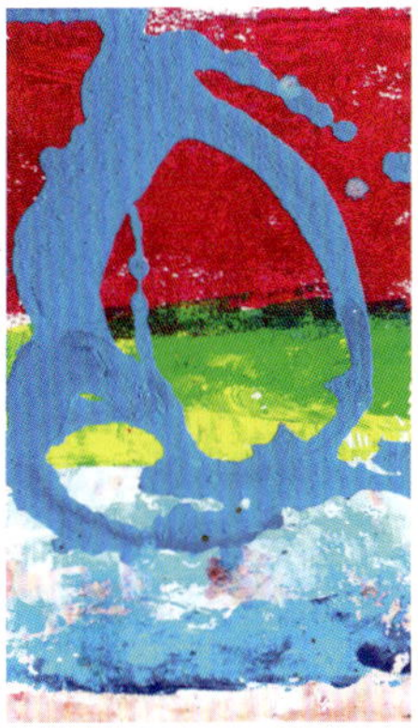

Zwischenzustand

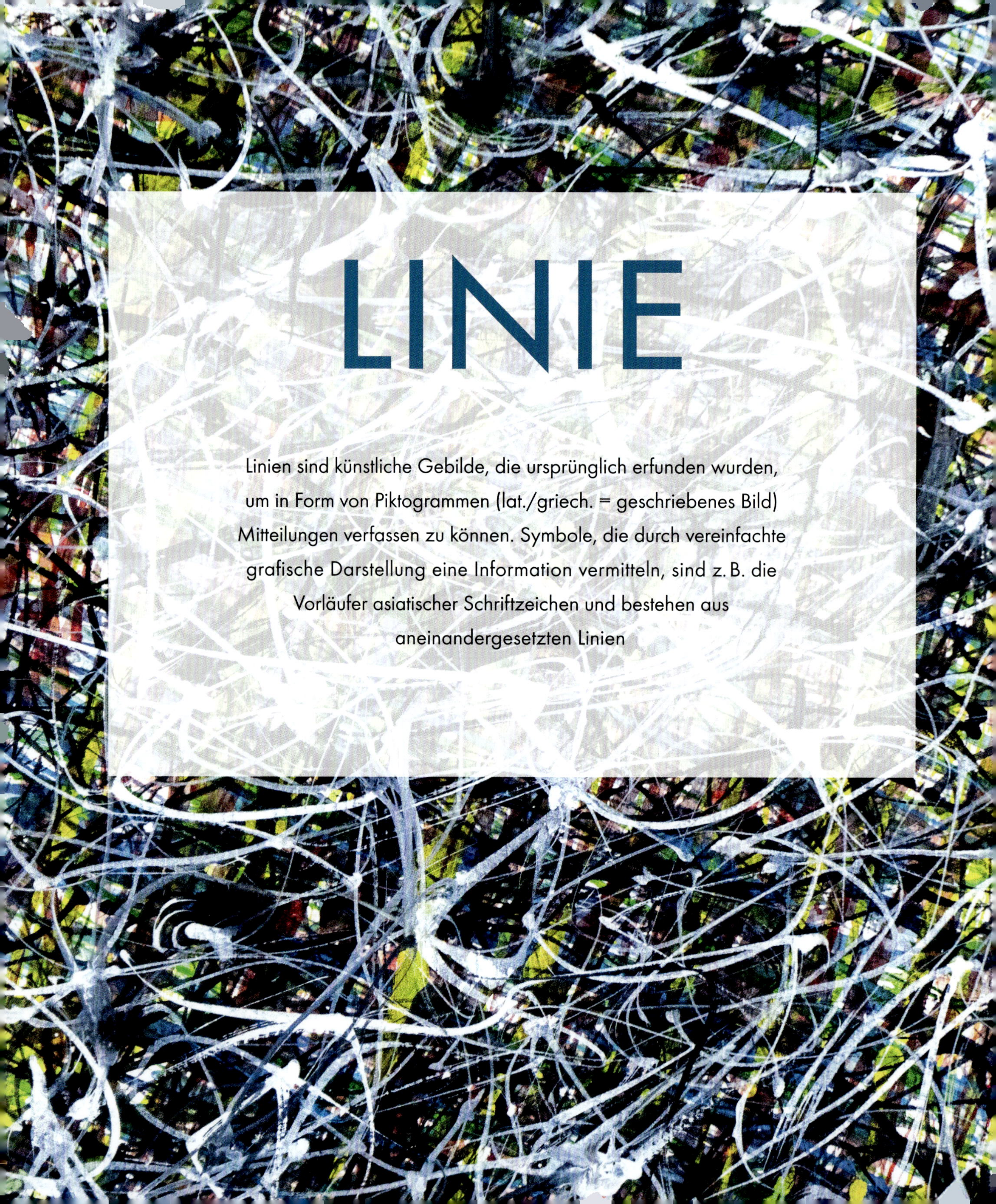

LINIE

Linien sind künstliche Gebilde, die ursprünglich erfunden wurden, um in Form von Piktogrammen (lat./griech. = geschriebenes Bild) Mitteilungen verfassen zu können. Symbole, die durch vereinfachte grafische Darstellung eine Information vermitteln, sind z. B. die Vorläufer asiatischer Schriftzeichen und bestehen aus aneinandergesetzten Linien

ART DER LINIENFÜHRUNG

Im Zeitalter der abstrakten Kunst bekam die Linie die Fähigkeit, etwas auszudrücken, ohne notwendigerweise etwas darzustellen. Schlagwörter wie weich und geschmeidig, lebendig, in fließender Bewegung oder schwungvoll mit hoher Geschwindigkeit gewannen an Bedeutung. Linien sind Bewegungsspuren; neben der weichen, kurvigen Linie gibt es auch die scharfkantige, eckige Linie oder die starre, gerade Linie. Eine Linie kann zart, zitternd, fahrig, nervös sein und unsicher umherirren oder aber grob, brutal und vor Selbstbewusstsein strotzend auftreten. Bereits die Reduzierung auf zarten und die Steigerung auf kräftigen Druck bewirkt massive Veränderungen in der Aussagekraft Ihres Strichs. Eine möglichst spontane und expressive Linienführung ist in der abstrakten Malerei unumgänglich.

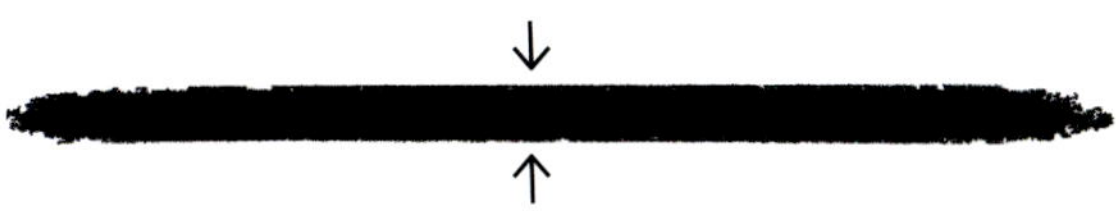

Eine breite Linie empfinden wir als Fläche mit zwei Außenkonturen.

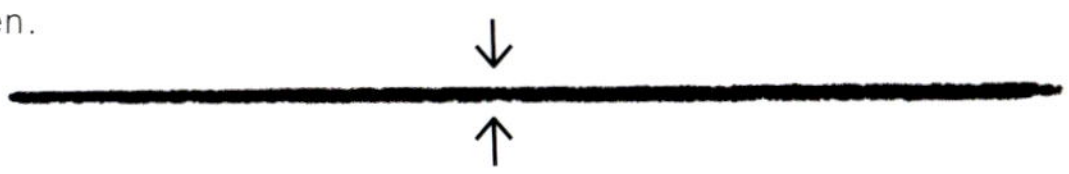

Auch eine dünne Linie verfügt auf beiden Seiten über eine Kontur.

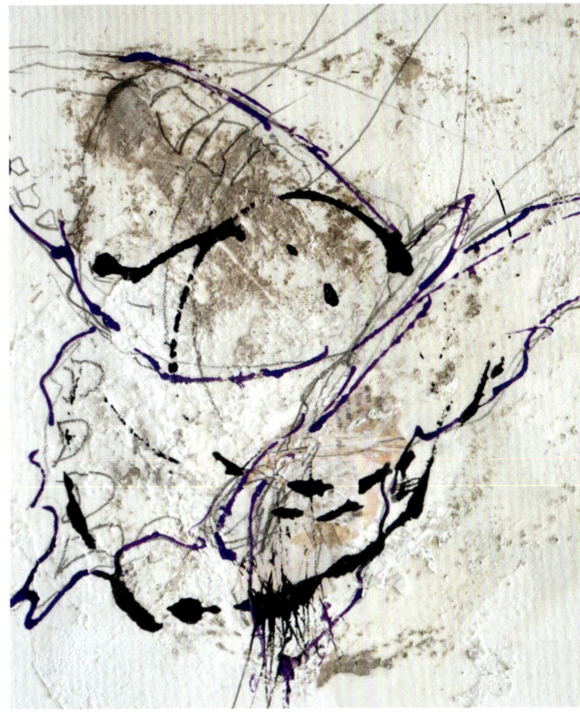

Kombination unterschiedlicher Linienführungen

ANWENDUNG

Die Spontaneität, die lebendiges Zeichnen verlangt, kann nur das Ergebnis eingehender Kenntnis der Technik sein. Finden Sie Ihren Duktus, indem Sie Linien zu Übungszwecken in dualen Paarungen gegenüberstellen. Kommen Sie so der Vielzahl von Möglichkeiten auf die Spur, „in welcher Art und Weise sich Ihre Hand auf dem Zeichengrund bewegen kann“: Eine gewisse Geschicklichkeit in der Anwendung aller gängigen Auftragstechniken, sowie deren Kombination in gekonnter Reihenfolge wird sich mit der Zeit einstellen.

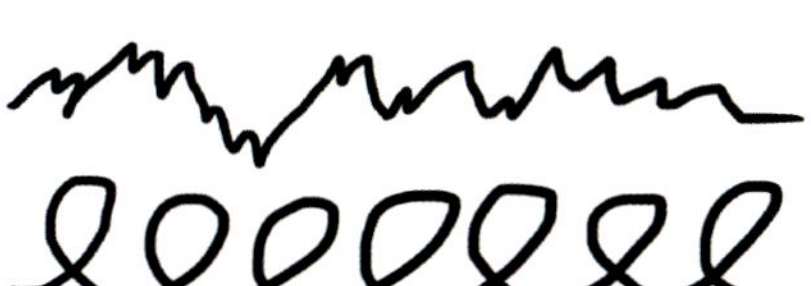

gekritzelt – gekringelt

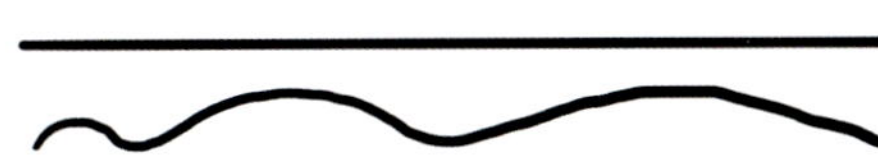

gerade – geschwungen

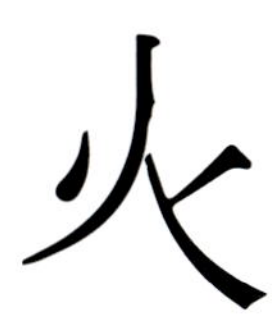

Piktogramme setzen sich aus dünnen, dicken und akzentuierten Linien zusammen.

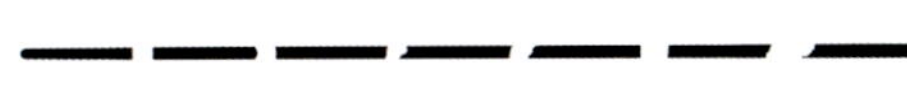

gestrichelt – punktiert

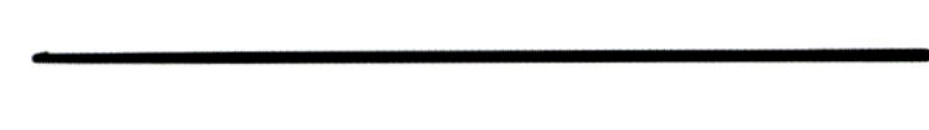

durchgehend – fragmentiert

Zeichnen ist reine Übungssache. Wärmen Sie Ihre Hand mit Lockerungsübungen auf und „trainieren" Sie täglich. Nutzen Sie jede sich bietende Gelegenheit zum Zeichnen: beim Telefonieren, im Zug oder im Wartezimmer.

- Legen Sie Ihren Arm während des Zeichnens nicht auf dem Tisch ab.
- Arbeiten Sie in großzügigen Bewegungen, vielleicht sogar im Stehen.
- Zeichnen Sie mit vollem Körpereinsatz und nutzen Sie neben dem Radius Ihres Handgelenks auch den von Ellenbogen und Schultergelenk.
- Zeichnen Sie auch mal mit geschlossenen Augen.
- Zeichnen Sie zügig – setzen Sie sich selber unter Zeitdruck.

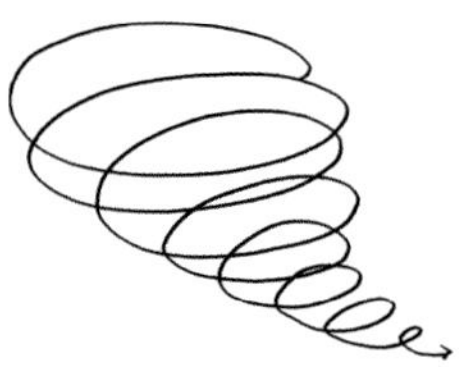

Spiralförmig ineinander verwoben

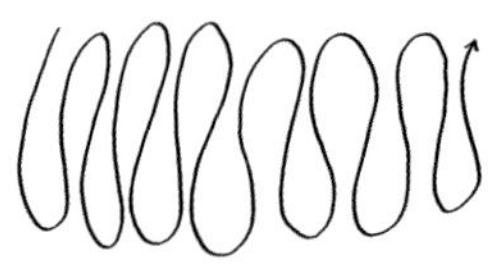

schwungvolle Rundungen

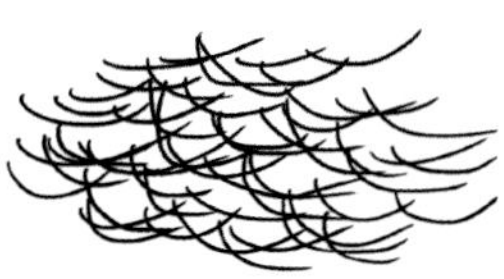

Rund schraffiert

ANREGUNGEN

- Ihre persönliche Handschrift identifiziert Sie und ist unverwechselbar. So als würden Sie etwas in Ihrer schlampigsten Schrift aufschreiben, nutzen Sie die gewohnte Linienführung auch in Ihren Bildern. Unleserlich sollte es sein, um der Abstraktion Genüge zu tun.
- In Ihrer Signatur bzw. Ihrer alltäglichen Unterschrift spiegelt sich Ihre persönliche Strichführung wider. Gestalten Sie die gesamte Bildfläche mit der Wiederholung Ihres Namens. Überlagern Sie die einzelnen Unterschriften, um ein wahres Geflecht aus Linien zu erhalten.
- Freie Linien entstehen in der Umsetzung von Gefühlen oder spielerischen Gedanken. Stellen Sie sich z. B. vor, Sie wären alleine auf einem gefrorenen See und könnten nach Herzenslust mit Schlittschuhen Ihre Runden drehen. Probieren Sie schwungvolle Pirouetten, springen Sie den dreifachen Rittberger, lassen Sie es laufen ...
- Stellen Sie sich vor, als Ameise über das Bild zu laufen. Ohne Druck (eine Ameise hat kein fühlbares Eigengewicht) kritzeln Sie sich, an den Hindernissen der Oberfläche orientiert, durch Ihr Bild. Steigern Sie den Druck (eine Ameise kann ein Vielfaches ihres Körpergewichtes tragen) und kritzeln Sie kraftvoll weiter. Sie setzen nicht ab und bleiben auf der Fläche (eine Ameise kann weder hüpfen noch fliegen). Egal wohin Sie gelangen möchten, Sie müssen den Weg mit dem Stift gehen.
- Nun fliegen und hüpfen Sie wie ein Spatz und verlassen sie die Bildfläche zwischendurch. Es entstehen fragmentierte Linien. Diese grenzen nicht ab; es bilden sich keine Binnenformen.

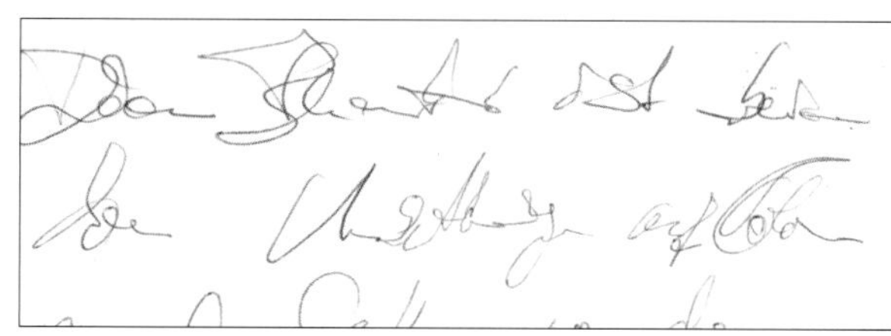

Unleserliche Handschrift

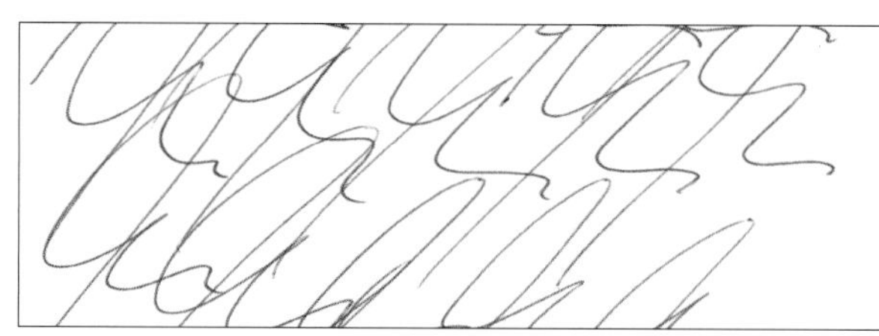

Signatur in Wiederholung

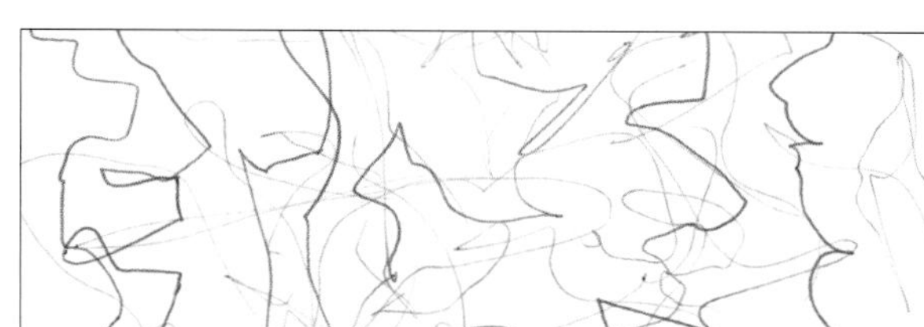

Ameisengekritzel

Die Natur ist ein Meister im Einsatz unterschiedlichster, die Flächen belebender Linienführungen. Im Detail finden Sie vielfache Anregungen sowohl haptisch hervortretend als auch in die Tiefe gehend eingraviert.

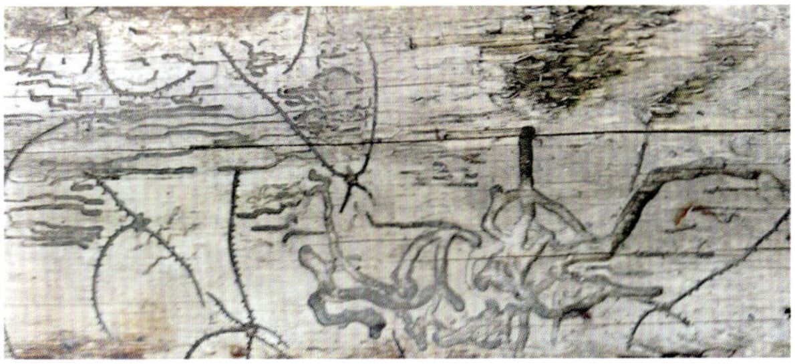

Madenspuren

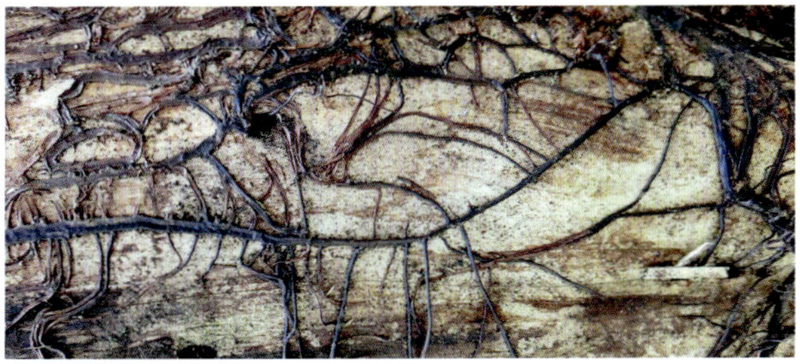

Flechten

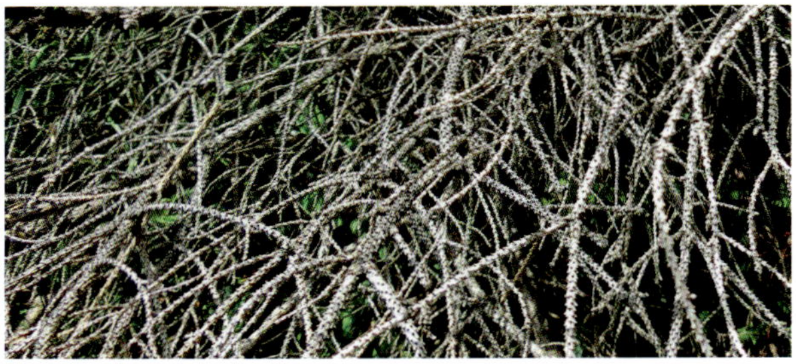

Dürres Geäst

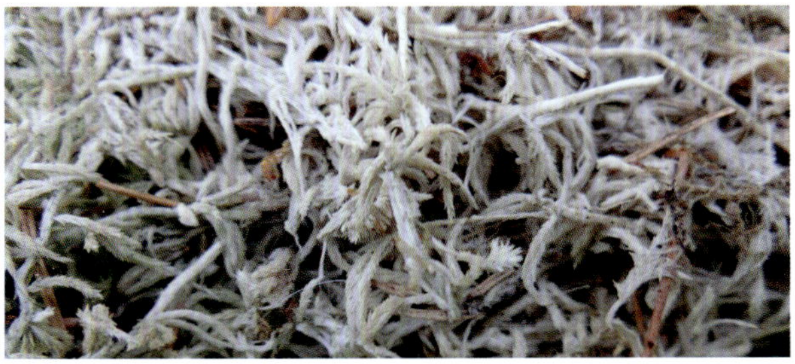

Moos

FUNKTIONALITÄT

Linien üben gewisse Funktionen aus, egal welche Art der bereits genannten Linienführung Sie verwenden.

VARIATIONEN

- Umrisslinie – Trennt eine Fläche von der restlichen Bildfläche ab und gibt dieser eine Binnenform.
- Trennungslinie – Trennt Flächen voneinander ab, ohne diese zu umrahmen; bestes Beispiel ist eine über die gesamte Bildfläche gezogene Horizontale.
- Unterstützende Linie – Die Ränder entstandener Farbflächen werden behutsam aufgegriffen und mit minimalem Einsatz betont. Dadurch entsteht eine räumlich wirkende Trennung und somit mehr Blicktiefe.
- Störende Linie – Eine kraftvoll gesetzte Linie oder in einem Gefühl der Wut zerstörend angesetztes Gekritzel (zer-)stört in gewissem Maße die vorhandene Bildfläche.
- Verbindende Linie – Fügt Elemente zusammen, schafft Verbindungen und vernetzt die Bildfläche.

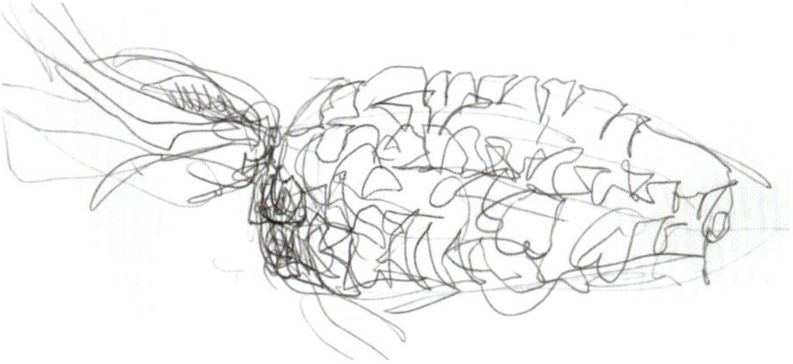

Verbindende Linie

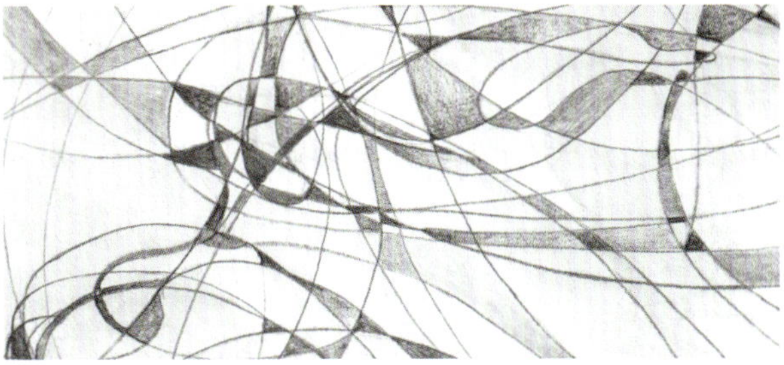

Trennungslinie

HAPTIK

Neben der flachen, nicht erhaben stehenden Linie, wie beispielsweise einer Bleistiftzeichnung, kann eine haptische Linie vollkommen andere Wirkungen erzielen.

VARIATIONEN

- Eine haptische Wirkung erzielen Sie durch Gravur in dicken Farb- oder Strukturaufträgen, indem Sie sichtbar in die Tiefe kratzen.
- Im Gegensatz zur gravierten Linie legt sich die haptische Linie voluminös auf den vorhandenen Untergrund.
- Unter Collagepapier verdeckt arrangierte Paketschnur wirkt eher unterschwellig.

SGRAFFITO

Eine haptische Wirkung erzielen Sie durch Gravur in dicken, pastosen Schichten, indem Sie sichtbar in die Tiefe kratzen, um den ursprünglichen Malgrund oder die unterliegende Farbe hervorzuholen. Je nach Arbeitsgerät erzielen Sie unterschiedliche Effekte.

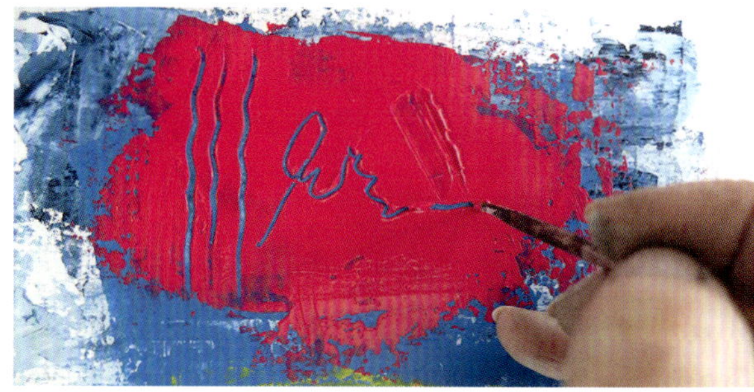

Gravieren Sie die Linien oder Formen in die feuchte Schicht.

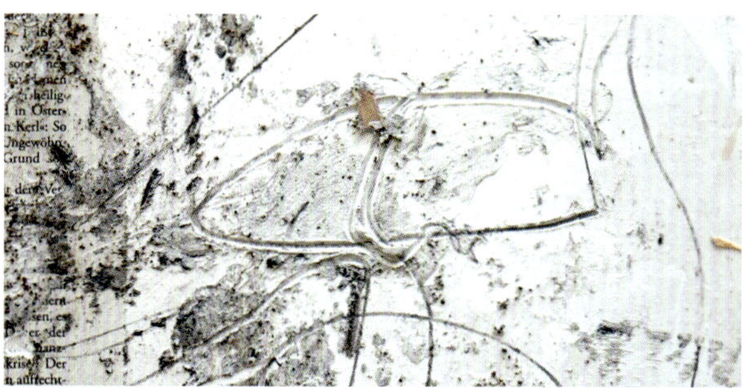

Gravur in feuchter Struktur

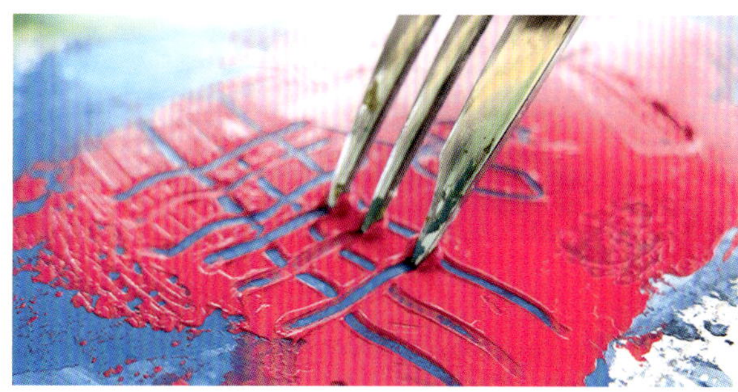

Für Gittereffekte verwenden Sie eine Gabel.

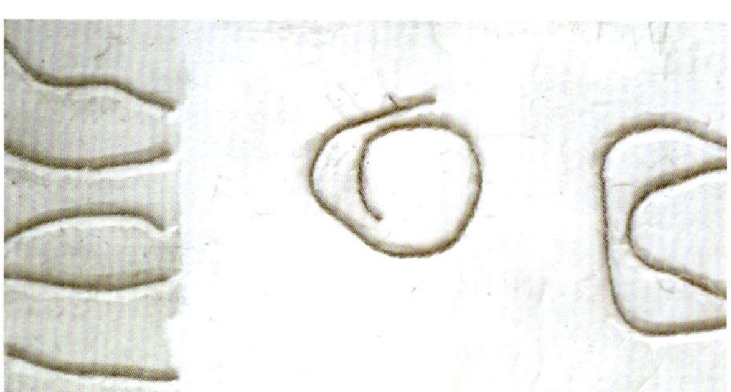

Paketschnur unter Chinapapier

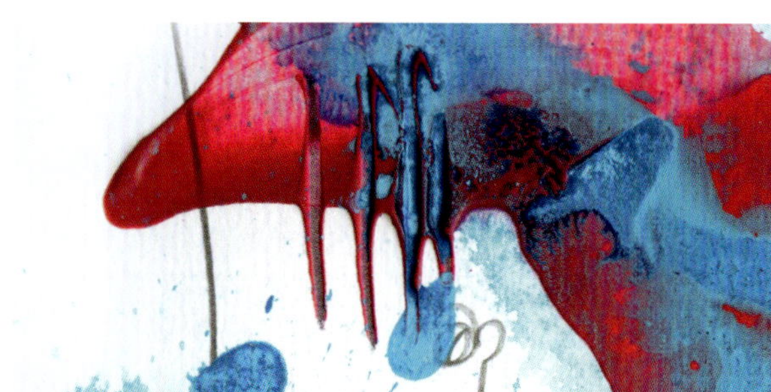

Lasuren legen sich in den gravierten Rillen ab.

EXTRUDIERTECHNIK

Bei der Extrudiertechnik wird pastose Farbe oder Strukturpaste durch eine spitze Tülle gepresst. Dadurch entsteht ein kräftiger Strich mit reliefartiger Haptik. Die Dicke des Strichs variiert durch Verringern oder Erhöhen des Drucks auf den Behälter.

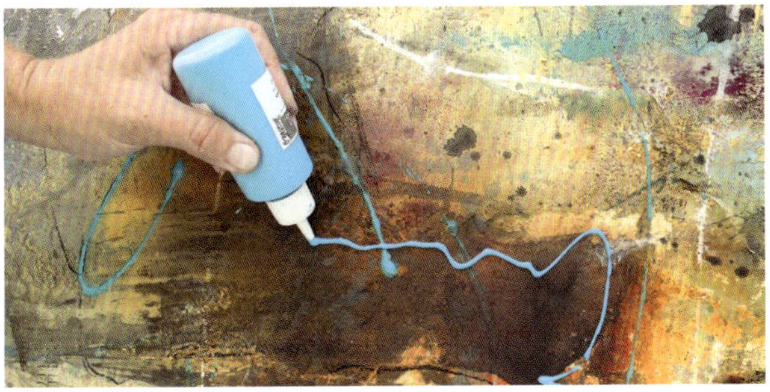

Ziehen Sie eine Plastikflasche mit spitzer Tülle in konstanter Geschwindigkeit über den Bildträger, um gleichmäßige Linien zu erhalten.

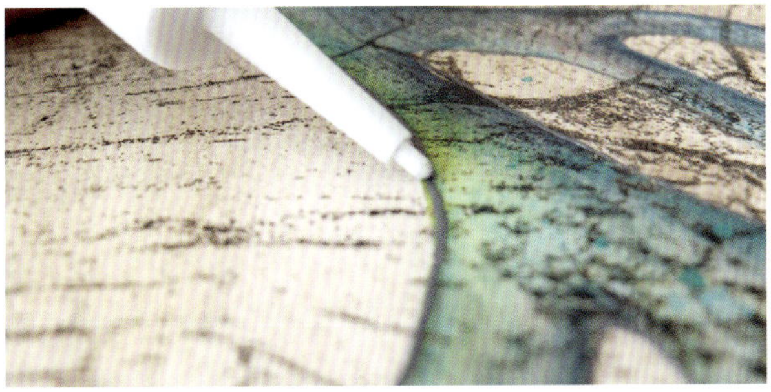

Derartige Linien bieten sich zur freien Zeichnung, zur Konturierung von Formen oder zur Abgrenzung unterschiedlicher Flächen an.

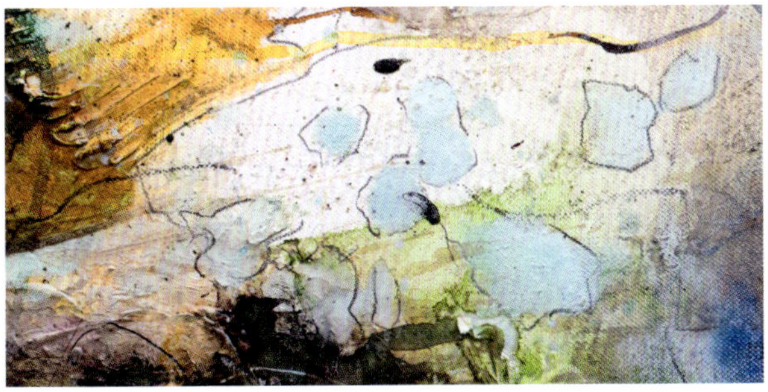

Konturen mit Bleistift

Werkzeug und Material

Sie benötigen verschiedene Gravurwerkzeuge, Pipetten, Flaschen mit Spitztüllen, Federn und unterschiedliche Stifte oder trockene Medien wie Kreide oder Kohle. Haben Sie ein Bild mit nicht selbsthaftenden Medien wie Kohle oder Softpastell überarbeitet, so sollten Sie es abschließend mit Fixativ besprühen, da der Auftrag bei jeder Berührung „abkreiden“ würde.

- Fragmentiert gesetzte Umrisslinien mit Kohle betonen die Konturen und festigen Formen ohne diese einzurahmen.
- Grafitsticks und Bleistifte eignen sich für zerstörende Kritzeleien auf trockenen Flächen sowie für Gravuren in feuchten, pastosen Farb- oder Strukturaufträgen.
- Ölpastell erzeugt je nach Druck dicke vollflächige oder granulierende Linien; lasieren Sie Acrylfarbe darüber, so perlt diese auf dem Ölpastell ab.
- Softpastelle hinterlassen "flach über den Untergrund gezogen" granulierende, breite Spuren.
- Farbstifte bieten sich zur abschließenden flächigen und linearen Überarbeitung von Acrylbildern an.
- Verschieden breite Zeichenfedern oder eine asiatische Rohrfeder, deren effektvoller Strich sehr fein oder je nach Neigung der Rohrfeder breit wird, benutzen Sie für Tinte, Tusche oder flüssige Acrylfarbe.
- Für flüssige Farben verwenden Sie Pipetten, pastose Farbe füllen Sie in Plastikflaschen mit spitzer Tülle.
- Pastose Farben stempeln Sie mit der schmalen Kante einer Pappe/Spachtel in grafischen Linien auf.
- Linien gravieren Sie mit Radiernadeln, Zahnstochern, Stricknadeln, dem hinteren Ende eines Pinselstiels oder mit speziellen Colourshapern.
- Muster erzielen Sie mit einer Gabel, einem Kamm oder einem gezackten Fliesenspachtel.

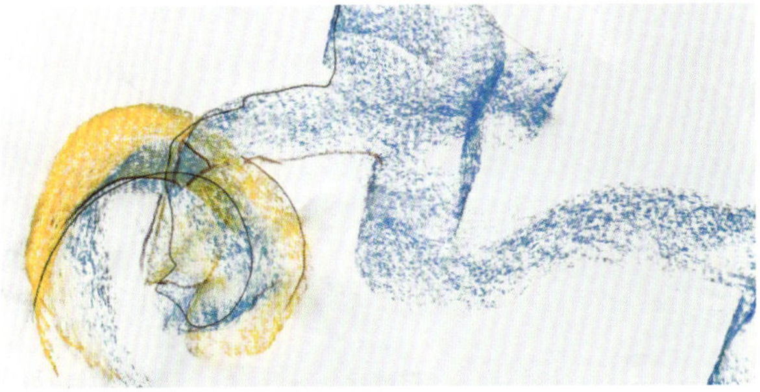

Granulierte Lineatur mit Softpastell

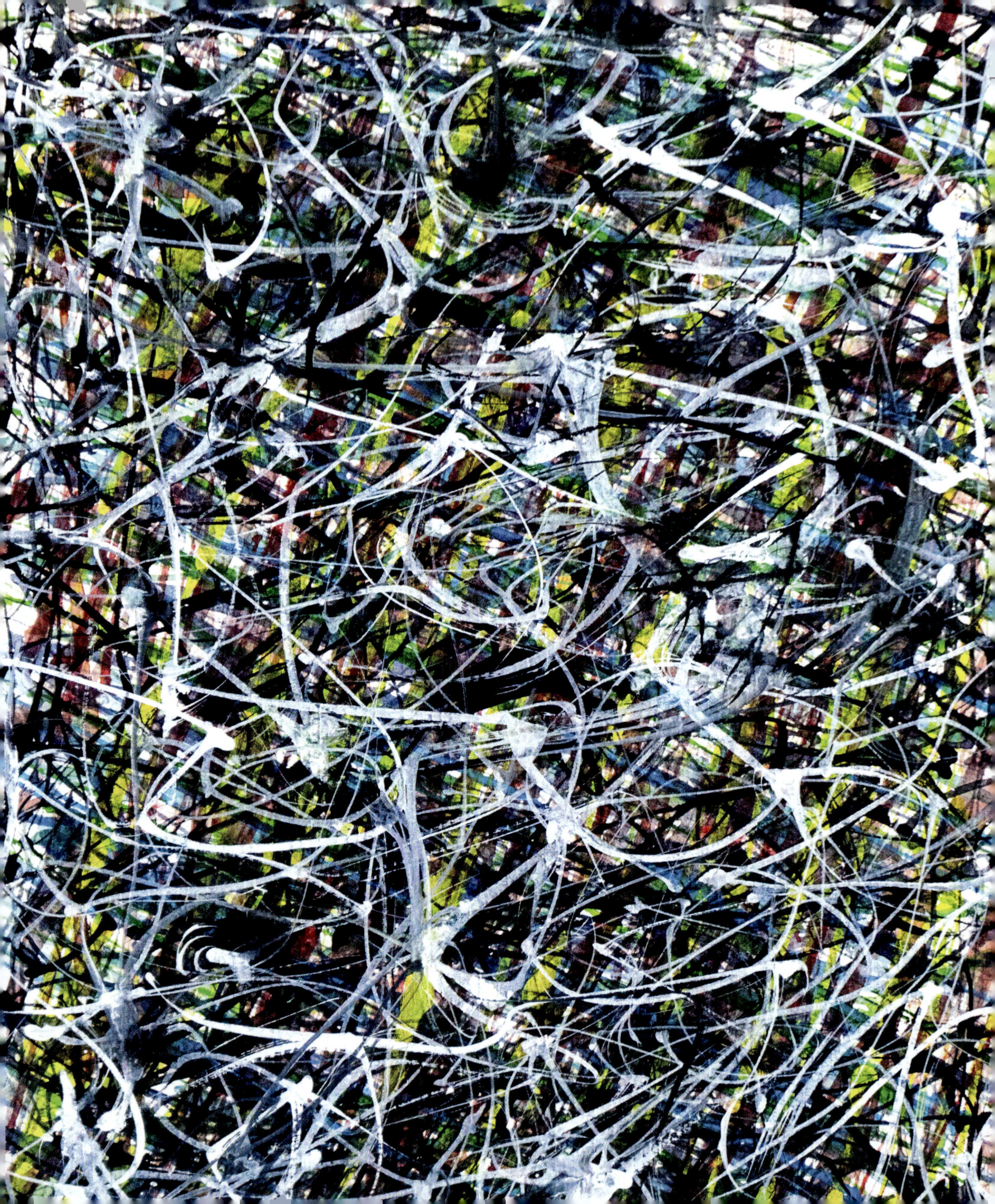

Lineare Überlagerungen

AUFTRAG UND MATERIAL

Themenschwerpunkte

Linie, Bewegung, Dynamik, Variation, Überlagerung, Verdichtung

Werkzeug

Näpfchen, Rundpinsel Größe 4-6

Material

Acrylpapier: 450 g/m², 30 × 50 cm

Acrylfarben: Titanweiß, Primärgelb, Kadmiumrot, Primärcyan, Saftgrün, Schwarz

Originalformat

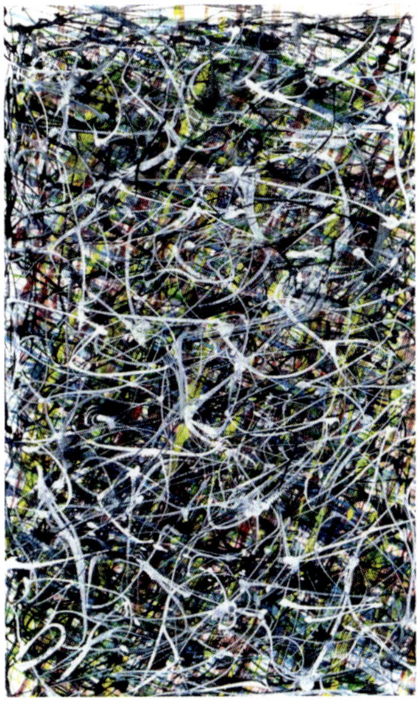

ANLEITUNG

Verdünnen Sie alle Acrylfarben vorab in separaten Näpfchen. Mit einem dünnen Rundpinsel nehmen Sie die erste Farbe auf und flitzen kreuz und quer kritzelnd über die Bildfläche. Sie beginnen mit einer der helleren, bunten Farben, z. B. Kadmiumrot, und lassen jede Lage trocknen, bevor Sie zur nächsten Farbe greifen. Die letzte Spur in Titanweiß legt sich wie ein Netz über die unterliegenden Schichten. Die lineare Verdichtung durch mehrfache Überlagerung schafft eine immense Bildtiefe.

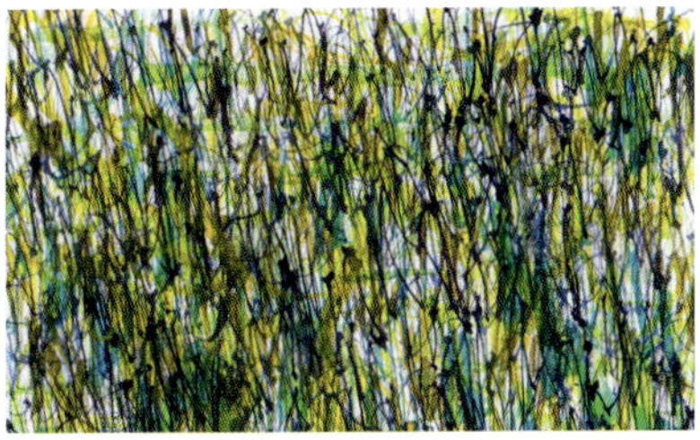

Variation in senkrechter Ausrichtung gekritzelt

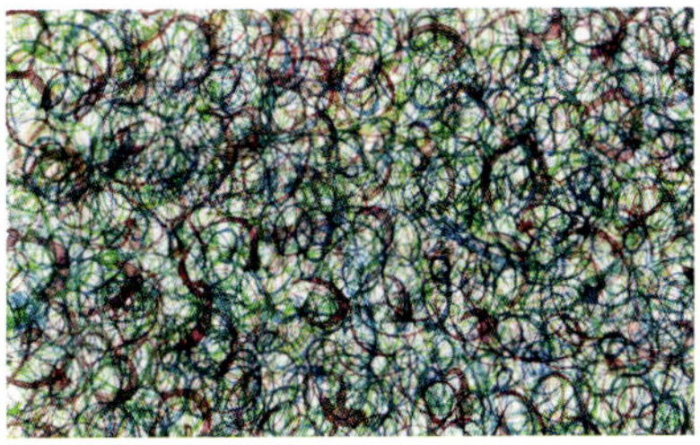

Variation mit runden schwungvollen Kringeln

TIPP

Diese meditative Art des Arbeitens eignet sich hervorragend zum Training einer freien Pinselführung und lockert ganz nebenbei Ihre Hand.

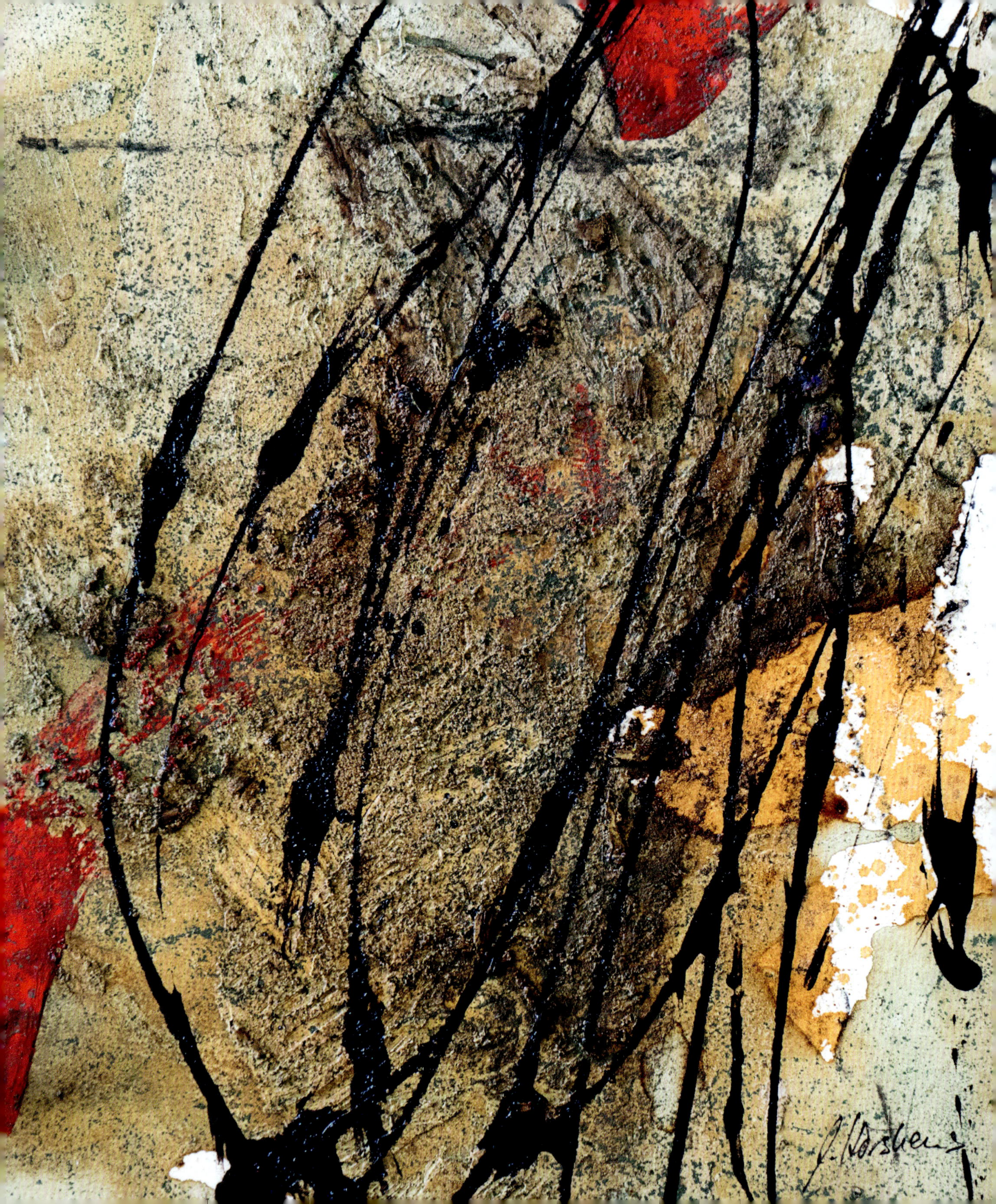

Gesprenkelte Linie auf Collage

AUFTRAG UND MATERIAL

Themenschwerpunkte

Farbe, Fläche, Linie, Struktur, Variation, Dynamik, Bewegung, Kontrast

Werkzeug

Spachtel, Flachmaler

Material

Keilrahmen: 40 × 50 cm, Leichtstrukturpaste, Quarzsand, Hobelspäne, Acrylbinder, Seidenpapier

Acrylfarben: Kadmiumrot, Siena gebrannt, Grüne Erde

Aerocolor: Schwarz

Originalformat

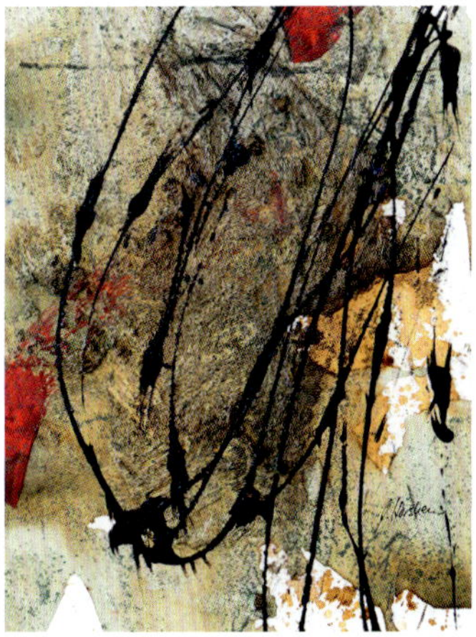

ANLEITUNG

Auf einer Collage mit Seidenpapier (im oberen Drittel erkennbar) legen Sie Strukturpaste mit etwas Quarzsand und vereinzelten Hobelspänen in schwungvollen Bewegungsspuren an. Lasieren Sie zuerst Kadmiumrot, dann Siena gebrannt im Kernbereich der beiden oberen Drittel mit dem Flachmaler in einer breiten ovalen Spur und schlagen Sie die Farbreste mit dem Pinsel auf das Bild. Für die dritte Lasur mischen Sie Siena gebrannt mit etwas Grüner Erde. Abschließend zeichnen Sie mit der Pipette schwarze Aerocolorfarbe in linearen, ovalen Spuren auf den trockenen Untergrund. Lassen Sie sich von der Größe des Bildträgers nicht in Ihrem Schwung beschränken. Gehen Sie bei den Lasuren und der Zeichnung über den Rand des Bildträgers hinaus, sodass angeschnittene Formen und Linien entstehen. Verbessern Sie nichts – nicht auf Anhieb getroffene Teilbereiche des Bildes bleiben unbearbeitet stehen.

TIPP

Spontaneität und Dynamik lassen dieses Bild leben. Zögern Sie nicht, lassen Sie Ihrem Schwung freien Lauf! Sollte es nicht gelingen, so verwenden Sie den Bildträger für ein neues Motiv, in dem Sie auf diese wertvolle Untermalung zurückgreifen können.

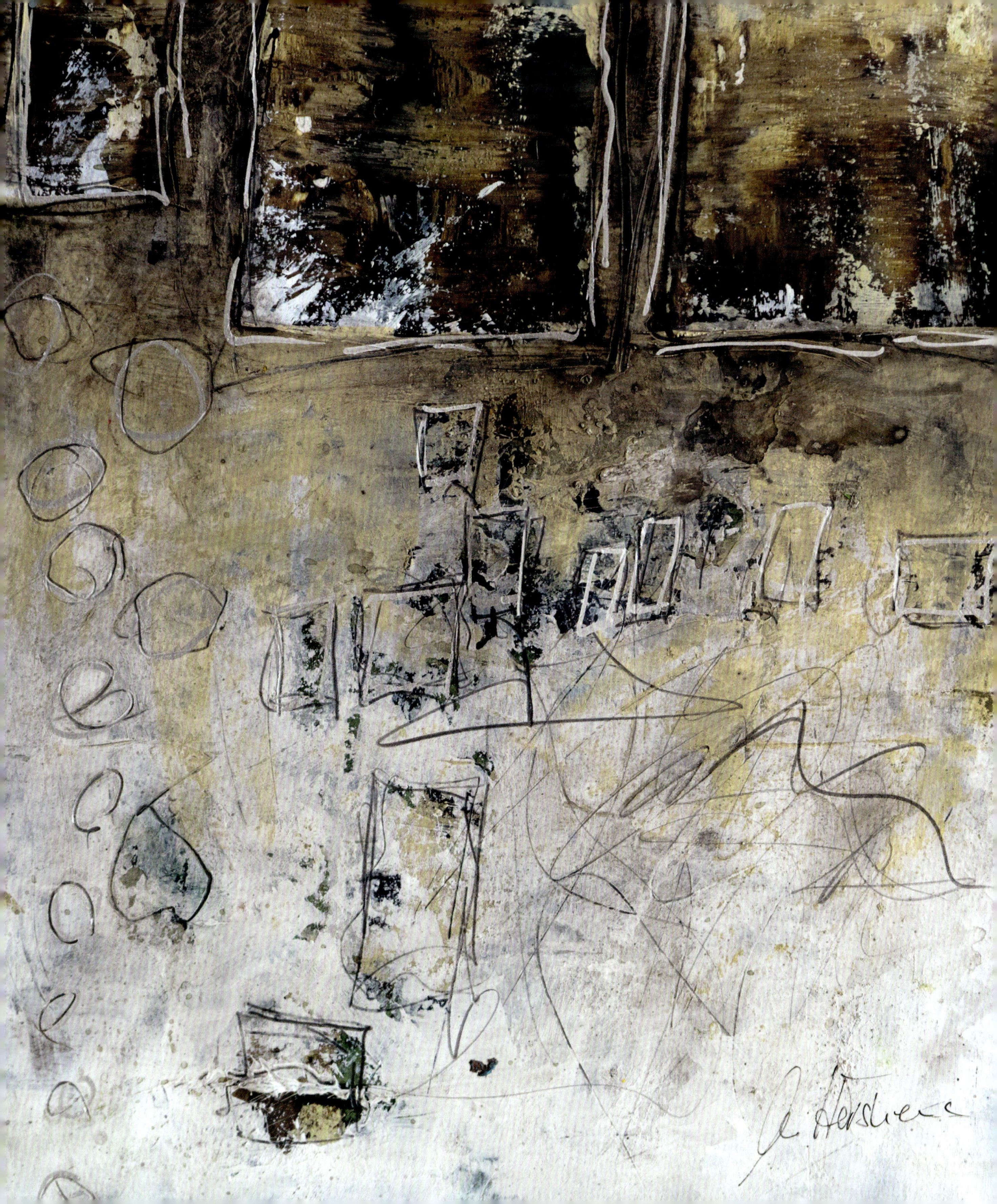

Glänzende Konturen in Silber

AUFTRAG UND MATERIAL

Themenschwerpunkte

Farbe, Fläche, Linie, Form, Dynamik, Kontrast, Harmonie

Werkzeug

Spachtel, Flachmaler, Bleistift

Material

Keilrahmen: 40 × 60 cm

Acrylfarben: Titanweiß, Sand, Kieselgrau, Vandyckbraun

Acrylmarker: Silber

Originalformat

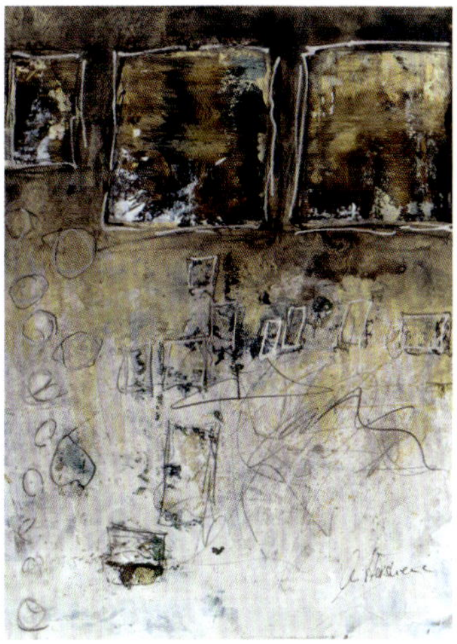

ANLEITUNG

Sie geben Sand und Vandyckbraun direkt aus der Tube auf den gesamten Bildträger und verschleifen die beiden Farben mit dem Spachtel ineinander. Mit Ausnahme von drei rechteckigen Fenstern und einigen intuitiv freigelassenen Löchern, die den Ausblick auf den Untergrund freigeben, wird nun die Fläche schrittweise abgedeckt; mit Kieselgrau beginnend wiederholen Sie den Vorgang mit Sand und Titanweiß. Abwechselnd streichen Sie dazu die genannten Farben mit dem Flachmaler teilweise deckend, lasierend oder granulierend auf, bis Sie mit der Fläche zufrieden sind. Bleistiftkritzeleien von ganz zarten, kaum wahrnehmbaren Linien bis zu kraftvollen, tiefen Gravuren in feuchter Farbe führen auf erzählerische Weise durch das Bild. Abschließend fassen Sie die drei rechteckigen Fenster, verschiedene Farbflecken und einige runde Kringel mit einer spontanen Kontur mit einem Acrylmarker in Silber ein.

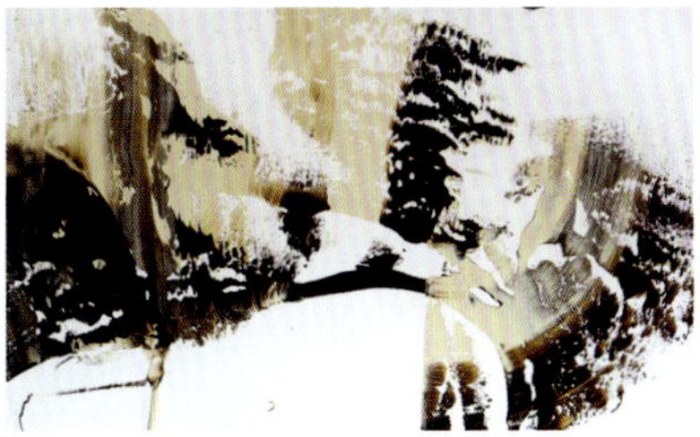

Zwischenzustand

TIPP

Zeichnen Sie in jedem Zwischenschritt mit dem Bleistift auf trockene Bereiche und gravieren in noch feuchte Farbflächen.

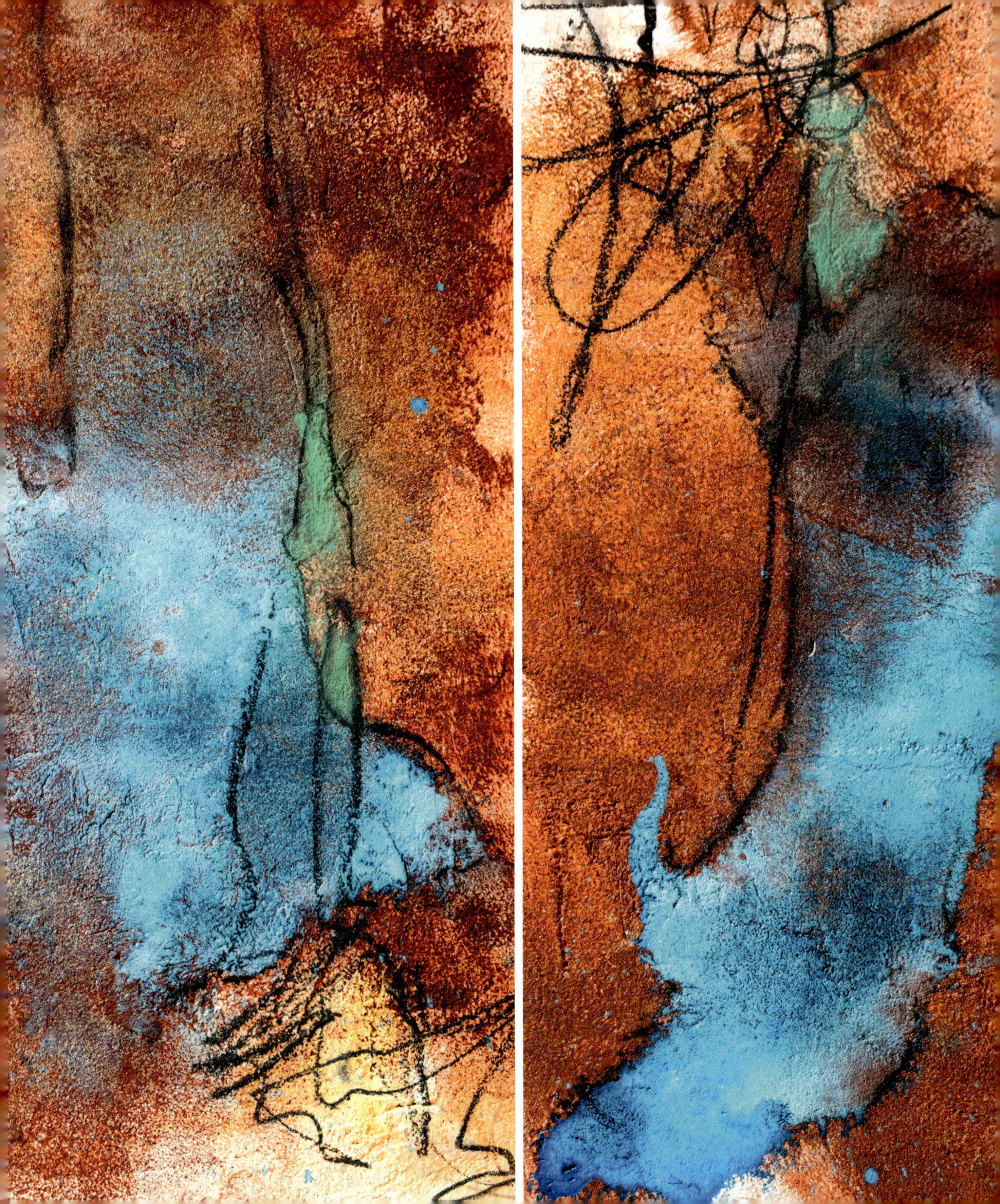

Kohlezeichnung auf gerollter Farbe

AUFTRAG UND MATERIAL

Themenschwerpunkte

Fläche, Linie, Form, Bewegung, Dynamik, Variation, Kontrast

Werkzeug

Hartgummiwalze, Flachmaler

Material

2 Keilrahmen: 30 × 70 cm, Kohle, Softpastell in Grün

Acrylfarben: Siena gebrannt, Kupfer, Primärcyan

Originalformate

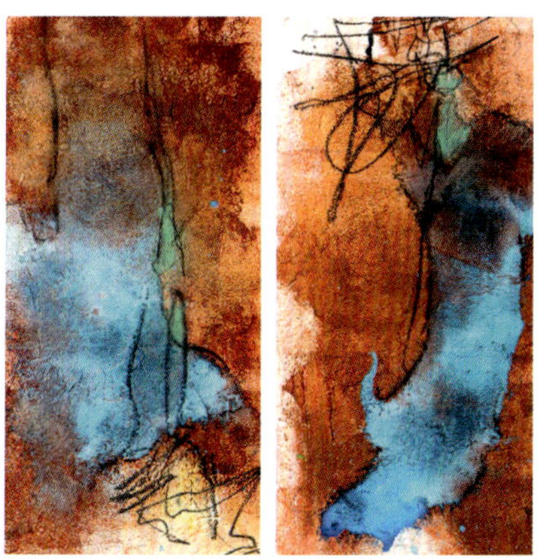

ANLEITUNG

Führen Sie jeden der nachfolgendnen Arbeitsschritte in Variation zeitgleich in einer Zweierserie aus. Mit der Walze rollen Sie zunächst unverdünntes Siena gebrannt kreuz und quer über einen Großteil der Fläche. Nach einer Lasur (ebenfalls mit Siena gebrannt) über die gesamte Bildfläche wiederholen Sie diesen Auftrag in Kupfer.

Schütten Sie verdünntes Cyan in freier Bewegung auf den Kernbereich des Bildes und versprühen die Farbränder teilweise mit Wasser zu weichen Übergängen. Mit Kohle fassen Sie die geschüttete Form mit dezenten fragmentierten Konturen ein. In einer frei gebliebenen Ecke stören Sie die Harmonie mit kraftvollen, aggressiven Kritzeleien in Kohle. Setzen Sie abschließend einen weiteren Farbakzent indem Sie kleine, durch die Kritzeleien entstandene Binnenformen mit grünem Softpastell füllen.

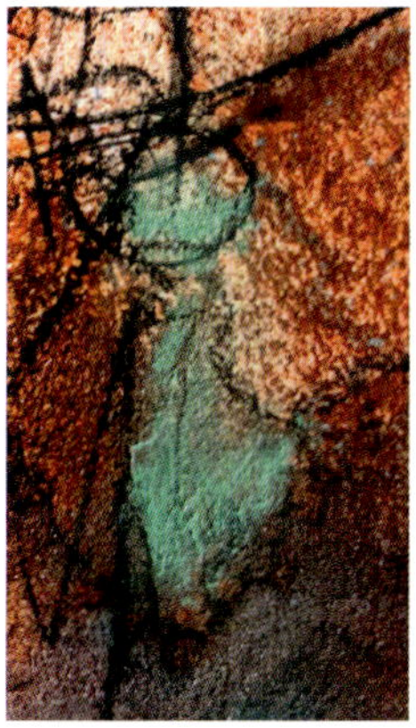

Gefüllte Binnenform im Detail

TIPP

Farbflächen, die mit einer Hartgummiwalze aufgerollt werden, zeigen ein spezielles Oberflächenbild.

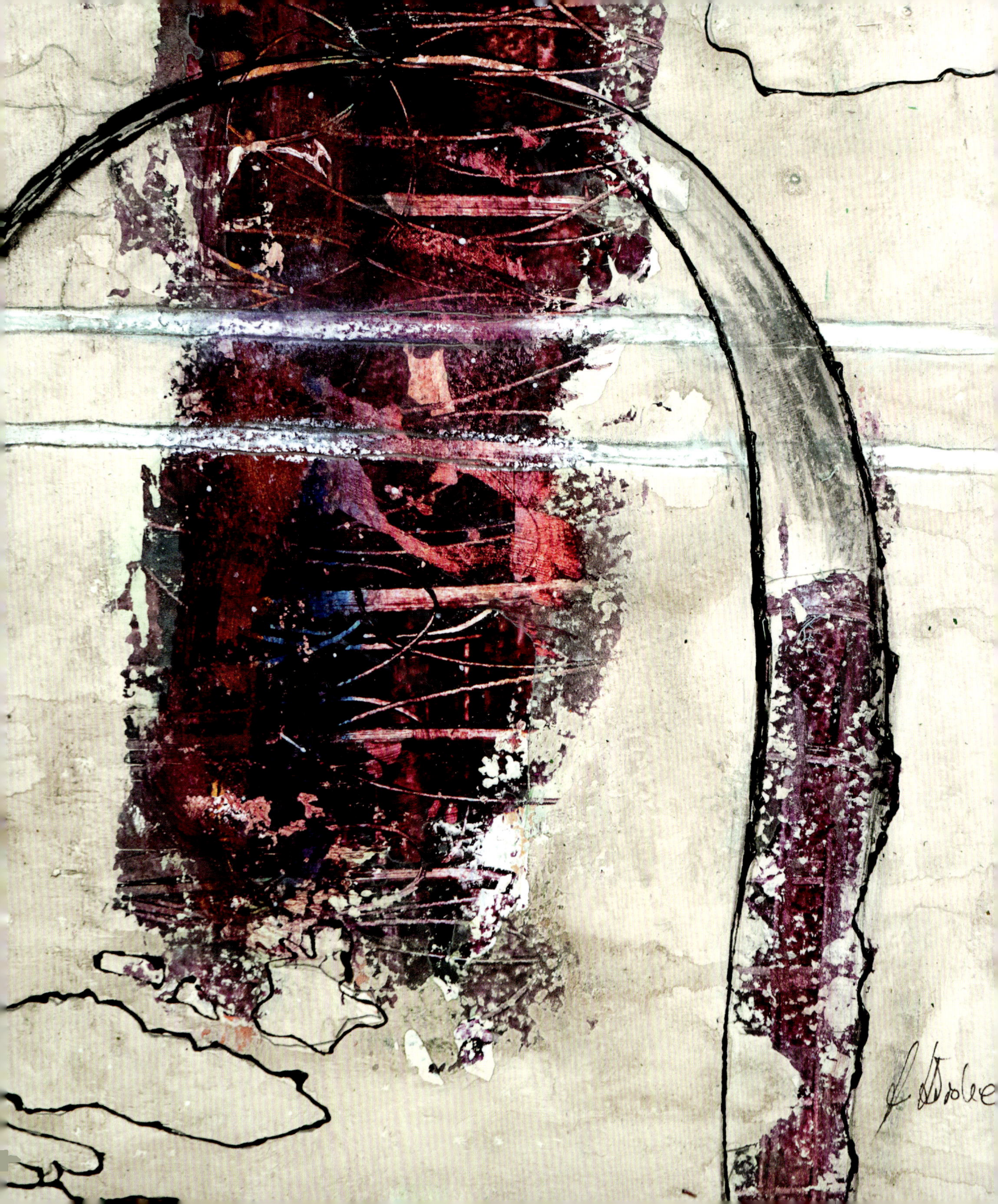

Gravur und Haptik in Kombination

AUFTRAG UND MATERIAL

Themenschwerpunkte

Farbe, Fläche, Linie, Dynamik, Bewegung, Kontrast, Harmonie

Werkzeug

Bleistift, Colourshaper, Dosierflasche

Material

Keilrahmen: 40 × 60 cm

Acrylfarben: Neapelgelb, Maigrün, Primärcyan, Kieselgrau,Grüne Erde, Krapp dunkel, Schwarz

Ölpastell: Weiß

Originalformat

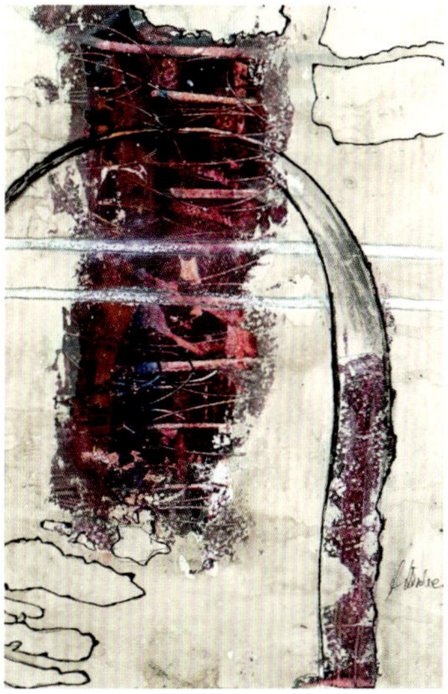

ANLEITUNG

Auf partiell aufgestrichenen Farbresten in Neapelgelb, Maigrün und Cyan tragen Sie mit einem Spachtel Krapp dunkel in einem breiten Block und einem schmalen Streifen auf. Sie schaben mit dem Colourshaper breite Streifen in die feuchte Farbe und gravieren oval geschwungene Linien, die auch über den aufgetragenen Farbbereich hinausgehen. Mit dem Spachtel decken Sie den gesamten Hintergrund in Kieselgrau ab und granulieren die Farbränder in den ausgesparten Untergrund aus. Lasieren Sie den Hintergrund mit stark verdünnter Grüner Erde. Zwei der ausgeschabten Linien des Untergrundes (im Bereich der oberen waagrechten Drittellinie) verlängern Sie mit dem Bleistift über die gesamte Bildbreite und füllen diese mit Ölpastell in Weiß. Sie füllen leicht verdünntes Schwarz in eine Dosierflasche, greifen mit einer dünnen Tülle zeichnerisch einen der ovalen Schwünge im Untergrund auf und vernetzen mit diesen Linien die zweite ausgesparte Farbfläche. Einige der entstandenen Lasurränder betonen Sie auf dieselbe Art und Weise mit dezenten Konturen.

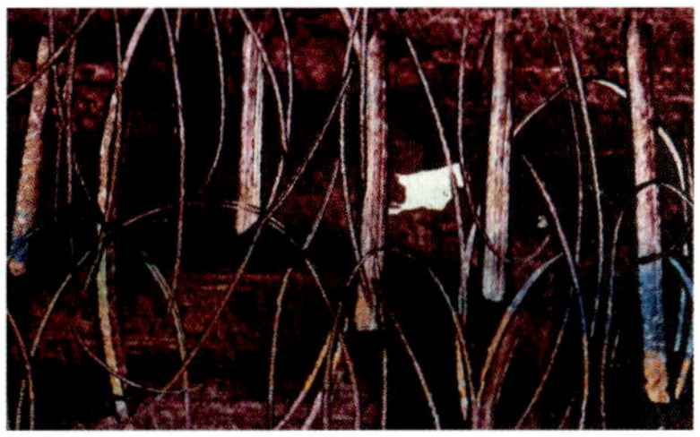

Detailaufnahme/Erstauftrag

TIPP

Durch die Lasur in Grüner Erde erzielen Sie einen betonartig anmutenden Effekt der Hintergrundfläche.

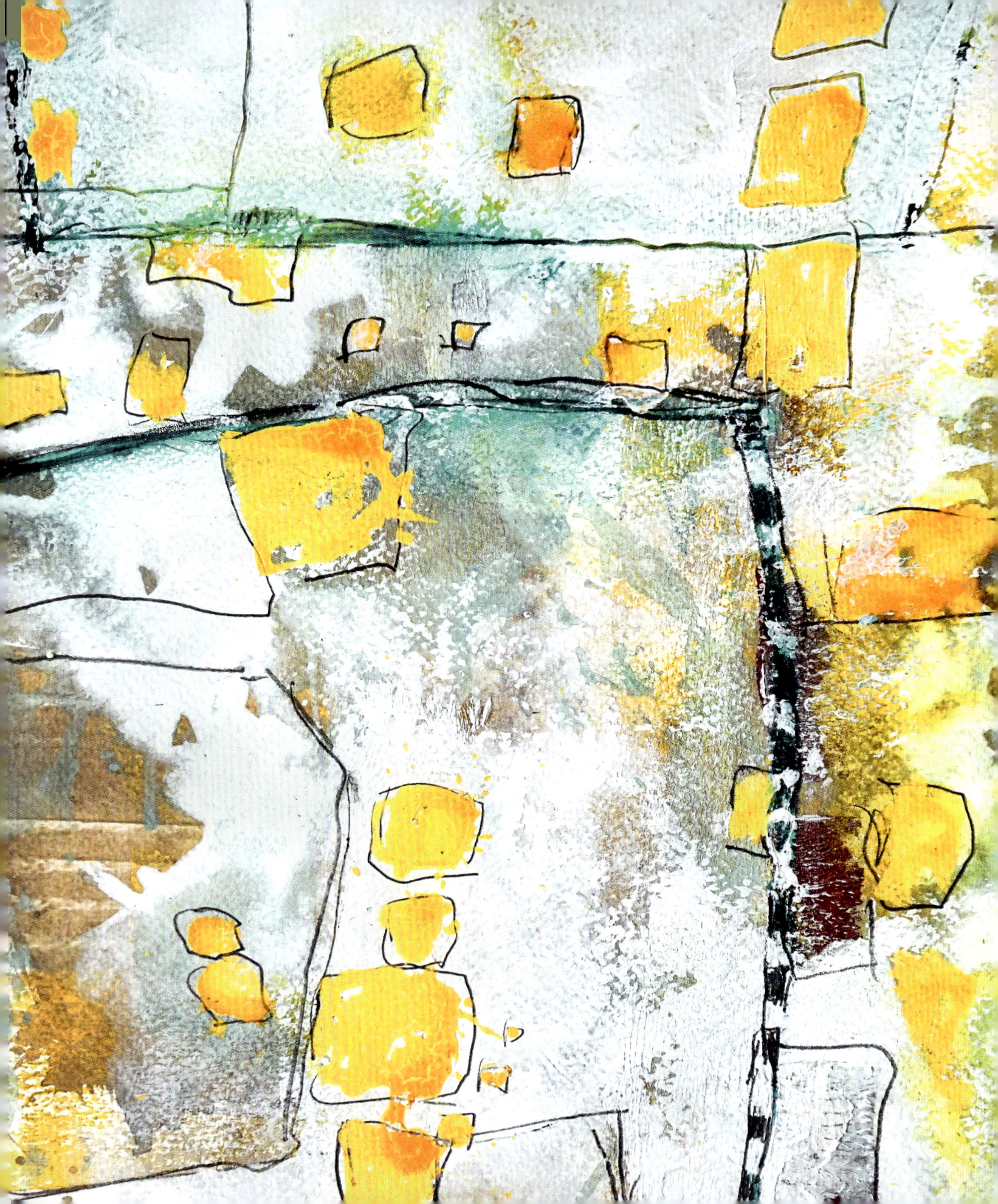

Formgebende Bleistiftzeichnung

AUFTRAG UND MATERIAL

Themenschwerpunkte

Farbe, Fläche, Linie, Form, Dynamik, Bewegung, Wiederholung, Rhythmus, Variation

Werkzeug

Napf, Flachmaler, Bleistift, Hartgummiwalze, Colourshaper

Material

Keilrahmen: 40 × 60 cm

Acrylfarben: Gelbgrün, Englischrot, Grüne Erde

Aerocolor: Supraweiß, Indischgelb

Ölpastell: Hookersgrün

Originalformat

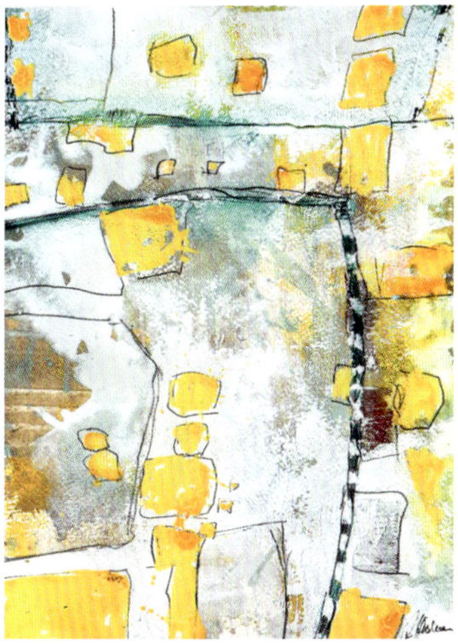

ANLEITUNG

Rollen Sie einige Spuren in Gelbgrün und ein Band aus rechteckigen Streifen in Englischrot auf der rechten Drittellinie mit der Hartgummiwalze auf. Sie verdünnen Grüne Erde in einem Napf und schütten zwei große, am linken und rechten Bildrand angeschnittene Formen auf. Mit dem Colourshaper schaben Sie waagrechte Streifen in die feuchte Farbe.

Sie lasieren Supraweiß mit dem Flachmaler über den Großteil der Gesamtfläche und verschaukeln die Farbe durch Drehen und Wenden des Bildträgers. Klecksen Sie Indischgelb mit der Pipette der Aerocolorflasche auf und versprühen einzelne Ränder mit Wasser.

Kritzeln Sie vereinzelte Linien mit Hookersgrün in Ölpastell. Danach konturieren Sie die gelben Kleckse mit losen Bleistifträndern. Schließlich lassen Sie sich von der vorhandenen Farbstruktur leiten und gestalten die Bildfläche mit Zeichnungen und einzelnen Schraffuren.

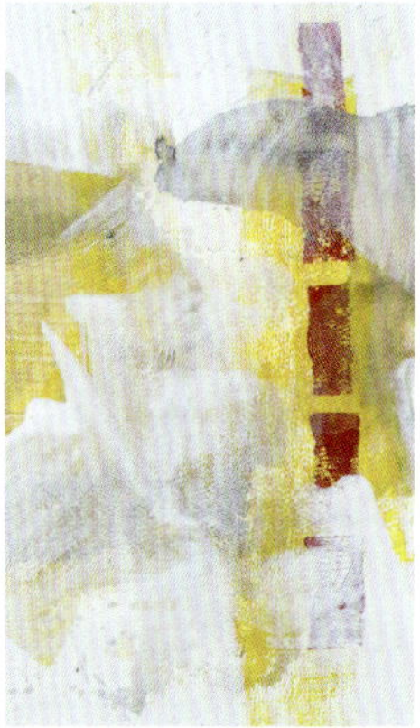

Zwischenzustand

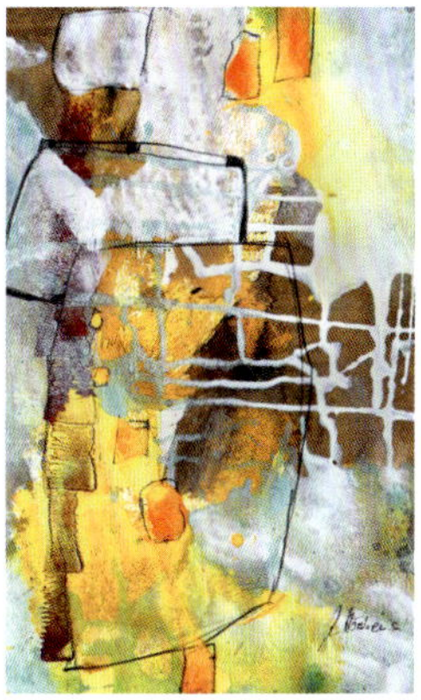

Seriell gearbeitete Variante

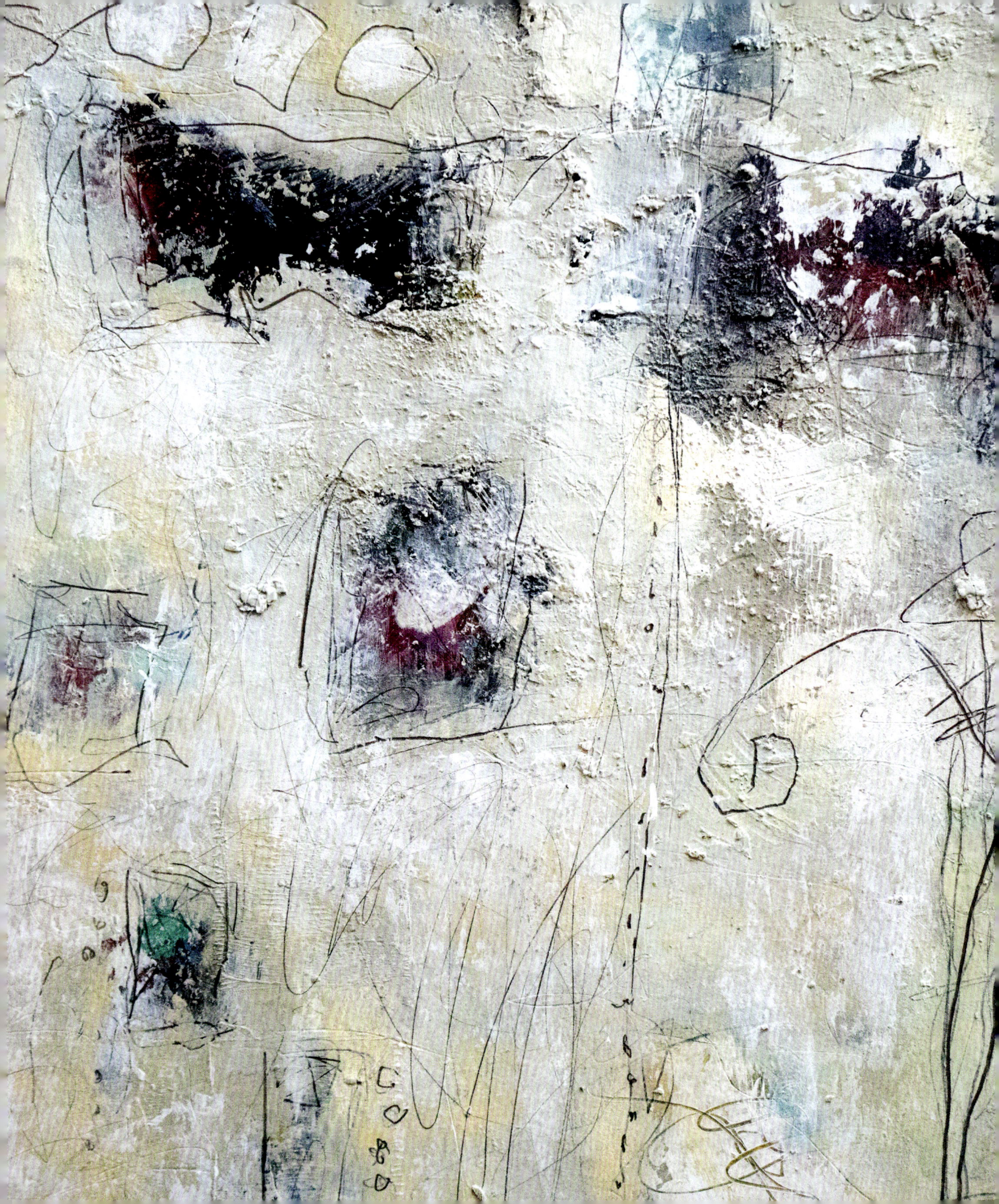

Erzählerische Bleistiftkritzelei

AUFTRAG UND MATERIAL

Themenschwerpunkte

Struktur, Farbe, Fläche, Linie, Form, Kontrast, Harmonie, Dynamik, Rhythmus, Variation

Werkzeug

Spachtel, Flachmaler, Bleistift

Material

Keilrahmen: 40 × 60 cm, Leichtstrukturpaste, Quarzsand

Acrylfarben: Titanweiß, Sand, Kieselgrau, Krapp dunkel, Kobalttürkis, Primärcyan, Schwarz

Originalformat

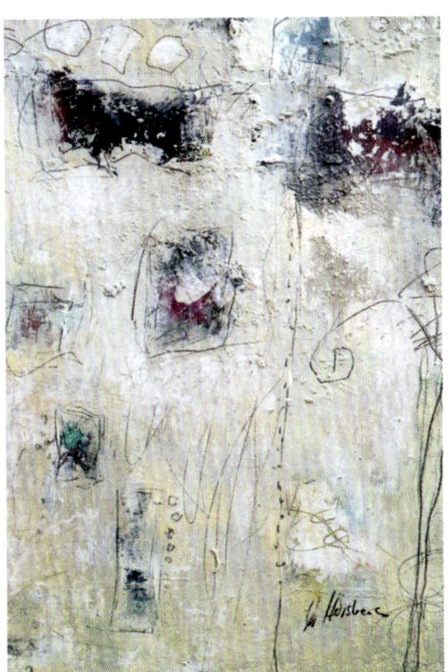

ANLEITUNG

Im oberen Drittel des Bildes legen Sie fragmentartige Strukturen mit etwas Quarzsand nach unten auslaufend an. Bestreichen Sie mit dem Flachmaler in loser Reihenfolge Cyan, Krapp dunkel und Kobalttürkis fleckenhaft die gesamte Bildfläche. Sie schütten zur Vernetzung der Farbflecken leicht verdünntes Schwarz über insgesamt etwa ein Drittel der Fläche (aufgeteilt in zwei bis drei Bereiche) und schlagen die Farbreste mit dem Pinsel auf das Bild. Mit Ausnahme von einigen intuitiv freigelassenen Löchern, die den Ausblick auf den Untergrund freigeben, wird nun die Fläche schrittweise abgedeckt; mit Kieselgrau beginnend wiederholen Sie den Vorgang mit Sand und Titanweiß. Abwechselnd streichen Sie dazu die genannten Farben mit dem Flachmaler teilweise deckend, lasierend oder granulierend auf, bis Sie mit der Fläche zufrieden sind. In jedem Zwischenschritt zeichnen Sie mit dem Bleistift auf trockene Bereiche und gravieren in noch feuchte Farbflächen.

TIPP

Bleistiftkritzeleien von ganz zarten, kaum wahrnehmbaren Linien bis zu kraftvollen, tiefen Gravuren in feuchter Farbe führen auf erzählerische Weise durch das Bild.

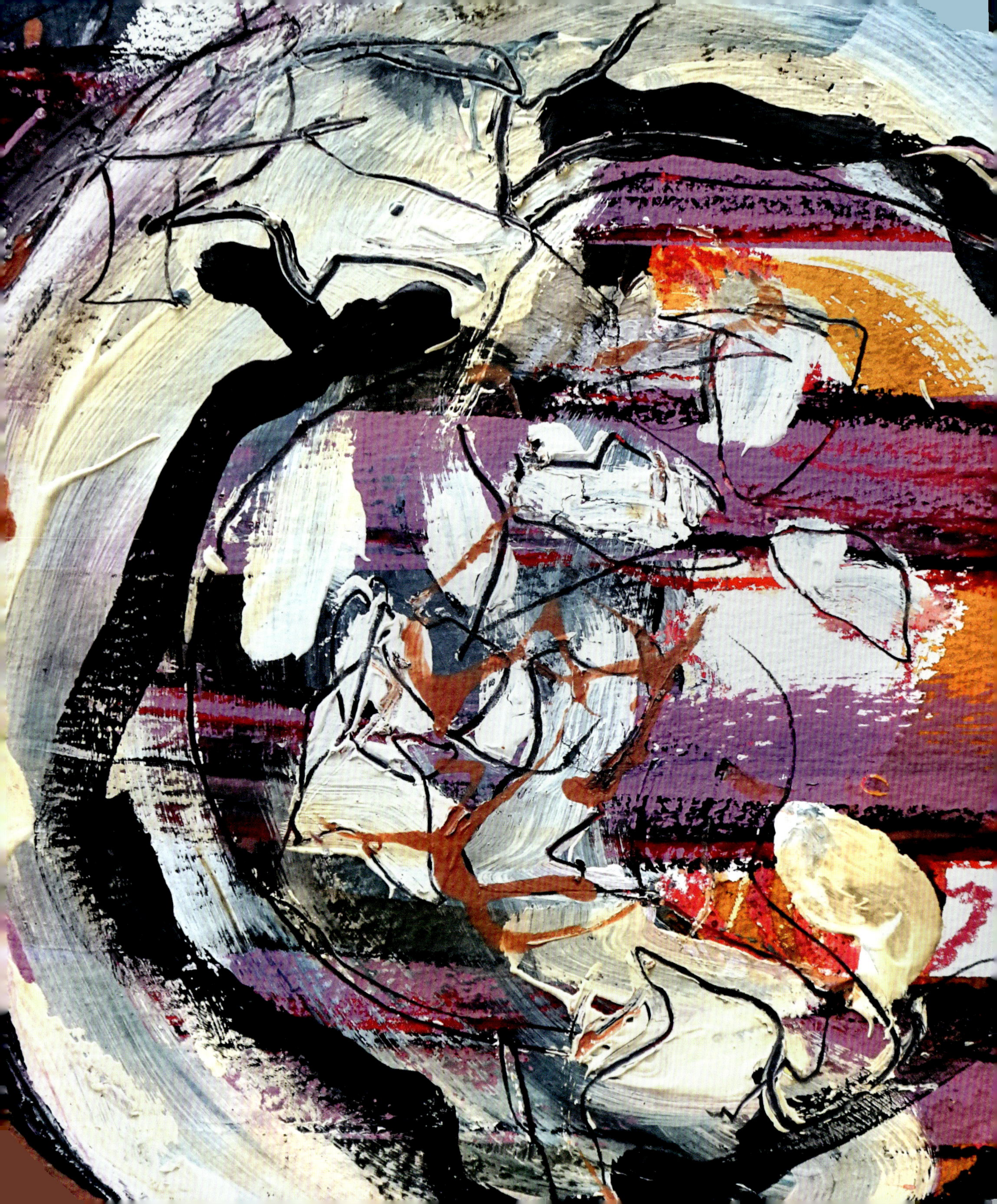

Blockstreifen versus freie Linie

AUFTRAG UND MATERIAL

Themenschwerpunkte

Farbe, Fläche, Linie, Form, Dynamik, Bewegung, Kontrast, Dominanz, Gegensatz

Werkzeug

Spachtel, Flachmaler, Rundpinsel Nr. 10, Dosierflasche

Material

Keilrahmen: 40 × 40 cm

Acrylfarben: Sand, Primärmagenta, Goldocker, Schwarz

Ölpastell: Schwarz, Dunkelrot

Farbstift: Schwarz

Originalformat

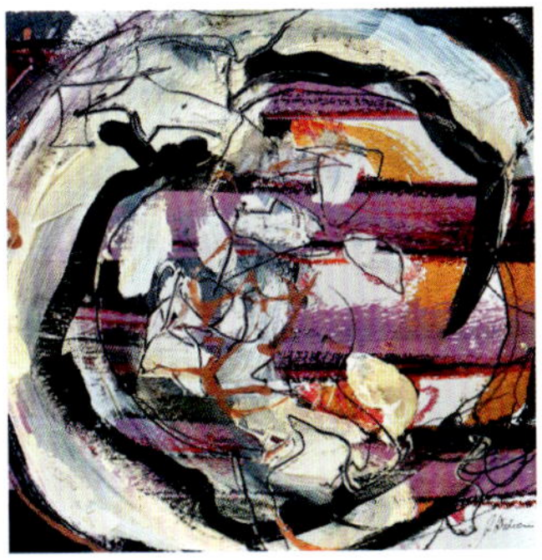

TIPP

Spielen Sie im analogen Arbeitsablauf seriell mit Bildelementen, Streifen und Formen.

ANLEITUNG

Legen Sie mit dem Flachmaler eine breite, freie Spur in Goldocker an. Mit einer Mischung aus Titanweiß und Magenta malen Sie gleich breite, waagrechte Blockstreifen über die gesamte Bildfläche. Ziehen Sie dazu den Flachmaler dynamisch über die gesamte Breite; ohne den Farbauftrag nachzubessern, bleiben deckende und granulierende Elemente stehen. Mit Ölpastell verstärken Sie die Konturen der Blockstreifen mit spontanen Linien in Dunkelrot und Schwarz. Zeichnen Sie nun mit dem Flachmaler eine große Form und kleinere Kleckse (hier die Kürbisspalte mit Kernen) in einem Zug mit einer Mischung aus Sand und Titanweiß. Mit dem Rundpinsel wiederholen Sie die große Form in Schwarz. Gravieren Sie in Wiederholung des Motives die Zeichnung in die noch feuchten Farben. Achten Sie darauf, spontan und dynamisch zu arbeiten – es geht hier nicht darum, ein Motiv ordentlich und detailgetreu wiederzugeben.

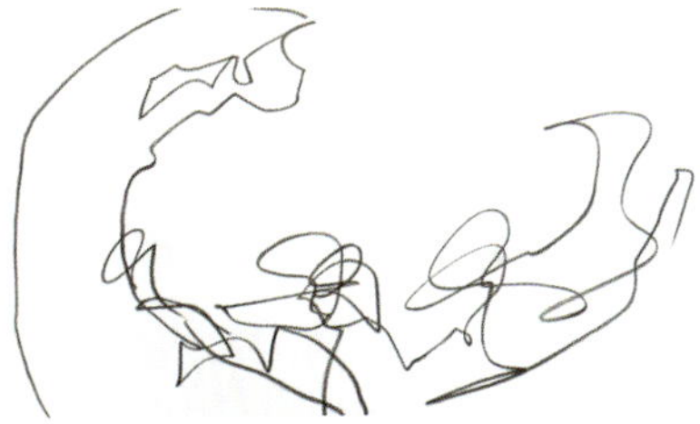

Vorlage: Skizze einer Kürbisspalte mit Kernen

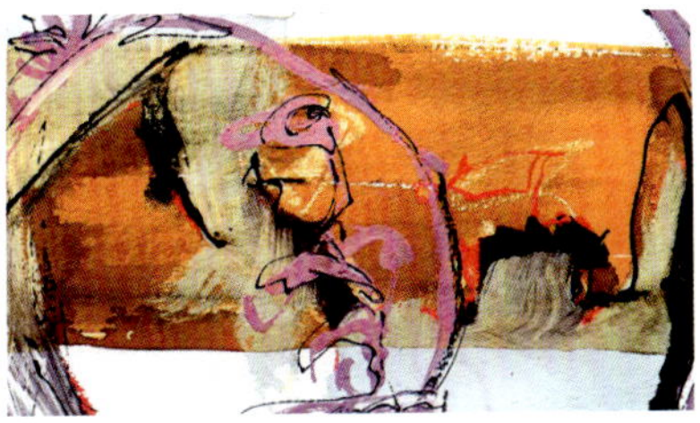

Variation mit einem breiten Blockstreifen

FORM

Über die Formensprache definieren wir die reale Welt. Benennbare Formen wie z. B. ein Haus, ein Baum, eine Blume liefern uns auf den ersten Blick Informationen über deren Bedeutung. Abstrakte Formen zeigen dagegen keinen an die Realität gebundenen Zusammenhang, stellen also nichts Erkennbares dar.

BEGRIFFSDEFINITION

Der Kubismus, d. h. die Rückführung realer Objekte auf ihre geometrischen Grundformen, ist eine Wortschöpfung des Kunstkritikers Vauxcelles (lat. cubus = Würfel). Aufbauend auf der These Paul Cèzannes „Alles in der Natur nimmt seine Form von Kugel, Kegel und Zylinder" war der Kubismus einer der Zwischenschritte von gegenständlicher zu abstrakter Kunst. Das Bildmotiv war nicht mehr Thema, sondern nur noch Anlass der Malerei. Farbe, Form und Fläche verselbstständigten sich. Tachismus oder Informel (franz. la tache = Fleck; informel = formlos), die sich als Gegenpol zur geometrischen Abstraktion entwickelten, lehnten jegliche organisierte Formenstruktur ab; nicht aus der Abstraktion eines realen Gegenstandes, sondern aus der spontanen Rhythmik entstehen freie Formen.

Wir malen entweder vollflächige Flecken, die sich von innen heraus zu einer Form entwickeln, oder umreißen eine Form mit einer geschlossenen Linie. Diese sogenannte Umrisslinie umschließt eine Form und grenzt sie von der restlichen Bildfläche ab.

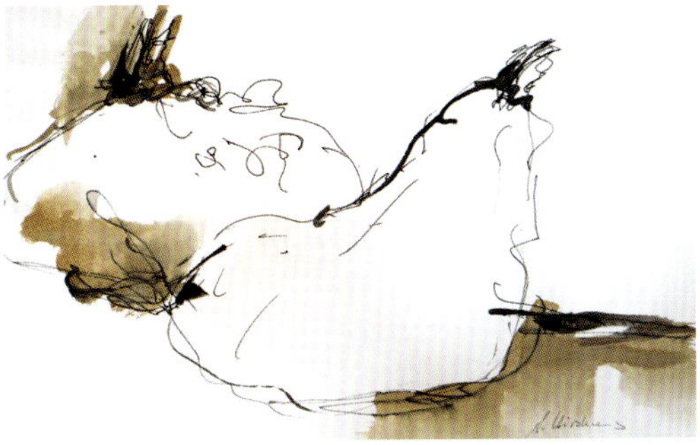

Kombination aus Umrisslinien und vollflächigen Flecken

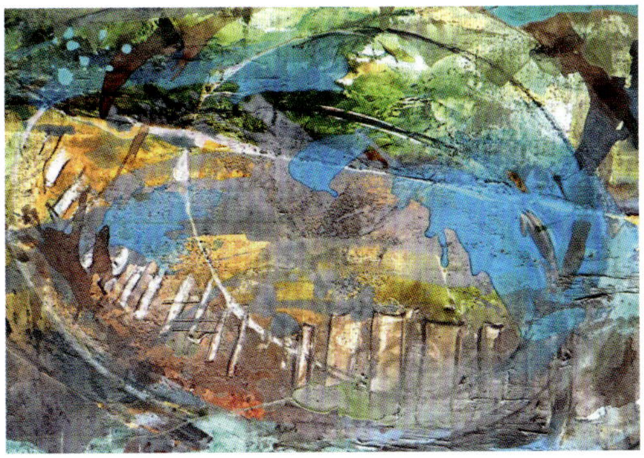

Kombination aus offenen und geschlossenen Formen.

VARIATIONEN

- Geometrische Formen wie z. B. Kreis, Quadrat, Rechteck, Dreieck bringen Ruhe und eine gewisse Ordnung in Ihr Bild.
- Organische Formen sind freie Formen, die zwar auch in der Natur vorkommen, wie z. B. Steine oder Wolken. Jedoch werden sie aus dem Zusammenhang gerissen und abstrakt verwendet.
- Freie Formen sind nonfigurative, variable Formen, die im spontanen, expressiven Malprozess entstehen.

Unterscheidungsmerkmale in dualen Gegensätzen:

- Klein – Groß
- Schmal – Breit
- Kurz – Lang
- Hell – Dunkel
- Glatt – Strukturiert
- Deckend – Durchsichtig
- Offen – Geschlossen
- Einzeln – Überlagernd

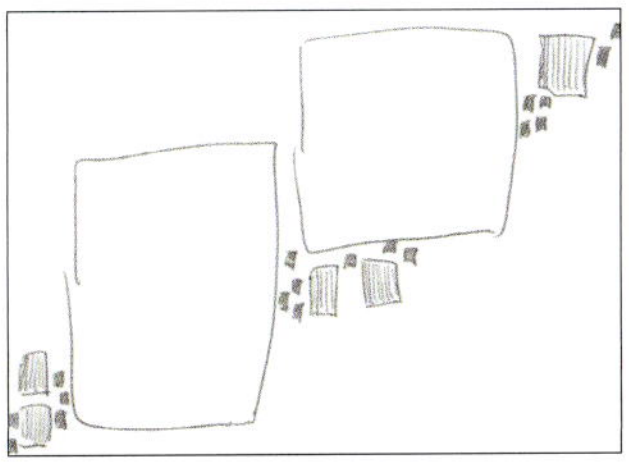

Klein – Groß

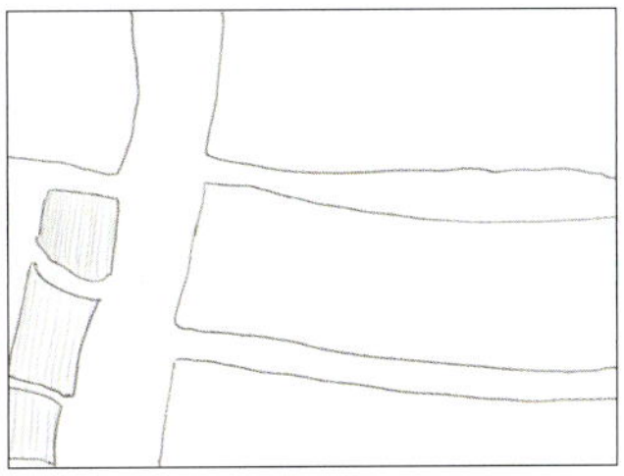

Offen – Geschlossen

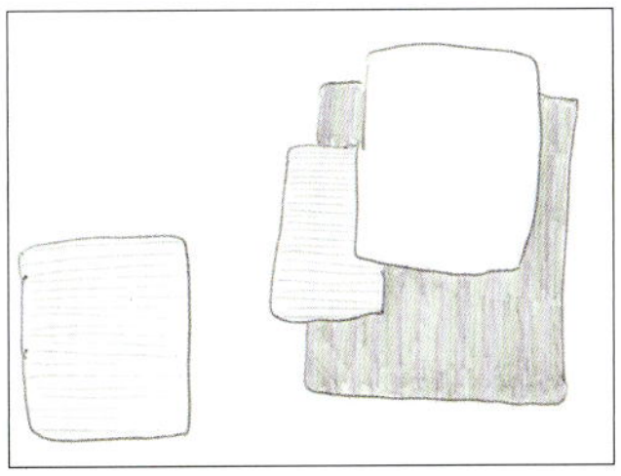

Einzeln – Überlagernd

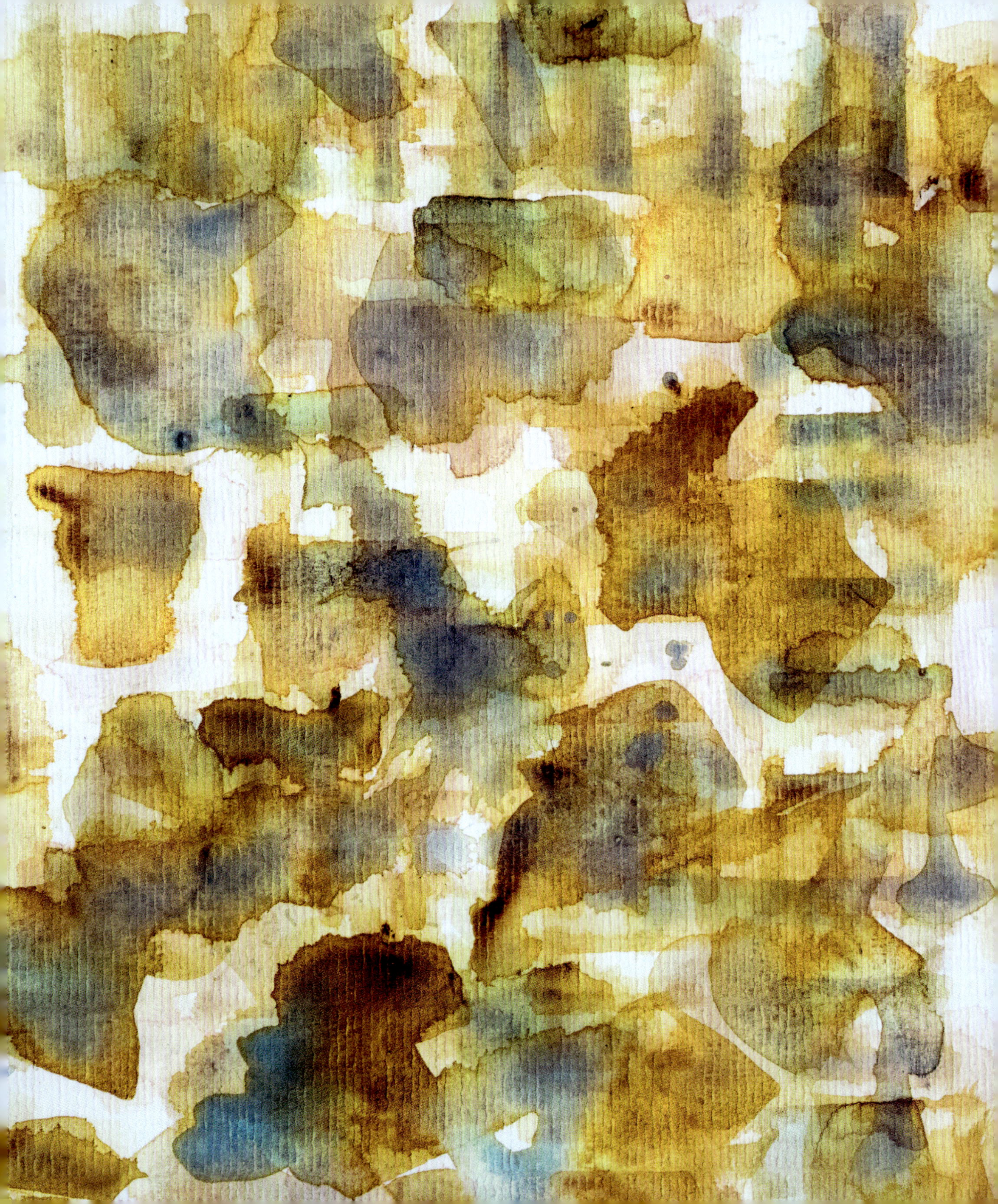

Freie Formen in Überlagerung

AUFTRAG UND MATERIAL

Themenschwerpunkte

Farbe, Form, Muster, Variation, Kontrast

Werkzeug

Flachmaler

Material

Keilrahmen: 30 × 50 cm

Acrylfarben: Lichter Ocker, Siena natur, Cyan

Originalformat

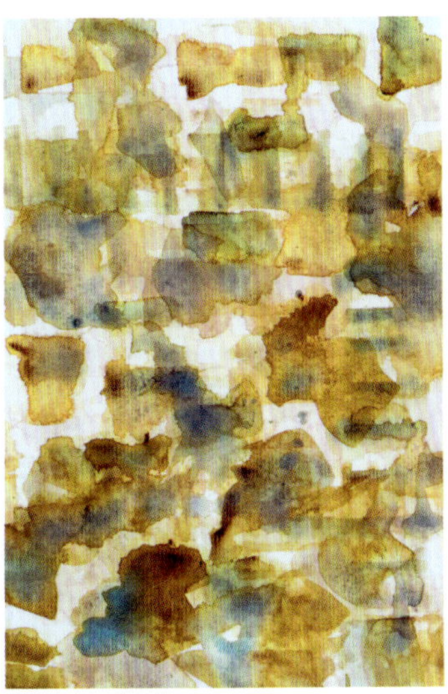

ANLEITUNG

Im Vorfeld verdünnen Sie die Farben in einzelnen Näpfen zu wässrigen Lasuren. Beginnen Sie mit Lichtem Ocker die erste Schicht in Flecken anzulegen. Drücken Sie dazu den gefüllten Flachmaler wiederholt in spontanen Bewegungen auf der Leinwand ab. Wählen Sie in jeder Lage einen anderen Farbton und spielen Sie mit verschiedenen Intensitäten und Formen. Mit der Zeit entsteht durch die vielfache Überlagerung der durchsichtigen Lasurflecken eine immense Blicktiefe. Dieses beinahe meditative Spiel mit dem Auftrag freier Formen fordert den Geist. Es ist gar nicht so einfach, immer wieder neue Variationen zu erfinden.

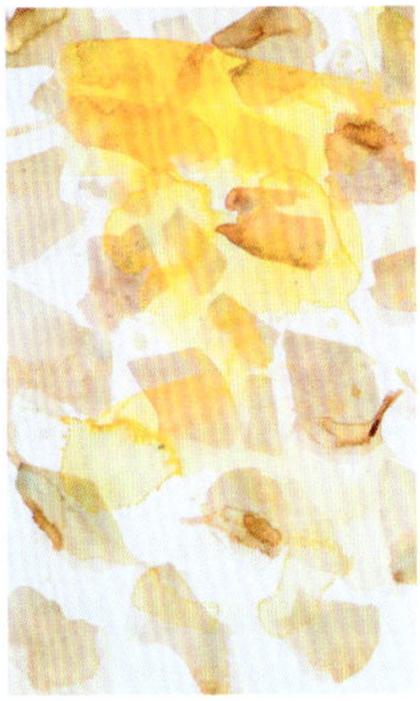

Beginn mit einer hellen Farbe, wie hier in Ocker

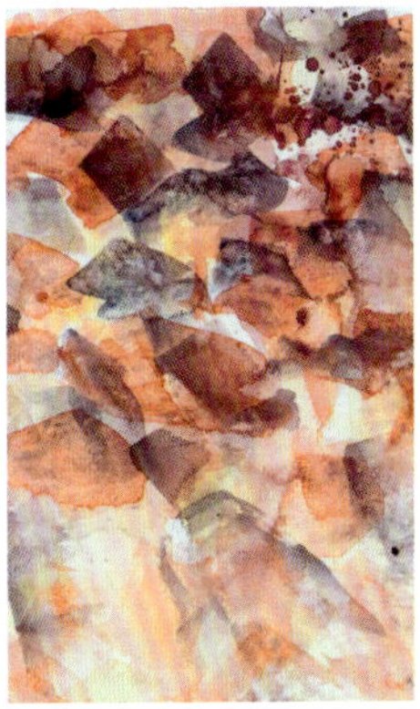

Alternativer Farbklang aus verwandten Farben

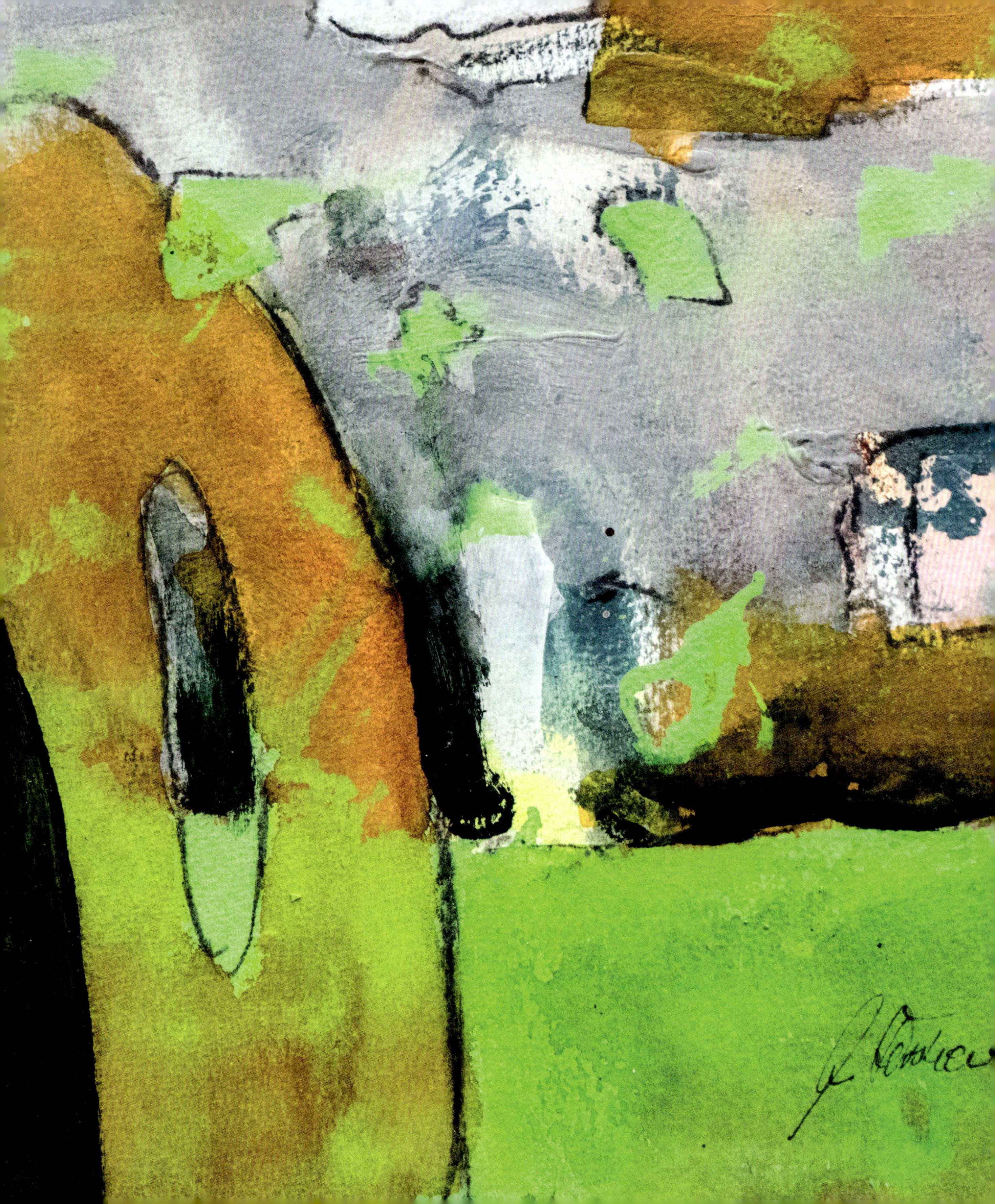

Pastos deckend und Lasur auf Untermalung

AUFTRAG UND MATERIAL

Themenschwerpunkte

Farbe, Fläche, Linie, Form, Dynamik, Variation, Kontrast

Werkzeug

Flachmaler, Sprühflasche

Material

Keilrahmen: 60 × 60 cm, Kohle

Acrylfarben: Titanweiß, Schwarz, Warmgrau, Magenta, Maigrün, Gelb, Lichter Ocker

Aerocolor: Goldocker

Originalformat

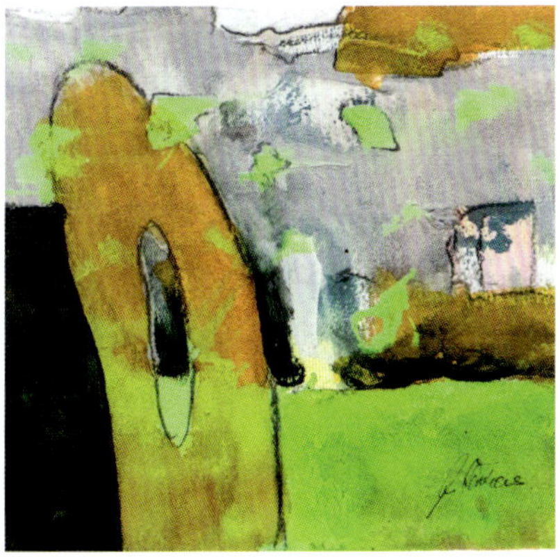

ANLEITUNG

Die Untermalung entstand aus Farbresten eines anderen Bildes in Magenta, Gelb und Titanweiß. In Teilbereichen im freien Farbauftrag in Warmgrau, Lichtem Ocker und Maigrün deckend überlagert, bleibt nur ein Schimmer bzw. ein kleiner Bereich der unteren Lage sichtbar. In fragmentierter Kontur wurden die dabei entstandenen Formen mit Kohle betont. Die ovale Form im Goldenen Schnitt und ein Teil der grünen Fläche im unteren rechten Drittel erhielten eine Lasur in Goldocker. Abschließend entstand eine neue Fläche in Schwarz, die zur Abgrenzung mit der ovalen Form verwoben wurde.

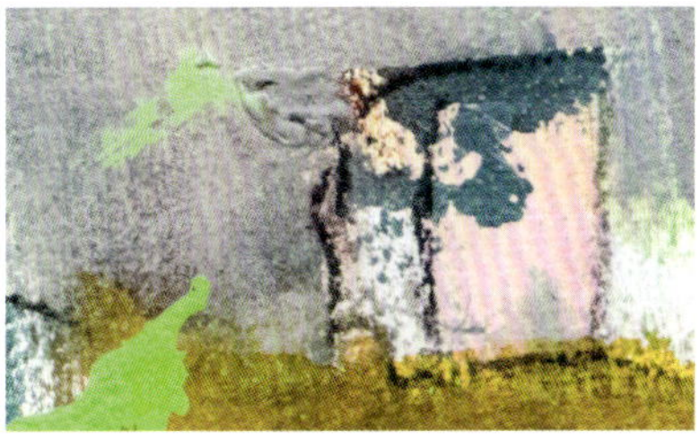

Deutliche Sichtbarkeit der Untermalung

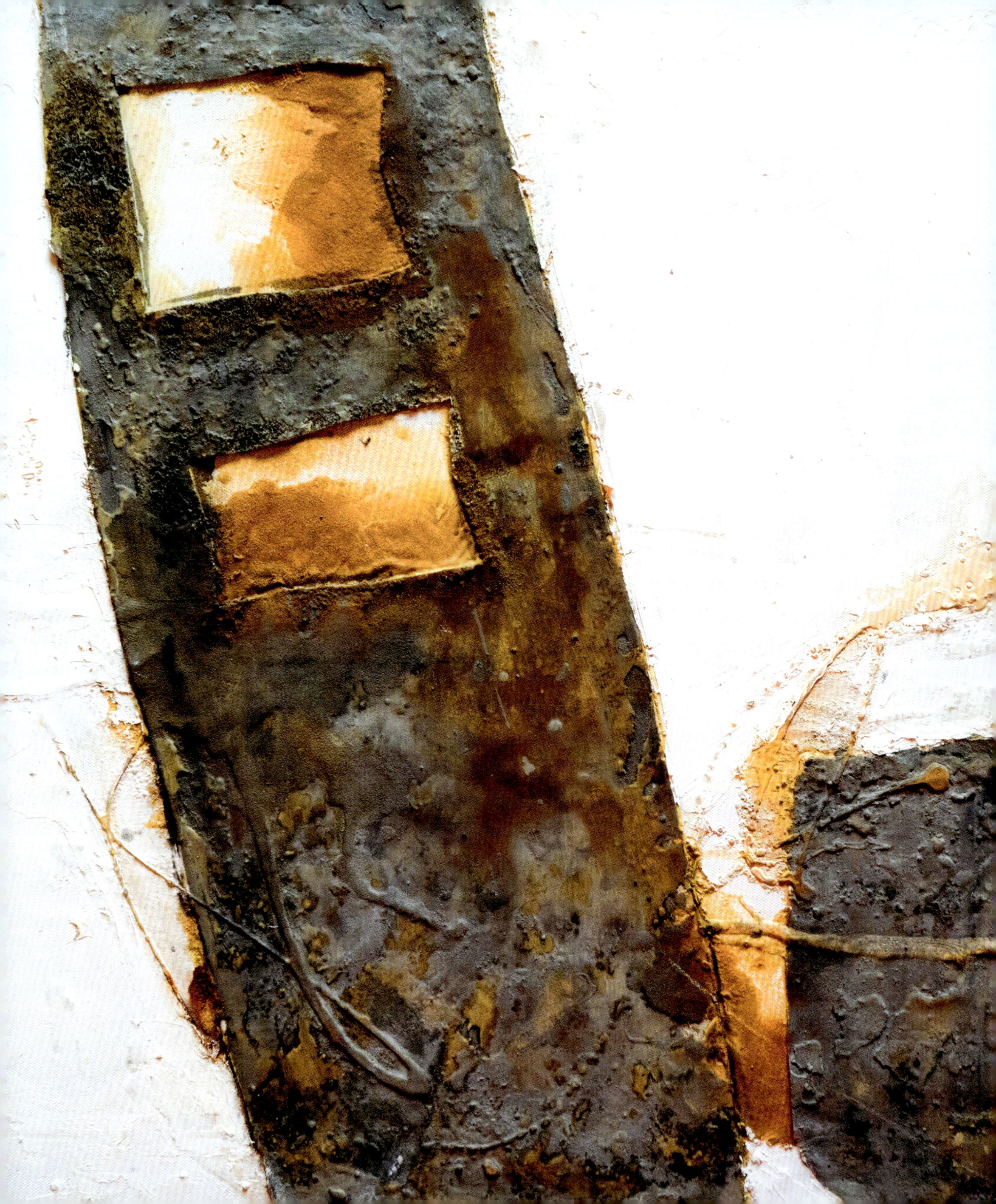

Positive und negative Schablone

AUFTRAG UND MATERIAL

Themenschwerpunkte

Farbe, Fläche, Linie, Dynamik, Variation, Kontrast

Werkzeug

Spachtel, Flachmaler, Sprühflasche

Material

Keilrahmen: 60 × 60 cm, Cremiger Acrylbinder, Quarzsand, graues Packpapier

Acrylfarben: Titanweiß, Siena gebrannt, Schwarz

Originalformat

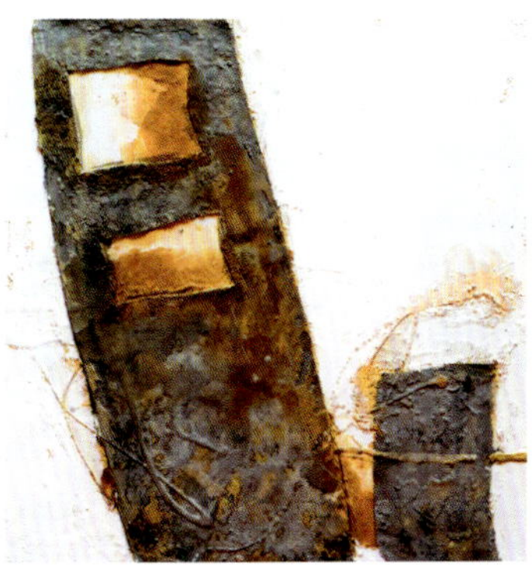

ANLEITUNG

Legen Sie einen ca. 20 cm breiten Streifen Packpapier auf die linke senkrechte Drittellinie. Mit dem Flachmaler tragen Sie cremigen Acrylbinder in spontaner Bewegung auf und schlagen die Reste auf dem Bildträger und dem Packpapier aus, sodass lineare Spuren entstehen. Streuen Sie Quarzsand über alle Flächen; dieser haftet nur in den Bereichen des feuchten Binders. In einer dynamisch ausgeführten Schüttung lasieren Sie die gesamte Fläche mit verdünntem Siena gebrannt. Nehmen Sie das Packpapier ab und lasieren es mit Schwarz. Schneiden Sie anschließend rechteckige Formen aus dem Papierstreifen und kleben Sie sowohl die ausgeschnittene Form als auch den Streifen auf den Bildträger. Abschließend beruhigen Sie das Bild, indem Sie große Flächen mit Titanweiß deckend abspachteln.

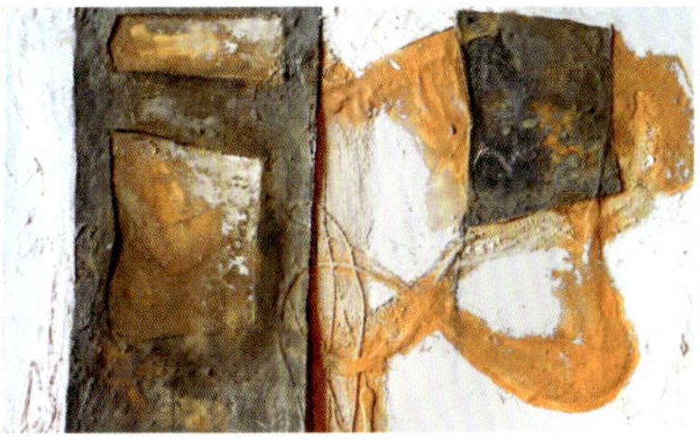

Serielles Arbeiten mit Schablonen macht mehr Spaß und bietet variable Bildgestaltungsmöglichkeiten.

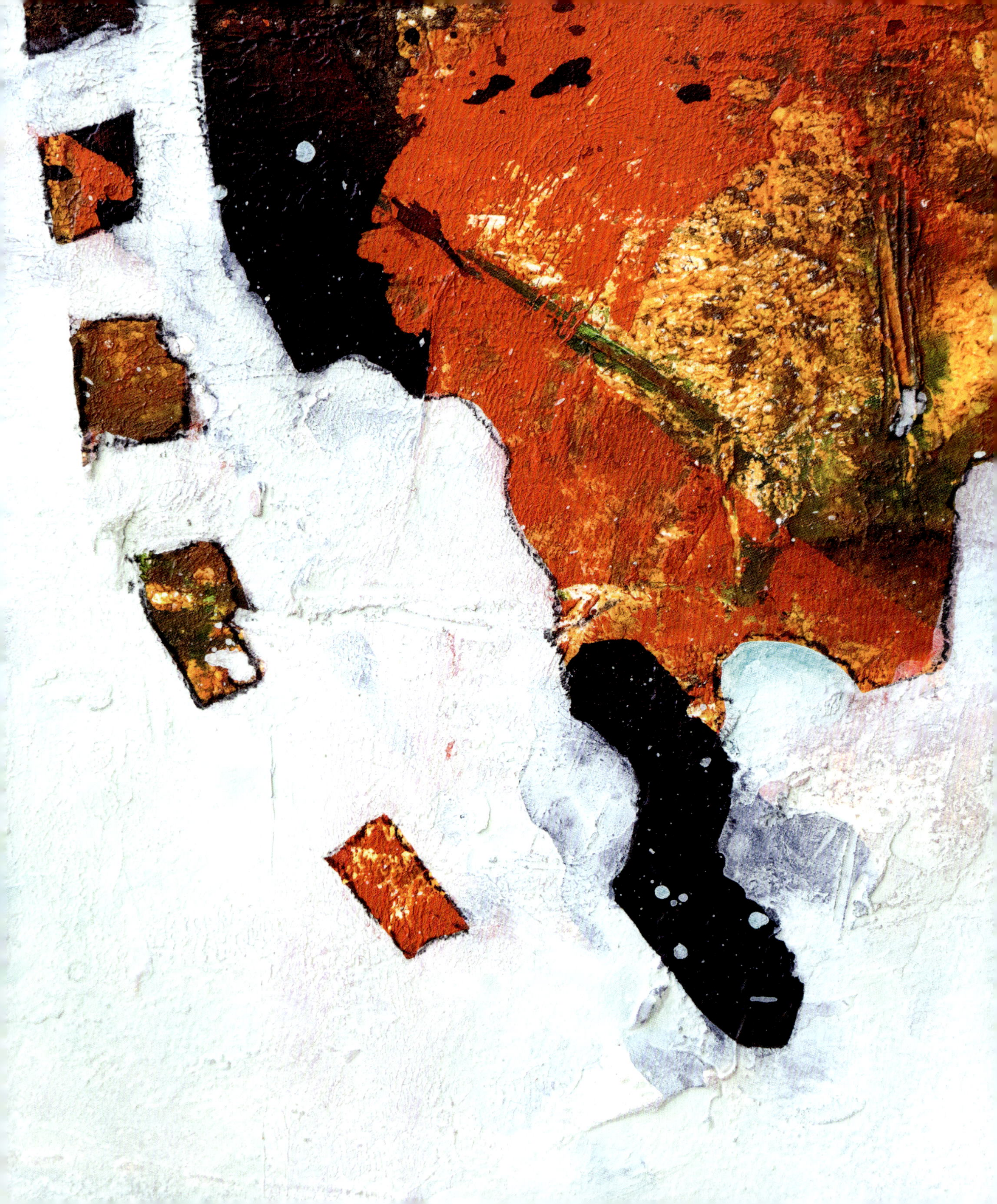

Negativform mittels Lasur

AUFTRAG UND MATERIAL

Themenschwerpunkte

Farbe, Fläche, Linie, Muster, Dynamik, Variation, Kontrast

Werkzeug

Gummiwalze, Spachtel, Flachmaler, Sprühflasche

Material

2 Keilrahmen: 60 × 90 cm, Strukturpaste, harte Gummiwalze, Kohle

Acrylfarben: Hookersgrün, Siena gebrannt, Umbra gebrannt, Kieselgrau, Schwarz

Aerocolor: Supraweiß

Originalformate

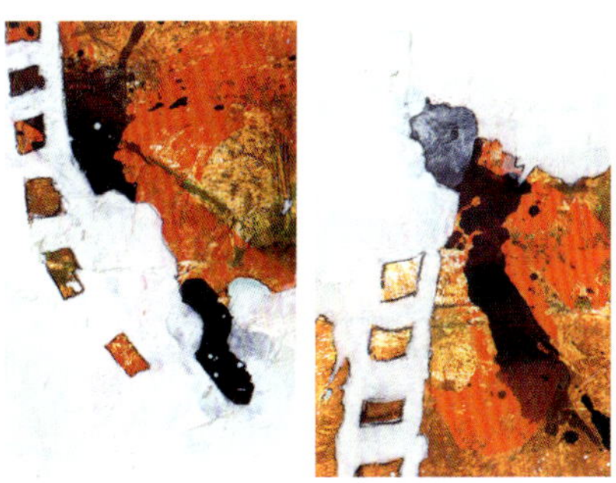

ANLEITUNG

Arbeiten Sie in einer Zweierserie. Spachteln Sie Paste in freier Bewegung auf den Kernbereich der beiden Leinwände. Farbreste (hier in Hookersgrün und Supraweiß) aus der Arbeit in einem anderen Werk werden in der Untermalung ohne vorhergehende Planung aufgestrichen. Rollen Sie Umbra gebrannt mit der Gummiwalze in spontanen Bewegungen über einen Großteil der Fläche. In der Wiederholung mit Siena gebrannt beschränken Sie sich auf eine gerollte Spur im Kernbereich. Verdünntes Schwarz schütten Sie schwungvoll in diagonaler Richtung über das Bild. Abschließend beruhigen Sie das Werk, indem Sie etwas mehr als die Hälfte der Gesamtfläche mit verdünntem Kieselgrau lasieren. Sparen Sie vorab mit Kohle konturierte Rechtecke aus, die ähnlich den Fenstern in einer Wand den Blick auf den Untergrund freigeben. Abschließend fassen Sie die Lasurränder mit fragmentiert aufgezeichneter Kohlekontur ein.

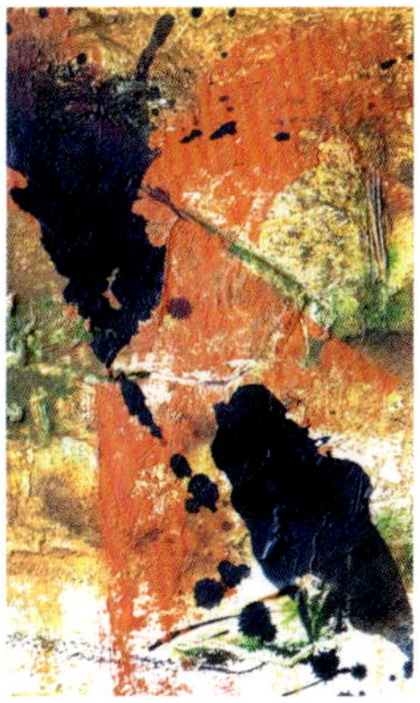

Zwischenzustand I

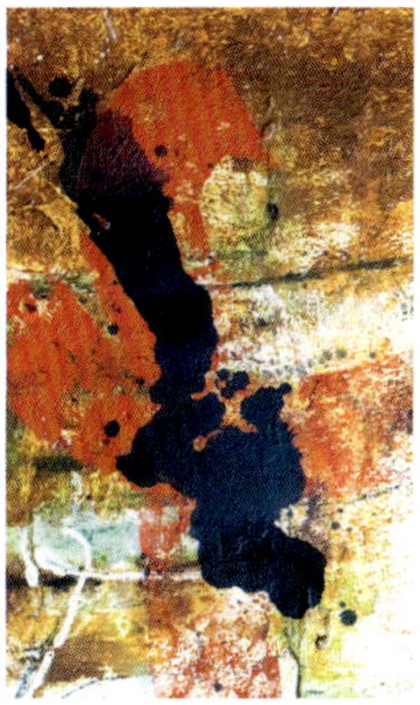

Zwischenzustand II

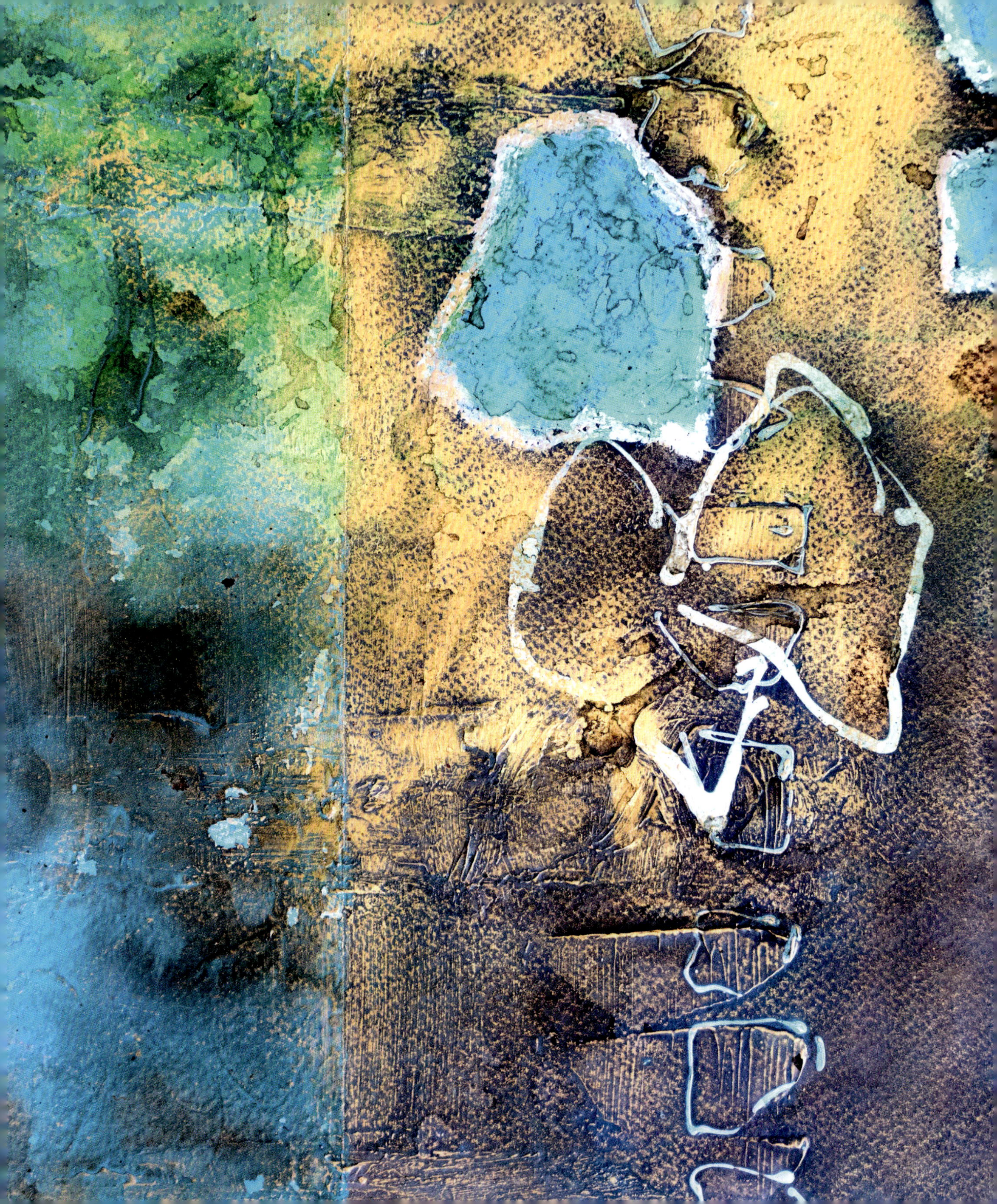

Freie Formen im Goldenen Schnitt

AUFTRAG UND MATERIAL

Themenschwerpunkte

Farbe, Fläche, Linie, Muster, Variation, Kontrast, Balance

Werkzeug

Spachtel, Flachmaler, Sprühflasche, Dosierflasche, Tesakrepp

Material

Keilrahmen: 60 × 70 cm, Strukturpaste

Acrylfarben: Königsblau, Umbra gebrannt, Kobalttürkis, Vandyckbraun, Schwarz, Gold

Aerocolor: Supraweiß

Originalformat

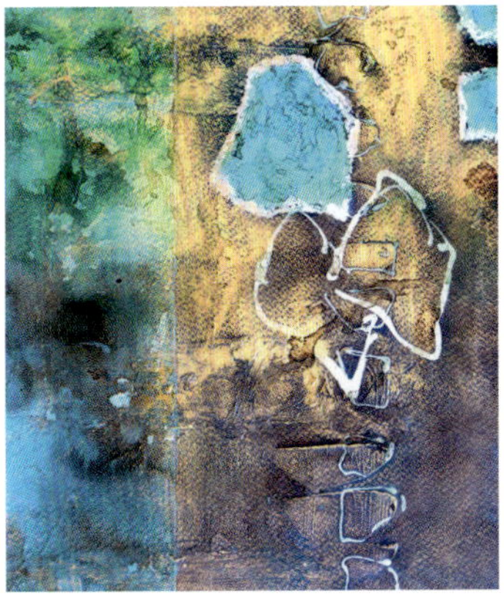

ANLEITUNG

In der Untermalung wurden ohne vorhergehende Planung Farbreste in Umbra gebrannt und Kobalttürkis aufgestrichen und Streifen in Königsblau gespachtelt. Beruhigen Sie den Untergrund mit einer von rechts nach links verlaufenden Lasur in Vandyckbraun. Mit der dünnen Tülle einer Dosierflasche zeichnen Sie anschließend ein Band aus lockeren Quadraten in Kobalttürkis auf die rechte Drittellinie. Mit Supraweiß zeichnen Sie freie Formen im Bereich des rechten oberen Goldenen Schnittpunkts und füllen drei davon lasierend aus. Mit einer trockenen Granulierung in Gold betonen Sie die Haptik der unterliegenden Farbstruktur auf der gesamten Fläche. Bedecken Sie die weißen Flecken zunächst mit Königsblau. Kleben Sie das linke Bilddrittel mit Tesakrepp ab und lasieren Sie die abgetrennte Fläche und die drei Flecken mit Kobalttürkis. Nach Abnahme des Tesakrepps fassen Sie die einzelnen Bildelemente zusammen, indem Sie stark verdünntes Vandyckbraun über die gesamte Fläche sprenkeln.

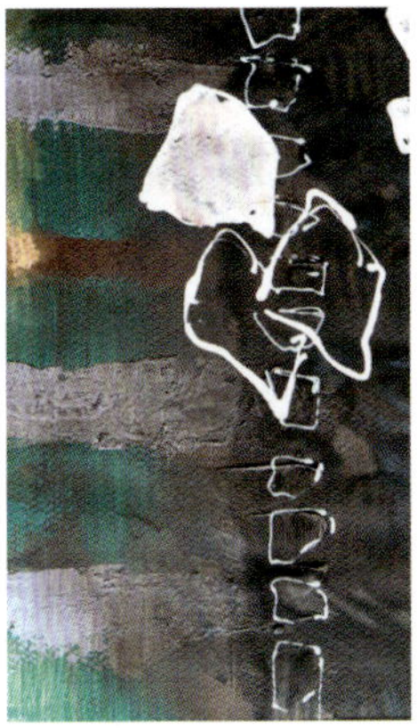

Zwischenzustand I

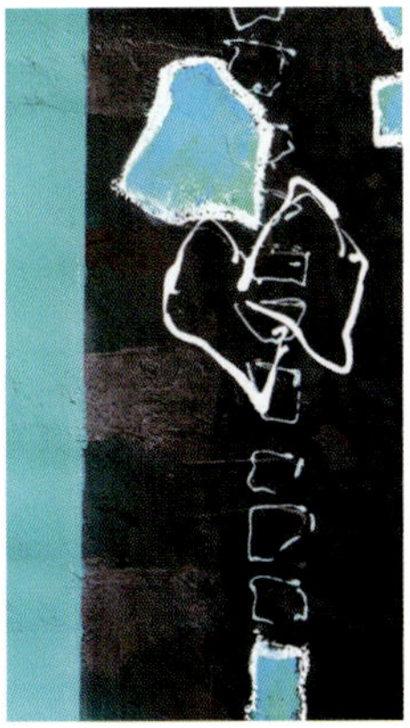

Zwischenzustand II

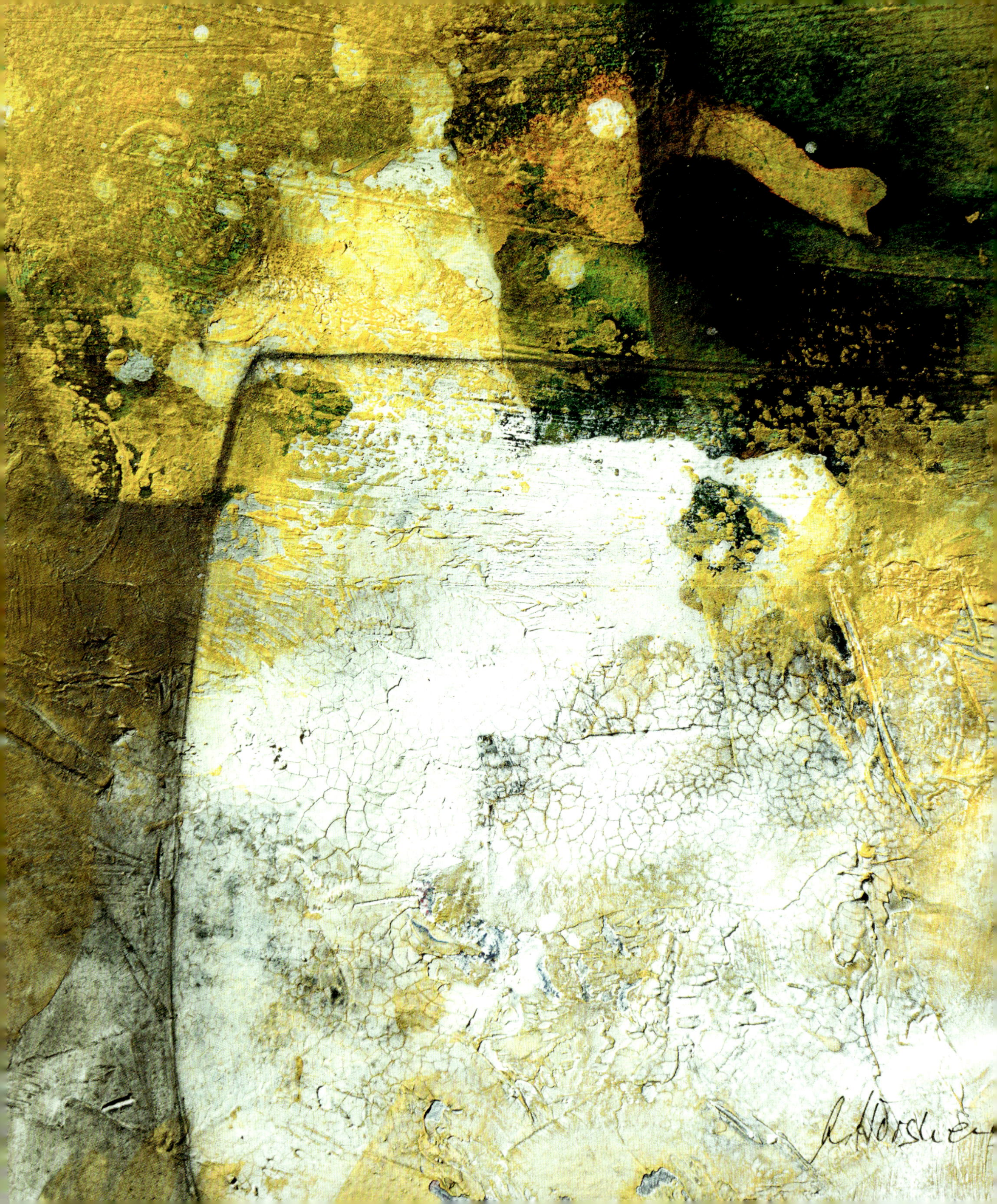

Große versus kleine Form

AUFTRAG UND MATERIAL

Themenschwerpunkte

Farbe, Fläche, Linie, Variation, Kontrast

Werkzeug

Bleistift, Spachtel, Flachmaler, Sprühflasche

Material

Keilrahmen: 60 × 90 cm, Krakelierpaste, Kohle, Acrylbinder, Fixativ

Acrylfarben: Vandyckbraun, Lichter Ocker, Gold

Aerocolor: Supraweiß, Türkis, Sepia

Originalformat

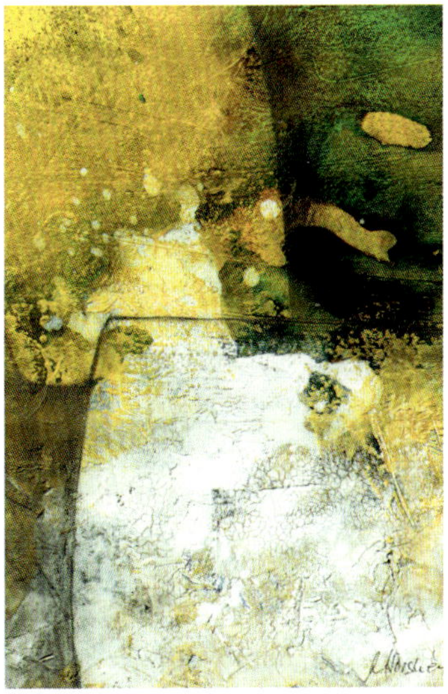

ANLEITUNG

Gravieren Sie mit dem Bleistift diverse Kritzelspuren in die noch feuchte, deckende Untermalung in Lichtem Ocker. Vom unteren Bildrand ausgehend spachteln Sie Krakelierpaste über etwas mehr als ein Drittel der Fläche. Sprenkeln Sie zunächst Sepia über das gesamte Bild und versprühen Sie die Ränder; anschließend gießen Sie Supraweiß über die gerissene Struktur und schlagen die Reste mit dem Pinsel aus. Ziehen Sie Gold im Kernbereich des Bildes mit dem Spachtel in freier Bewegung granulierend auf. Sie skizzieren zwei große Formen in deutlicher Überschneidung mit Kohle und schattieren den verbleibenden Hintergrund links unten, indem Sie Kohlestaub mit den Fingern verreiben. Den restlichen Hintergrund – rechts oben – lasieren Sie unter Aussparung von zwei kleinen Formen mit Türkis. Abschließend besprühen Sie die Kohle mit Fixativ und streichen Sie in der oberen Bildhälfte etwas Acrylbinder auf, um den Glanz in diesem Bereich zu steigern.

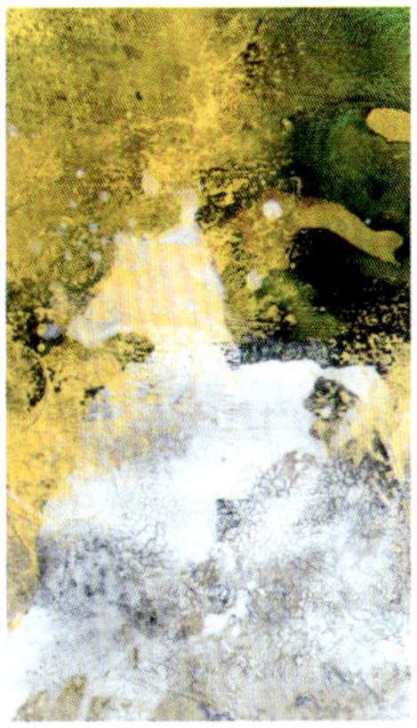

TIPP

Gold wirkt auf allen dunklen Untergründen; alternativ verwenden Sie die klassischen dunklen Rottöne der Vergolder als Untermalung.

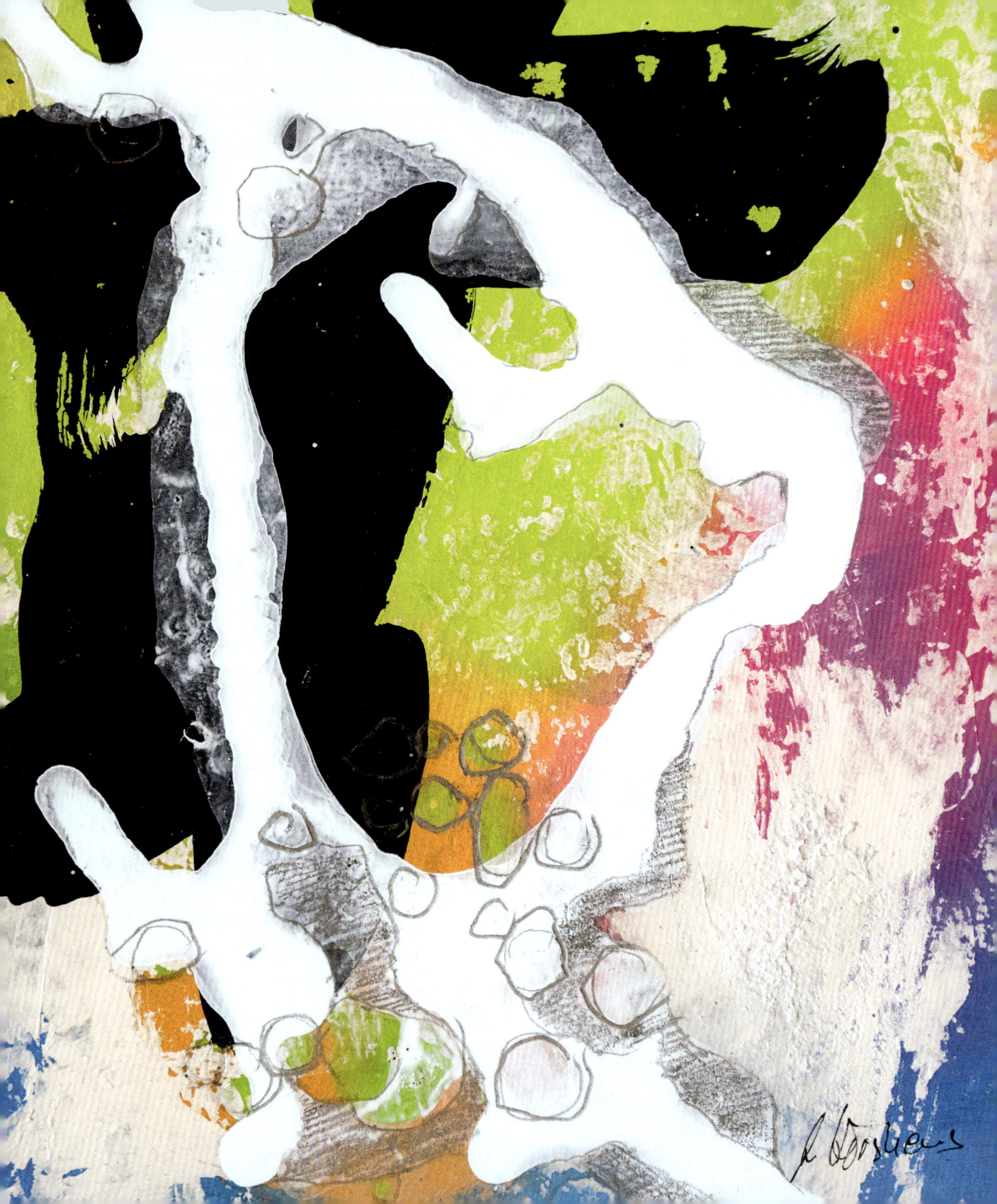

Frei geschüttete Formen

AUFTRAG UND MATERIAL

Themenschwerpunkte

Farbe, Fläche, Linie, Form, Dynamik, Variation, Kontrast

Werkzeug

Spachtel, Flachmaler, Dosierflasche, Bleistift

Material

Keilrahmen: 60 × 90 cm, Acrylbinder

Acrylfarben: Lichter Ocker, Arktik, Primärcyan, Gelbgrün, Schwarz, Silber

Acrylspray: Gelbgrün, Magenta

Originalformat

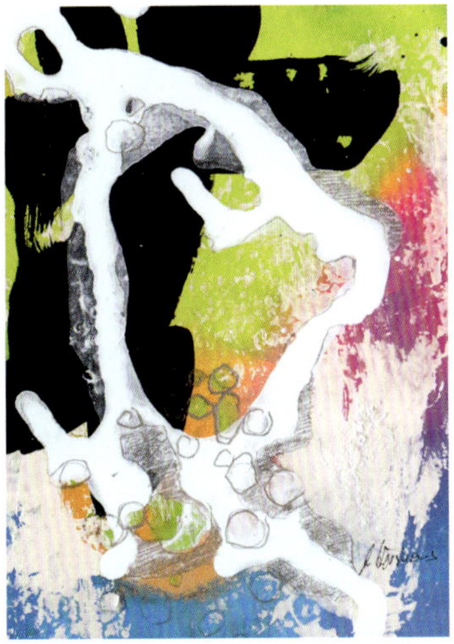

ANLEITUNG

Auf eine deckende Untermalung in Lichtem Ocker sprenkeln Sie diverse Kleckse mit leicht verdünntem Gelbgrün aus einer Dosierflasche. Vom oberen und unteren Bildrand streichen Sie Cyan granulierend auf. Besprühen Sie eine kleinere Fläche mit Magenta und eine mindestens doppelt so große Fläche mit Gelbgrün. Verbinden Sie die Ränder der einzelnen Farbflecken, indem Sie diese mit Silber granulierend überspachteln. Streichen Sie deckendes Schwarz mit dem Flachmaler in freier Form im Bereich des linken oberen Goldenen Schnittes auf. Bemalen Sie das gesamte Bild mit einer dünnen Lage Acrylbinder, um den Glanz zu steigern. Gießen Sie leicht verdünntes Arktikblau in die linke obere Ecke und lassen Sie die Farbe frei verlaufen, indem Sie den Bildträger drehen und wenden. Abschließend konturieren Sie mit dem Bleistift einzelne Kleckse aus dem Untergrund und schraffieren diverse lasierende Laufspuren und Kreise.

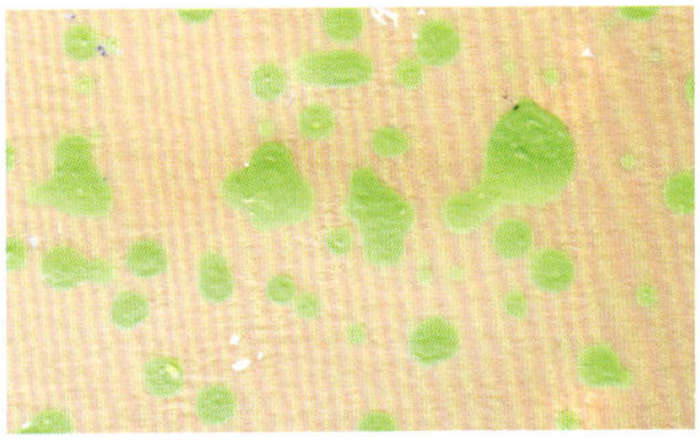

Kleckse in Gelbgrün auf Untermalung

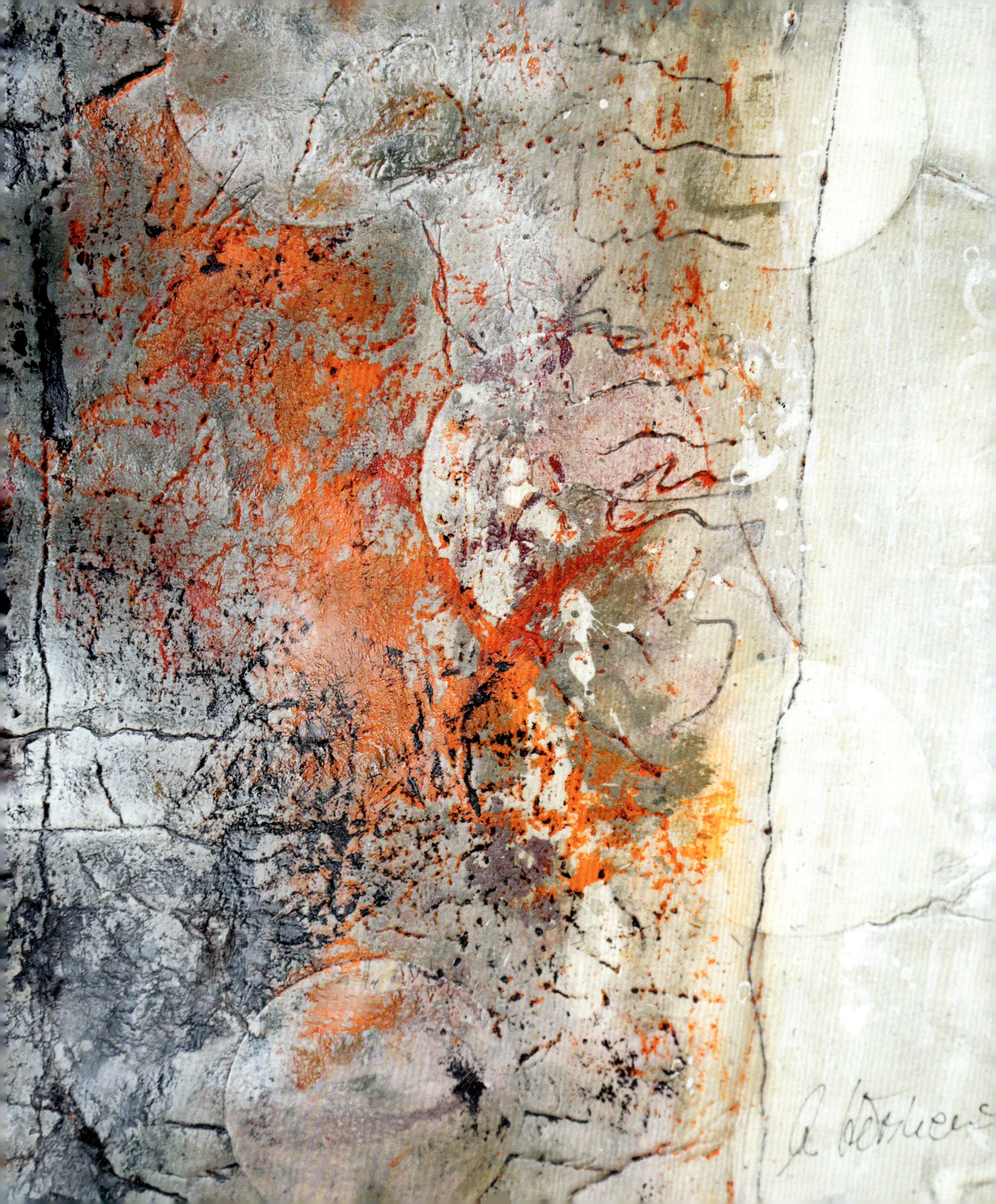

Kreise in Negativschablone

AUFTRAG UND MATERIAL

Themenschwerpunkte

Farbe, Fläche, Linie, Form, Harmonie, Kontrast

Werkzeug

Spachtel, Flachmaler, Dosierflasche, Kreisschneider

Material

Keilrahmen: 60 × 80 cm, Acrylbinder, Chinapapier

Acrylfarben: Titanweiß, Orange, Krapprot dunkel, Warmgrau, Schwarz

Originalformat

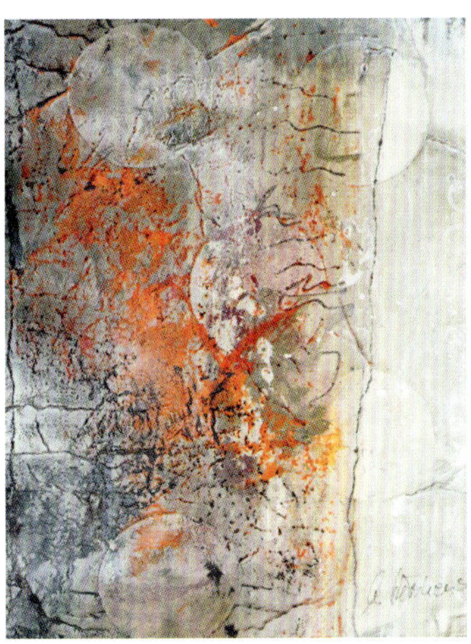

ANLEITUNG

Im Kernbereich des Bildes befinden sich kaum wahrnehmbare Farbreste in Krapp dunkel. Füllen Sie leicht verdünntes Schwarz in eine Dosierflasche mit dünner Tülle und schreiben einen unleserlichen Text über etwa zwei Drittel der Bildfläche. Sie granulieren etwas Warmgrau vom linken Bildrand ausgehend über den beschriebenen Bereich und schlagen die verdünnten Farbreste mit dem Pinsel auf. Mit einem Kreisschneider schneiden Sie gleich große Kreise aus Chinapapier und collagieren die verbleibende Papierschablone mit Acrylbinder in minimalen, dezent arrangierten Falten auf. Nehmen Sie etwas Orange mit dem Spachtel auf und granulieren über den Kernbereich des Bildes; vom linken Bildrand ausgehend wiederholen Sie den Vorgang mit Schwarz. Die Farbe bleibt an den Falten des Papieres und Schnitträndern der Kreise haften und betont deren Haptik. Lasieren Sie das gesamte Bild mit stark verdünntem Warmgrau. Den Abschluss bildet eine milchig abtönende Lasur und aufgeschlagene Farbspritzer in Titanweiß.

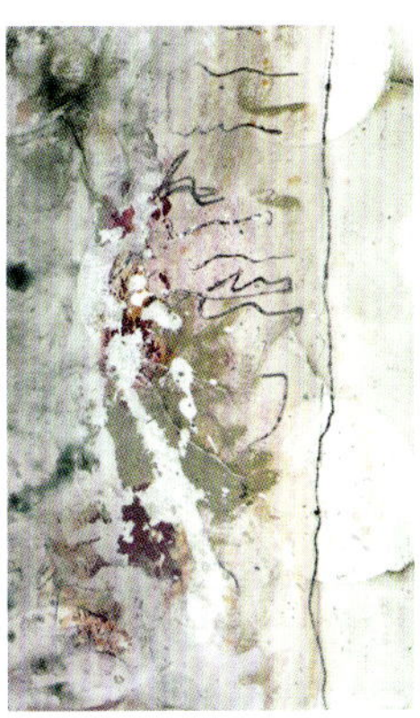

Zwischenzustand

TIPP

Nehmen Sie alternativ deckendes Papier zum Collagieren, in dem Sie so viele Kreise ausschneiden, dass nur kleine Stege stehen bleiben.

MUSTER

Die Natur ist ein Meister im Einsatz unterschiedlichster Musterungen. Rhythmisch angeordnete Punkte, Ovale und Rauten oder unregelmäßige Flecken und Linien, die sowohl haptisch hervortreten als auch in die Tiefe gehen, beleben die Flächen. Eine endlose Vielfalt dreidimensionaler Oberflächen, wie z. B. samtig, gekörnt, gewellt, glatt, rau, gerissen oder geriffelt, beeinflusst die Lichtbrechung und damit die Farbwirkung.

ANREGUNGEN

In Detailaufnahmen festgehaltene Situationen aus der Natur liefern eine endlose Vielfalt an Ideen, sowohl für abstrakte Formen als auch deren Anordnung für eine mögliche Bildaufteilung. Folgende Beispiele können Sie auf Spaziergängen leicht ergänzen.

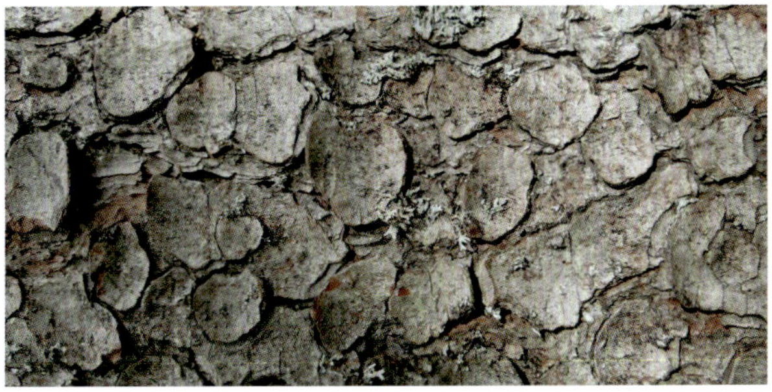

Baumrinde

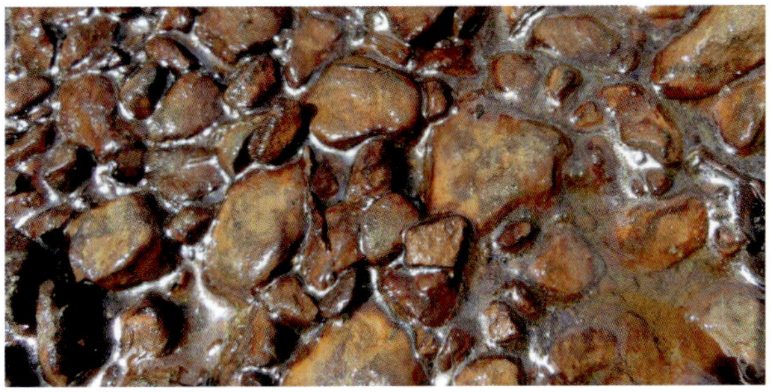

Steine

Flechten auf Felsen

ANWENDUNG

Beleben Sie Ihre Flächen in einer Serie von Mustern, wie z. B. mit Dreiecken. Arbeiten Sie zeichnerisch mit diversen Stiften oder malerisch mit dem Pinsel. Lassen Sie Ihrer Fantasie freien Lauf. Sie werden mit der Zeit immer wieder neue Muster entdecken.

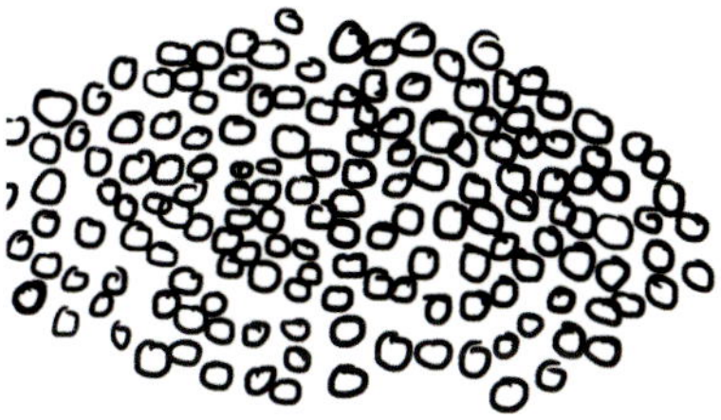

Kleine Kreise

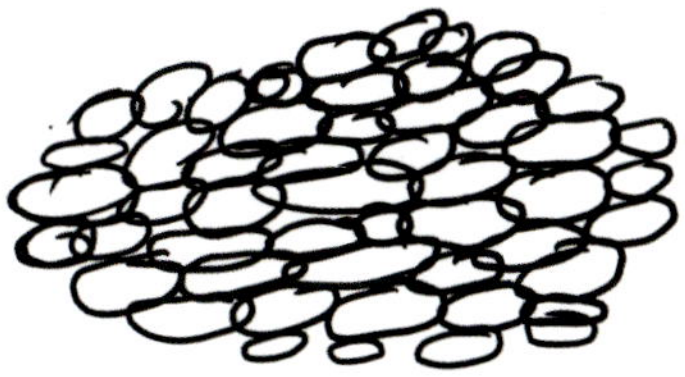

Überlappende Ovale

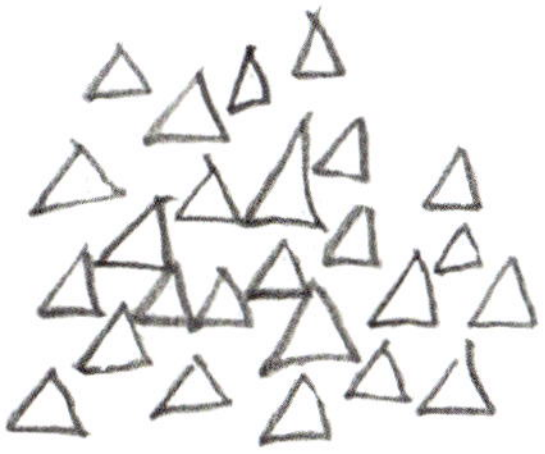

Dreiecke

STEMPEL

Acrylfarbe eignet sich hervorragend für alle möglichen Druck- oder Stempeltechniken. Sich wiederholende Abdrücke sind ein wunderbares Mittel zur Belebung der Bildsprache.

ANREGUNGEN

- Abdruck von Reliefpapieren oder Strukturtapeten
- Musterrollen aus dem Malerfachgeschäft
- Selbst gemachte oder gekaufte Stempel
- Noppenfolie

ANWENDUNG

Vor der Verwendung von Rollen walzen Sie Acrylfarbe auf einer Glasplatte dünn aus, um die Walze gleichmäßig einzufärben und unerwünschte Rapporte zu vermeiden. Papier oder Folie legen Sie mit der zu druckenden Seite kopfüber in die ausgerollte Farbe, um diese zunächst aufzunehmen. Danach rollen, drucken oder stempeln Sie die Farbe auf den trockenen Untergrund.

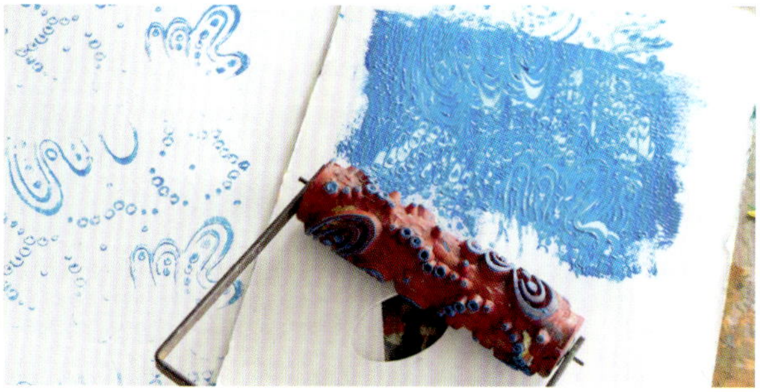

Mit einer Musterrolle walzen Sie pastose Farbe auf.

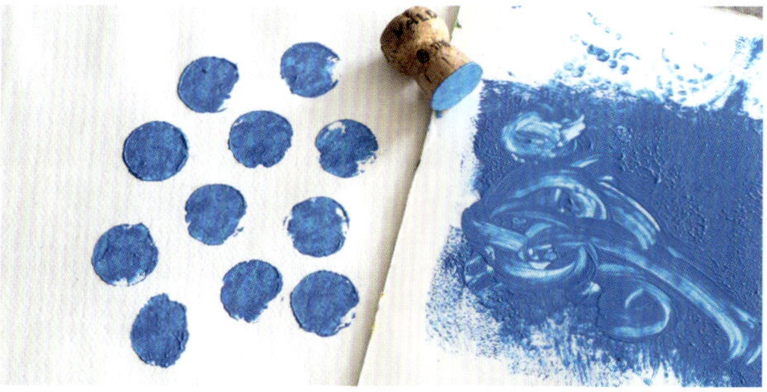

Stempeln Sie Gebrauchsgegenstände ab, z. B. einen Sektkorken.

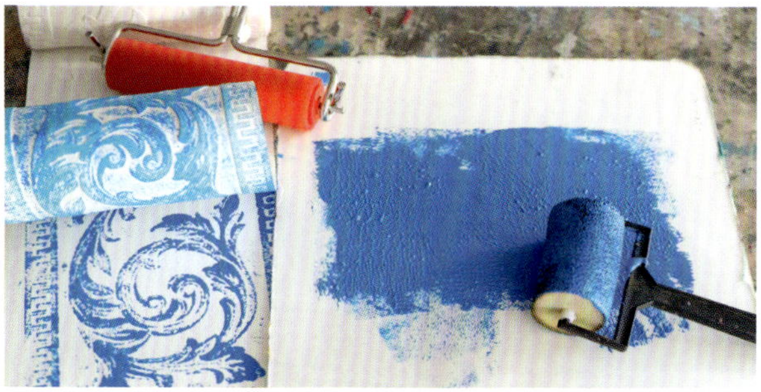

Mit Reliefpapier erzielen Sie interessante Abdrücke.

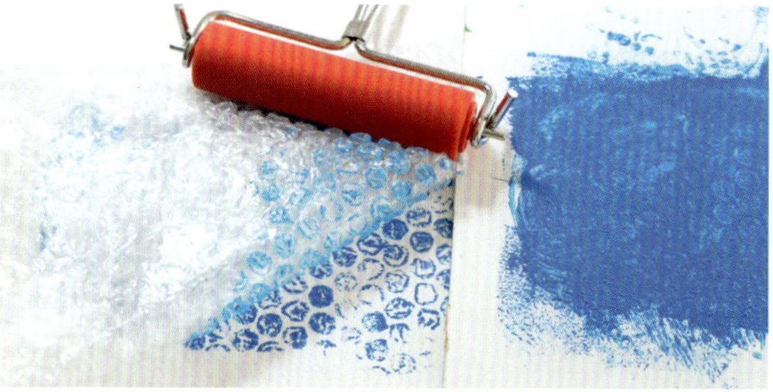

Drücken Sie mit pastoser Farbe eingefärbte Noppenfolie ab.

SCHABLONEN

Gekaufte, selbst geschnittene oder gerissene Schablonen aus Pappe, Folie oder Papier bieten sich bei serieller Wiederholung einer Form oder eines diffizileren Musters an. Sie legen die Schablone auf den Malgrund und füllen die freie Fläche. Um Teilbereiche Ihres Bildes vor dem Übermalen zu schützen, decken Sie die auszusparenden Flächen ab; präzise Kanten erzielen Sie mit Abdeckband.

- Fertigen Sie sich Schablonen aus Packpapier für sich wiederholende Formen und Muster.
- Legen Sie Gitter oder Lochbleche auf den Bildträger und übersprühen diese mit Sprühfarben oder -lacken. Je höher der Farbkontrast der Sprühfarbe zum Untergrund ist, desto mehr wirken diese Farbstrukturen.
- Für eine Komposition mit scharfen Kanten verwenden Sie Abdeckband. Mit dem sogenannten Malerkrepp können Sie Flächen abgrenzen, perfekte Geraden und saubere Ränder abkleben. Flüssige Farbe dringt häufig unter die Ränder des Abdeckbandes. Isolieren Sie die Kante, indem Sie vorab eine dünne Schicht Acrylbinder über den Rand des Klebebands streichen und trocknen lassen, sodass keine Farbe mehr drunter laufen kann.
- Decken Sie Bereiche, die in einer Auftragsschicht unberührt bleiben sollen, mit Zeitungspapier oder selbst gefertigten Pappschablonen ab. Besonders effektiv ist das bei Spritztechniken, da der Sprühradius nie genau planbar ist.
- Schablonen zur Dekoration von Möbeln und Wänden bieten die Möglichkeit, Muster oder Motive in Ihre Bilder zu integrieren.

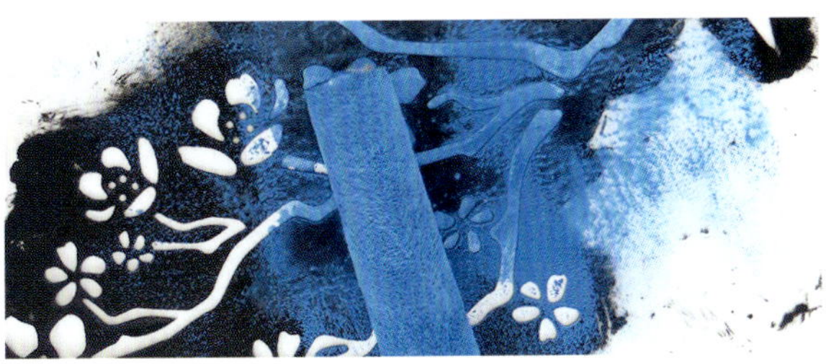

Abrollen mit einer Lammfellrolle

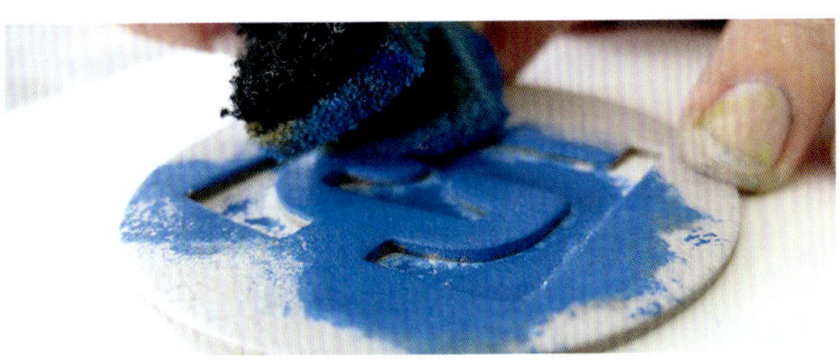

Tupfen mit einem Schwamm

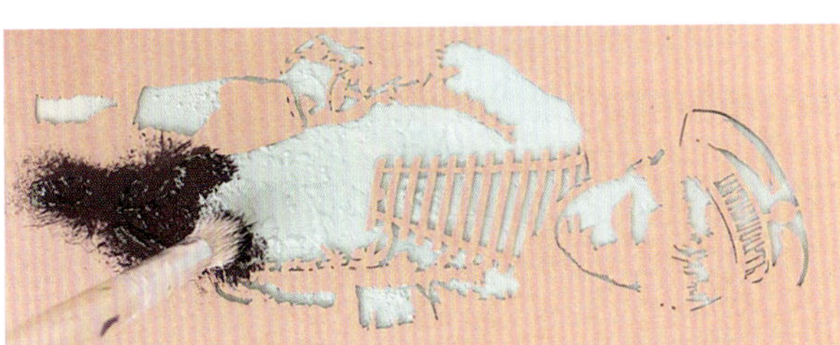

Stupfen mit einem Pinsel in senkrechter Haltung

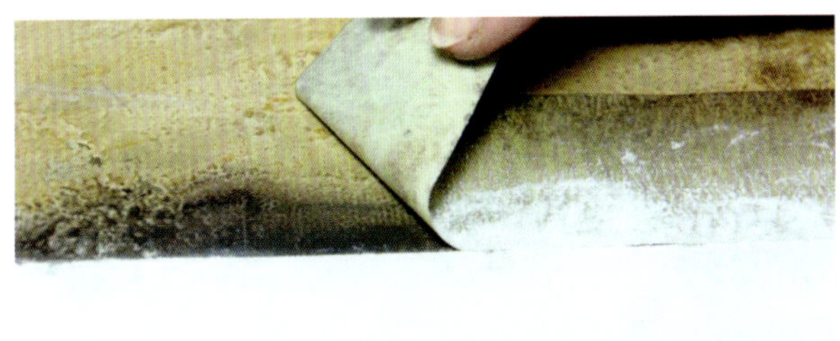

Scharfe Kante mithilfe von Abdeckband

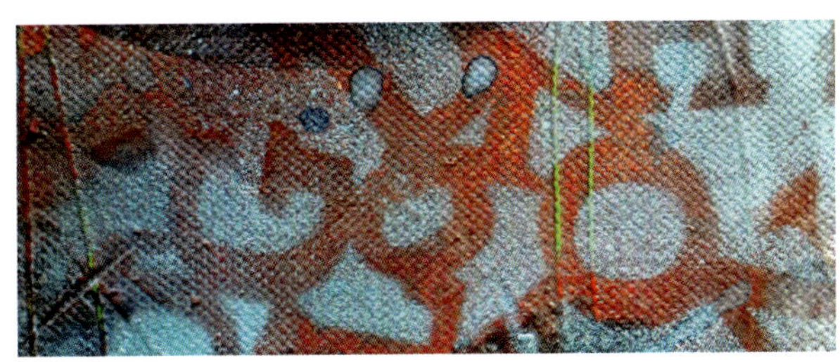

Aufgesprühte Schablonenstrukturen

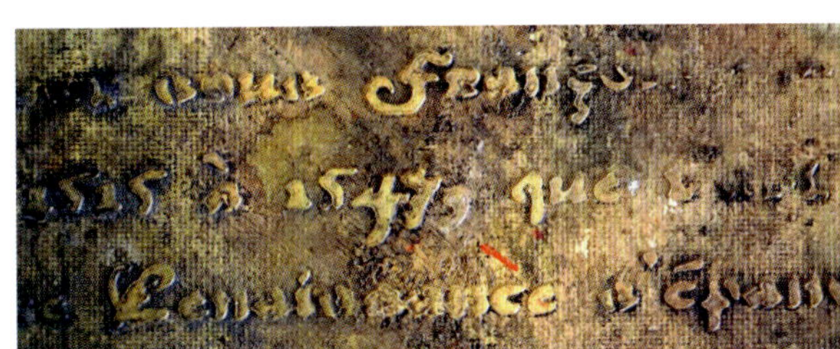

Haptische Abdrücke einer Schriftschablone

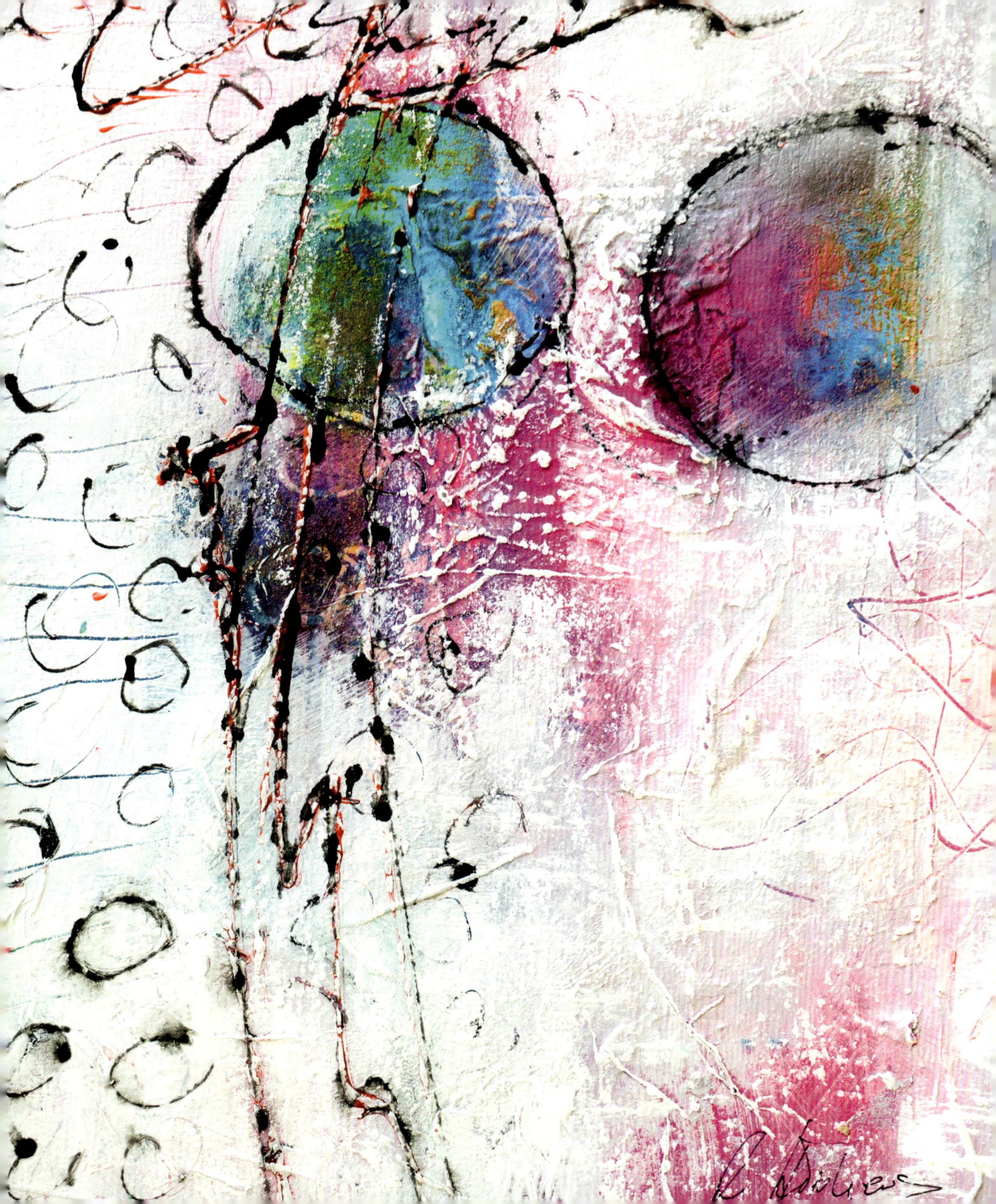

Lineare Muster auf Collage

AUFTRAG UND MATERIAL

Themenschwerpunkte

Farbe, Fläche, Linie, Form, Muster, Variation, Kontrast

Werkzeug

Flachmaler, Dosierflasche, Bleistift

Material

Keilrahmen: 60 × 80 cm, Seidenpapier, Acrylbinder

Acrylfarben: Titanweiß, Gelbgrün, Kadmiumrot, Primärmagenta, Primärcyan, Schwarz

Acrylspray: Magenta

Ölpastell: Weiß

Originalformat

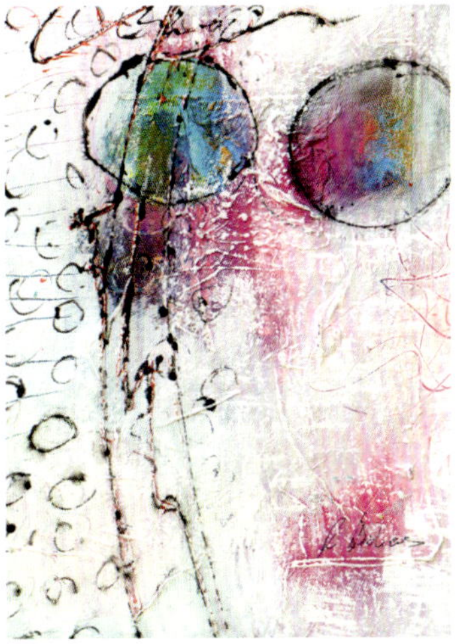

ANLEITUNG

Im Untergrund liegt eine Collage mit Seidenpapier, die in mehrfachen Lasuren in Cyan, Magenta und Gelbgrün überarbeitet wurde. Schneiden Sie sich zwei Kreise aus Packpapier und platzieren Sie diese als Schablone im oberen Drittel des Bildträgers. Sie sprühen Magenta neben der abgedeckten Fläche auch über große Teile des Bildes und nehmen die Schablonen wieder ab. Sie lasieren Titanweiß in lockeren Pinselstrichen, ohne die Sprühschicht komplett abzudecken, und kritzeln mit dem Bleistift in die feuchte Farbe. In Kadmiumrot zeichnen Sie mit der Dosierflasche unleserliche Texturen und geschwungene Linien auf der linken senkrechten Drittellinie. Wiederholen Sie diesen Vorgang mit leicht verdünntem Schwarz und zeichnen Sie zusätzlich kleine Kreise über das linke senkrechte Drittel. Mit dem Ölpastell in Titanweiß granulieren Sie ohne Druck über die haptisch liegenden Falten der unterliegenden Collage.

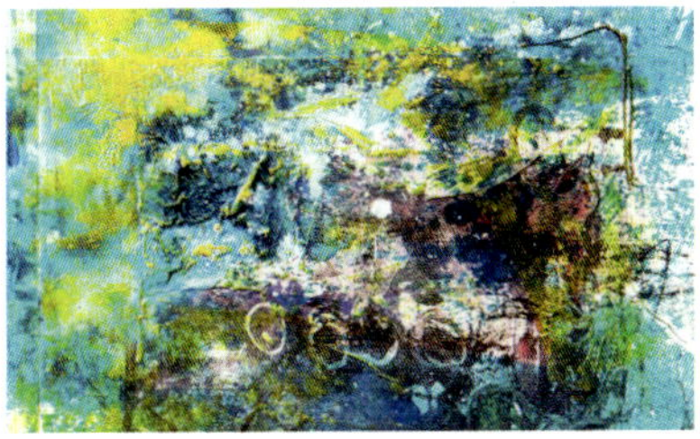

Die aufwendige Untermalung ist nur noch in den ausgesparten Kreisen zu sehen.

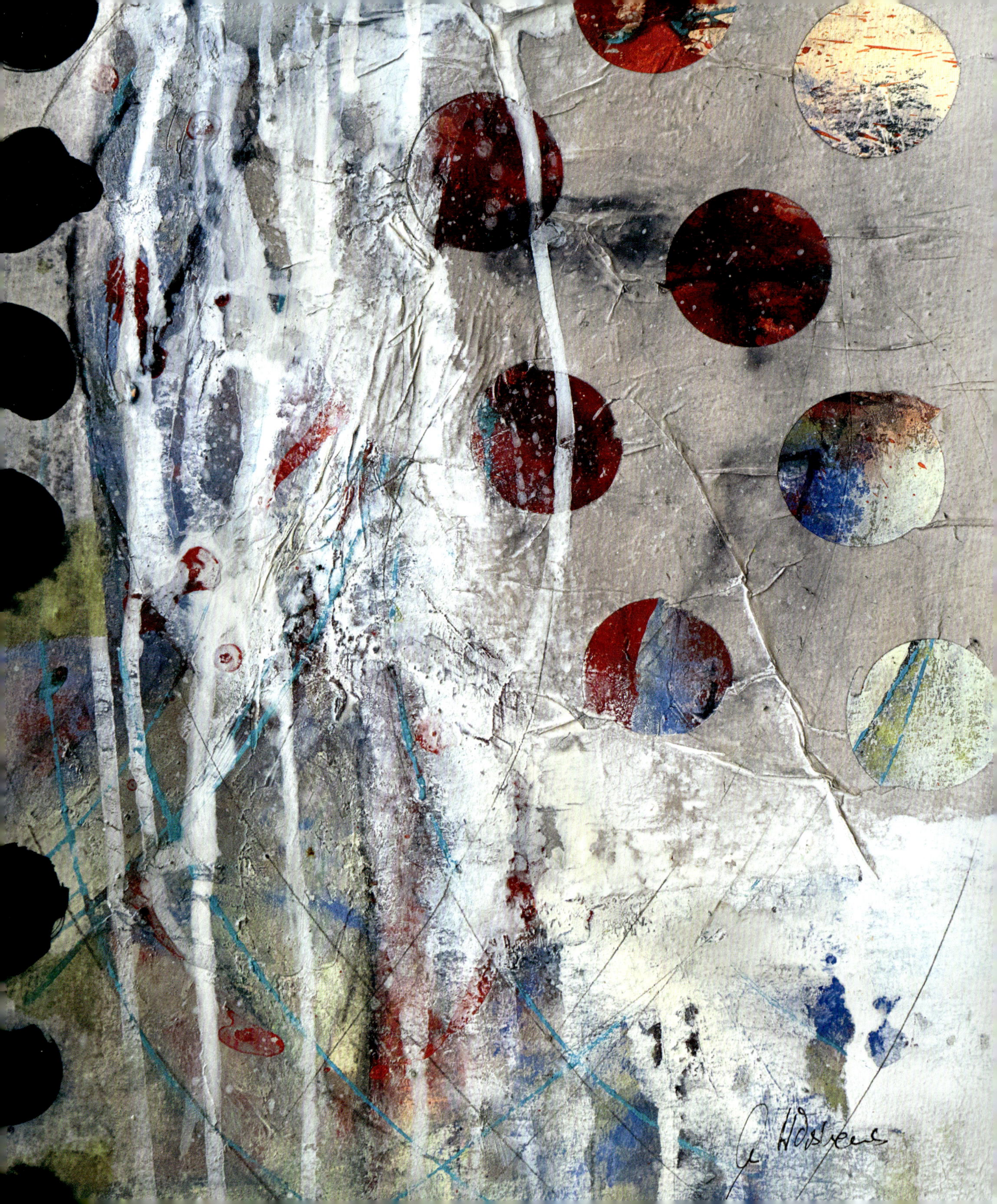

Kreisrunde Muster

AUFTRAG UND MATERIAL

Themenschwerpunkte

Farbe, Fläche, Linie, Form, Muster, Wiederholung, Bewegung, Balance, Harmonie

Werkzeug

Bleistift, Flachmaler, Kreisschneider, Sprühflasche, Sektkorken, Dosierflasche

Material

Keilrahmen: 40 × 50 cm, graues Packpapier

Acrylfarben: Elfenbein, Königsblau, Kieselgrau, Kadmiumrot, Kobalttürkis, Schwarz

Aerocolor: Supraweiß, Schwarz

Originalformat

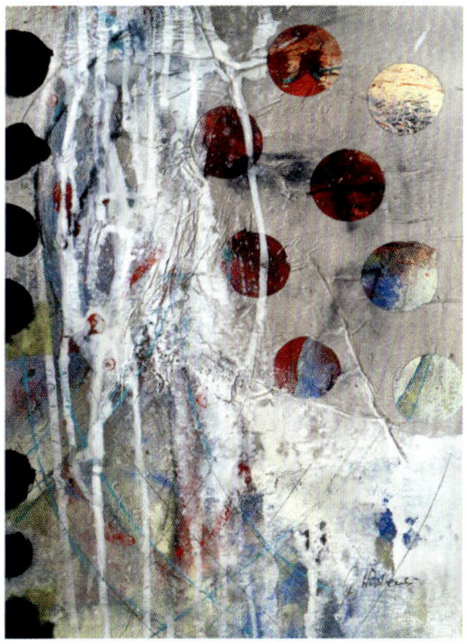

ANLEITUNG

Auf eine Untermalung in Elfenbein streichen Sie Kadmiumrot und Königsblau im freien Auftrag über den Kernbereich der oberen zwei Drittel. Sie lasieren Kieselgrau und lassen dabei ausreichend Fläche unbearbeitet, um auf die unteren Lagen blicken zu können. Mit der Dosierflasche zeichnen Sie in Kobalttürkis und Schwarz geschwungene Linien in Anlehnung an das ursprüngliche Motiv auf. Schneiden Sie Kreise aus Packpapier. Arrangieren Sie die Collage zunächst zur Probe. Erst wenn Ihnen die Komposition gefällt, kleben Sie die Teile mit Acrylbinder fest. Vom unteren Bildrand spachteln Sie Titanweiß granulierend auf und wiederholen die Kritzelei mit dem Bleistift. Lasieren Sie Teilbereiche mit Supraweiß; Sie stellen den Bildträger senkrecht, um die Spuren nach unten laufen zu lassen, und versprühen die Ränder mit Wasser. Abschließend stempeln Sie am linken Bildrand eine senkrechte Reihe Punkte mit einem Sektkorken in deckender schwarzer Acrylfarbe auf.

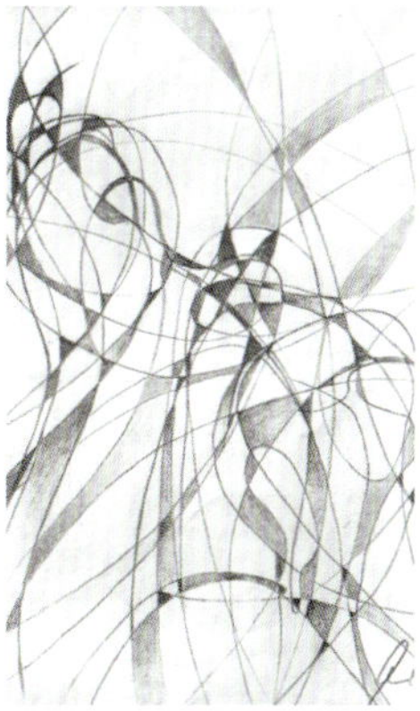

Diese Zeichnung ist die ursprüngliche Vorlage zum Bild. Im Entwurf wurden die Konturen der beiden skizzierten Pferde dem natürlichen Schwung folgend verlängert, um so eine neue, abstrahierende Formensprache zu entwickeln.

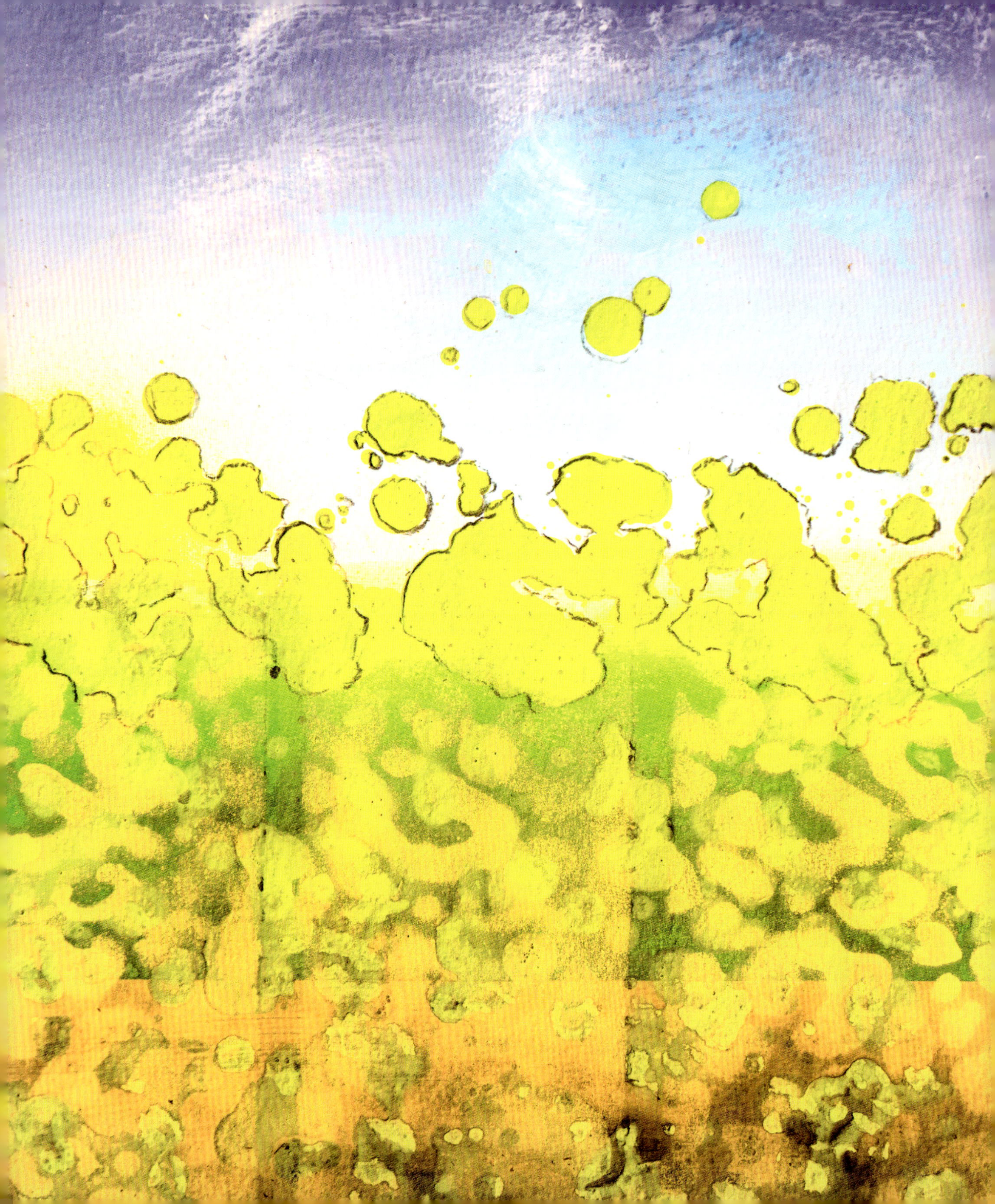

Gesprühte Schablonenmuster

AUFTRAG UND MATERIAL

Themenschwerpunkte

Pastos deckend, Verlauf, Schüttung, Farbe, Fläche, Muster, Variation, Kontrast

Werkzeug

Flachmaler, Dosierflasche, Schablone, Tesakrepp, Sprühflasche

Material

Keilrahmen: 50 × 80 cm, Kohle

Acrylfarben: Primärgelb, Maigrün,Hookersgrün, Kobaltblau, Primärcyan, Titanweiß, Lichter Ocker

Acrylspray: Indischgelb

Originalformat

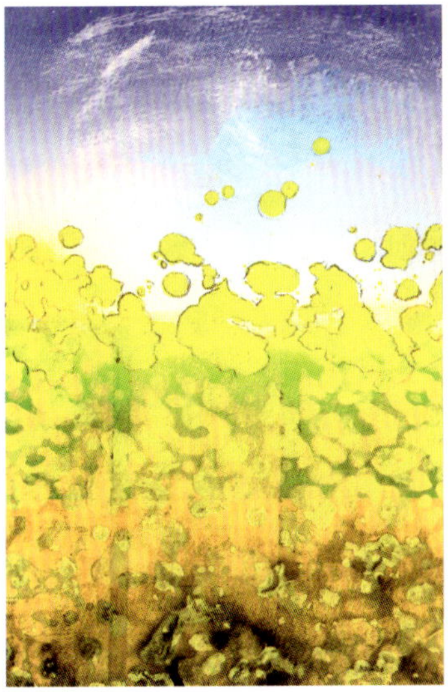

ANLEITUNG

Dieses Werk wurde aus einer ursprünglichen Landschaftsstudie entwickelt. Gestalten Sie das obere Drittel mit Kobaltblau, Titanweiß und einem abschließenden Klecks in Cyan. Das mittlere Drittel bemalen Sie mit Titanweiß, Gelb und Hookersgrün. Die Kante des unteren Drittels kleben Sie mit Tesakrepp ab und bemalen die Fläche deckend in Lichtem Ocker.

Legen Sie eine Schablone mit kleinteiligen Mustern auf und sprühen Sie Indischgelb mit der Spraydose in die Aussparungen. Verdünnen Sie Maigrün und etwas Gelb in einer Dosierflasche und sprenkeln damit unterschiedlich große Kleckse über die unteren beiden Drittel des Bildes. Vom unteren Bildrand ausgehend lasieren Sie stark verdünntes Vandyckbraun und sprühen die Ränder nach oben weich verlaufend mit Wasser aus. Abschließend betonen Sie einige der gelbgrünen Kleckse mit fragmentierten Konturen in Kohle.

Zwischenzustand I

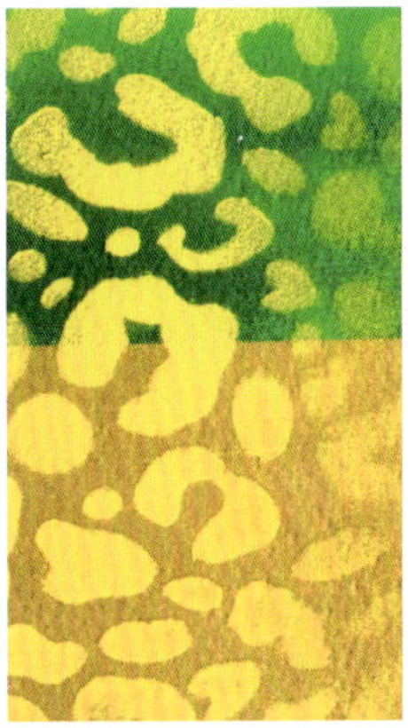

Zwischenzustand II

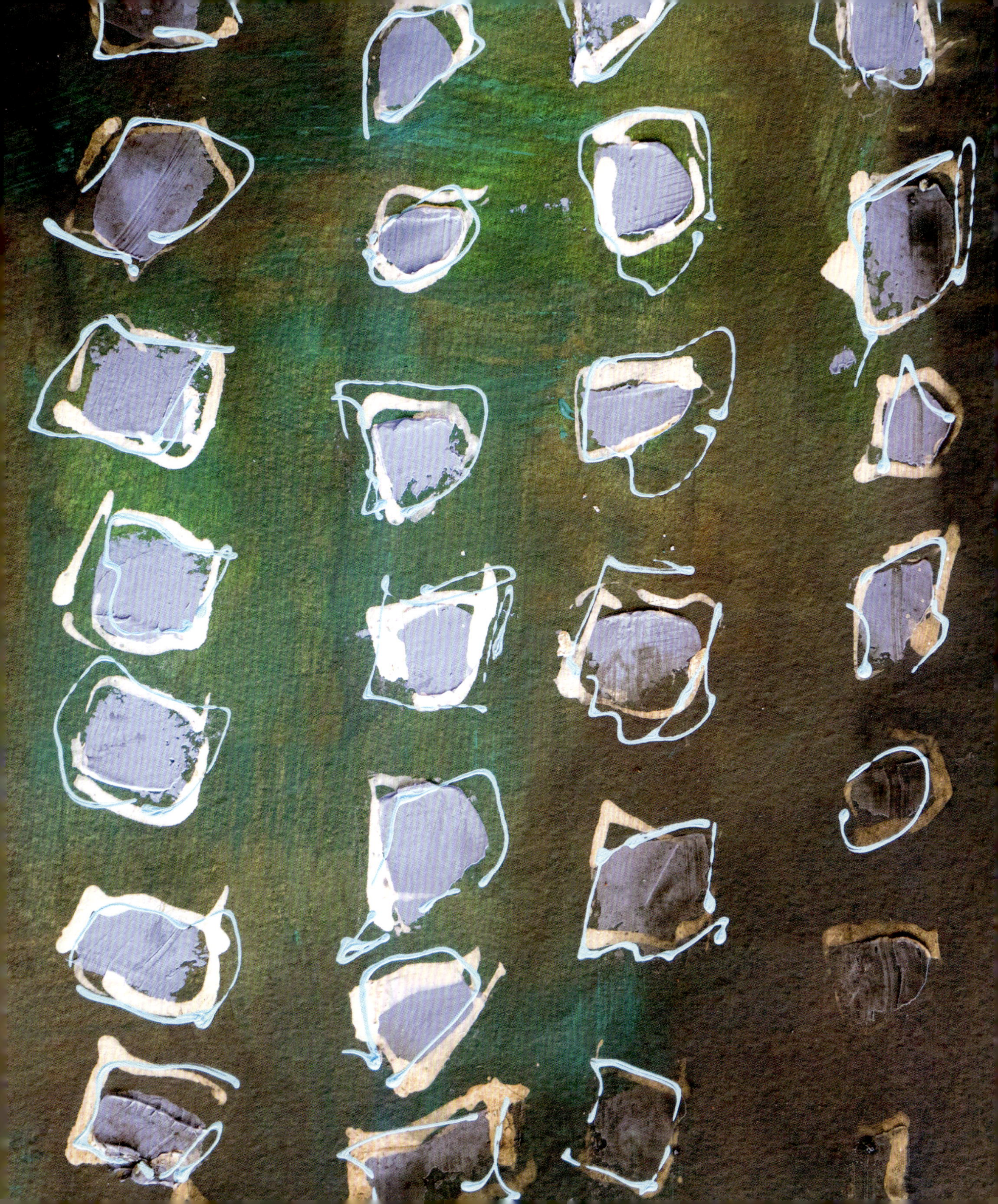

Frei Hand gespachtelte Muster

AUFTRAG UND MATERIAL

Themenschwerpunkte

Farbe, Fläche, Muster, Variation, Kontrast

Werkzeug

Spachtel, Flachmaler, Dosierflasche

Material

Keilrahmen: 50 × 80 cm

Acrylfarben: Kobalttürkis, Königsblau, Vandyckbraun, Arkticblau

Aerocolor: Supraweiß

Originalformat

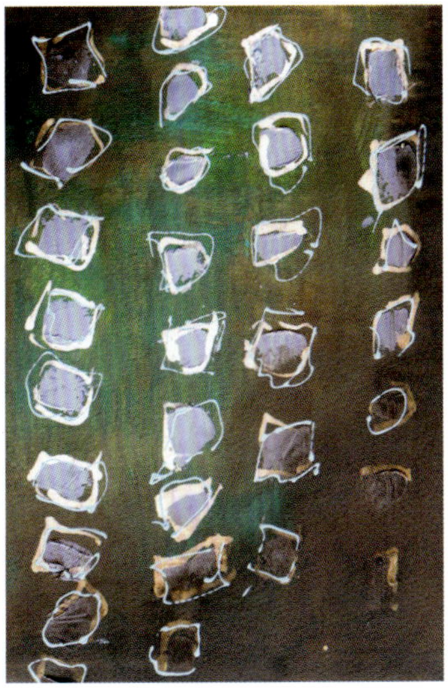

ANLEITUNG

Die Untermalung streichen Sie in zwei lasierenden Schichten mit dem Flachmaler auf und lassen dabei die Pinselspuren deutlich sichtbar stehen; auf Vandyckbraun folgt eine Lasur in Kobalttürkis. Mit dem Spachtel ordnen Sie in Königsblau etwa gleich große Kleckse in vier senkrechten Linien an.

Konturieren Sie die Kleckse mit lockerer Hand in Supraweiß. Lasieren Sie Teilbereiche – ausgehend von der oberen linken und unteren rechten Ecke – erneut mit Vandyckbraun und schattieren damit etwa die Hälfte der Farbkleckse ab. Dann füllen Sie Arkticblau in eine Dosierflasche mit sehr feiner Tülle und konturieren die Farbkleckse erneut in dynamischer Linienführung. Achten Sie darauf, die vorhandenen Konturen nicht identisch nachzufahren bzw. die Kleckse einzurahmen.

TIPP

Eine an und für sich monochrome und stumpfe Fläche bekommt durch die fleckenhaft aufgetragenen Muster viel Licht.

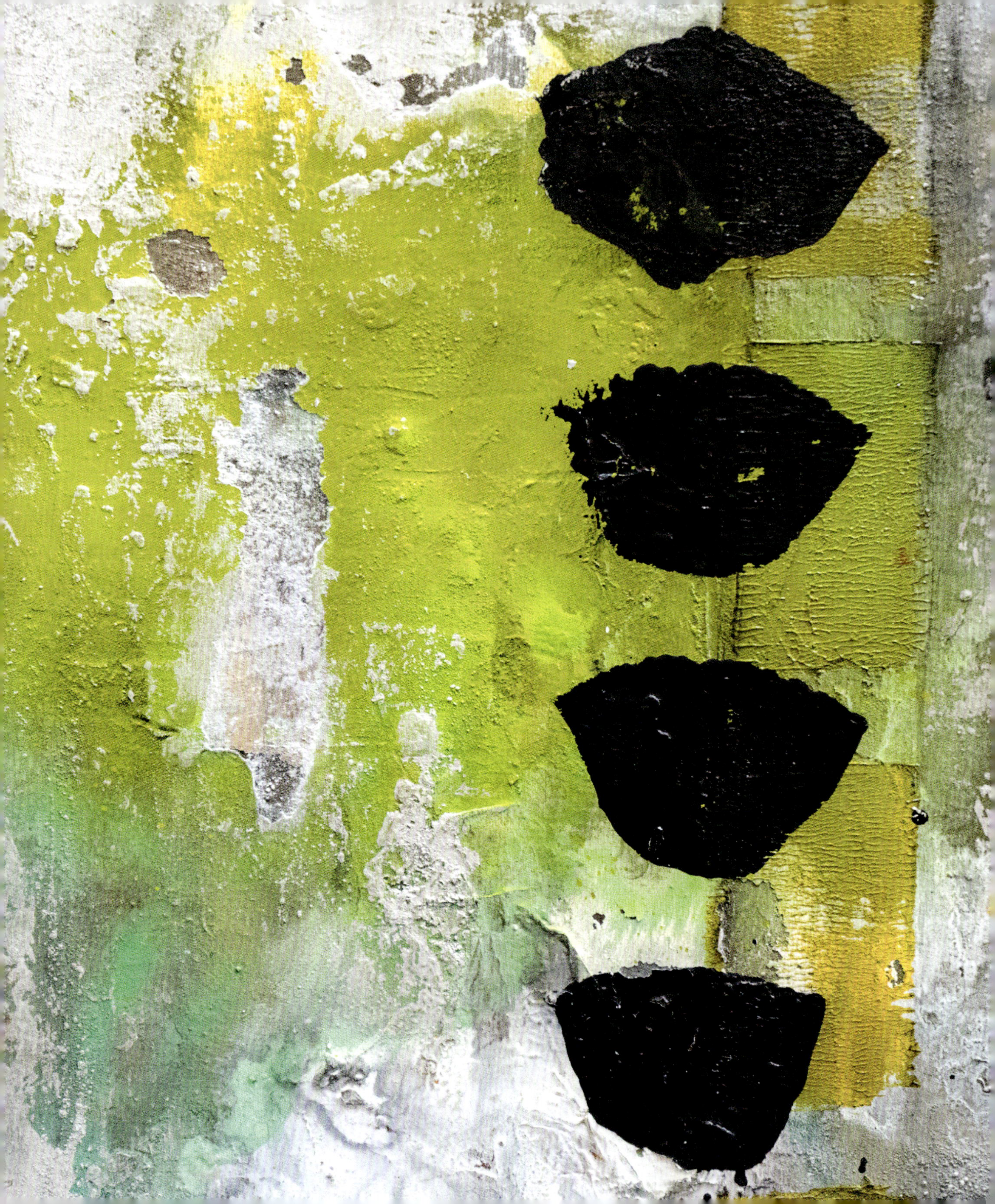

Muster auf Struktur

AUFTRAG UND MATERIAL

Themenschwerpunkte

Farbe, Fläche, Linie, Struktur, Variation, Dynamik, Bewegung, Kontrast

Werkzeug

Spachtel, Flachmaler, Katzenzungenpinsel, Hartgummiwalze

Material

Keilrahmen: 40 × 60 cm, Leichtstrukturpaste, Asche, Acrylbinder, Seidenpapier

Acrylfarben: Titanweiß, Silber, Siena natur, Hookersgrün, Schwarz

Acrylspray: Gelbgrün

Originalformat

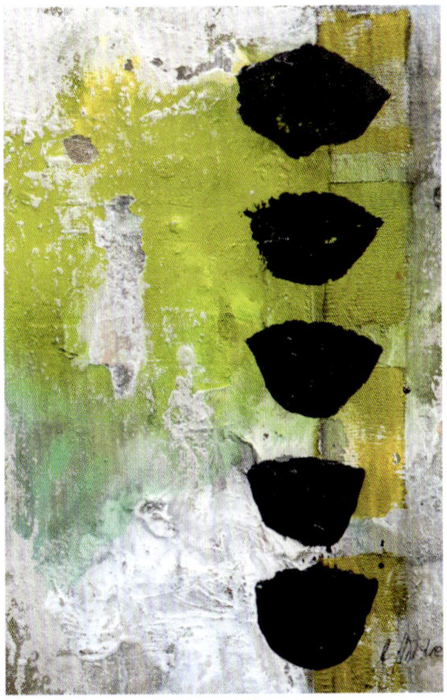

ANLEITUNG

Sie collagieren Seidenpapier mit Acrylbinder und überarbeiten die gesamte Bildfläche in einem lockeren, fragmentierten Strukturauftrag mit Paste und Asche. Auf eine erste deckende Farbschicht in Siena natur schütten Sie zuerst stark verdünntes Hookersgrün und in Folge Titanweiß. Sie rollen ein Band aus senkrecht stehenden Rechtecken mit der Hartgummiwalze im Bereich des rechten Drittels auf und konturieren diese dezent mit Kohle. Besprühen Sie etwas mehr als ein Drittel der Fläche mit Acrylspray in Gelbgrün. Mit dem Malspachtel granulieren Sie von den Bildrändern ausgehend mit dem Spachtel Silber auf. Drücken Sie eine mit leicht verdünntem Schwarz gefüllte Katzenzunge wiederholt auf, um eine Bordüre auf der rechten Drittellinie zu erzeugen. Der glänzende Bildcharakter wird durch einen abschließenden dünnen Aufstrich von Acrylbinder erzielt.

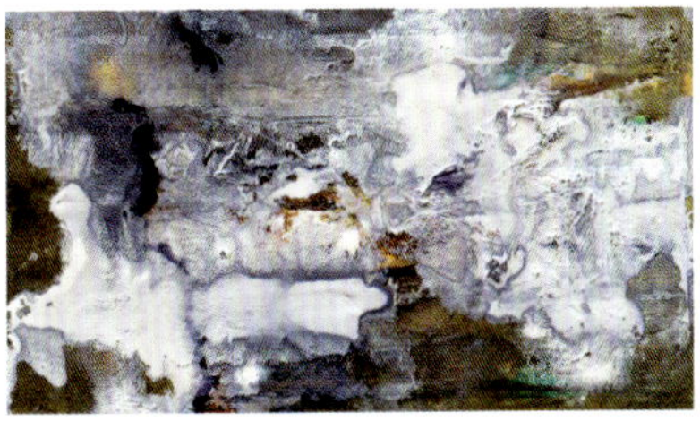

Neue Bildebene durch mehrfache Lasuren

Aufgesprühtes Gelbgrün beruhigt die Fläche

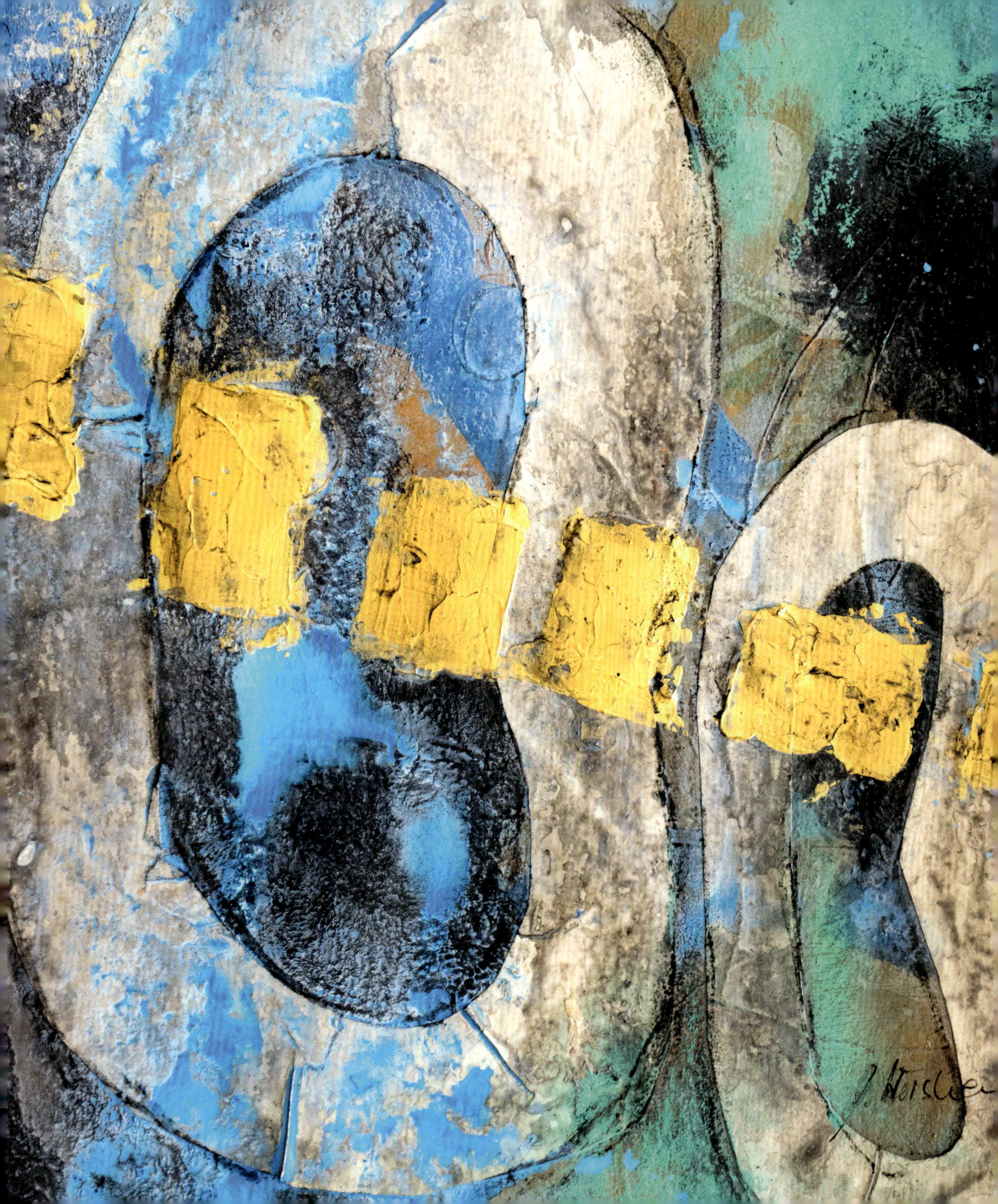

Collage einer Papierschablone

AUFTRAG UND MATERIAL

Themenschwerpunkte

Farbe, Fläche, Form, Linie, Variation, Kontrast

Werkzeug

Spachtel, Flachmaler, Hartgummiwalze

Material

Keilrahmen: 50 × 70 cm, Kohle, Acrylbinder, beiges Packpapier

Acrylfarben: Primärcyan, Lichter Ocker, Schwarz, Gold

Aerocolor: Lichtgrau, Basiscyan

Ölpastell: Türkis

Originalformat

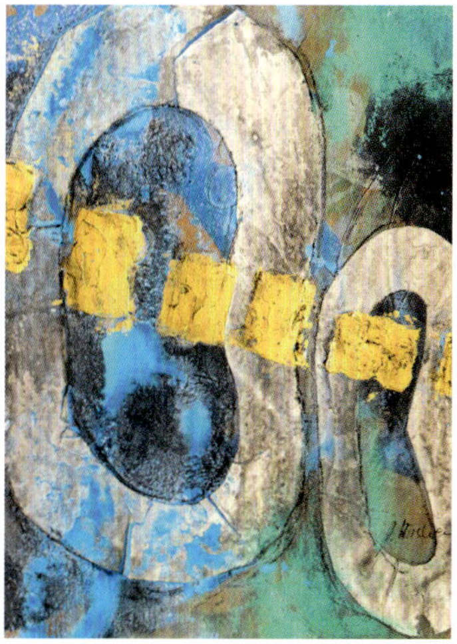

ANLEITUNG

Füllen Sie sämig verdünntes Cyan in eine Dosierflasche und gießen damit eine freie Farbspur auf die deckend angelegte Untermalung in Lichtem Ocker. Mit dem Flachmaler legen Sie vom linken und rechten Bildrand ausgehend zwei große Flecken pastos deckend in Schwarz an; rollen Sie abschließend mit der Hartgummiwalze über den Farbauftrag und verändern Sie damit dessen Oberflächenstruktur. Schneiden Sie zwei unterschiedlich große, ovale Schablonen aus Packpapier und kleben Sie diese mit Acrylbinder auf. Mit dem Ölpastell akzentuieren Sie im rechten Drittel vom oberen und unteren Bildrand ausgehend zwei Bereiche.
Es folgen Lasuren mit Lichtgrau und Cyan; tragen Sie die Farben mit der Pipette in Linien und Klecksen auf und versprühen Sie die Ränder mit Wasser. Mit dem Spachtel legen Sie ein diagonal verlaufendes Band aus Rechtecken in Gold an. Festigen Sie die Ränder der Schablonen und der goldenen Rechtecke mit Konturen in Kohle.

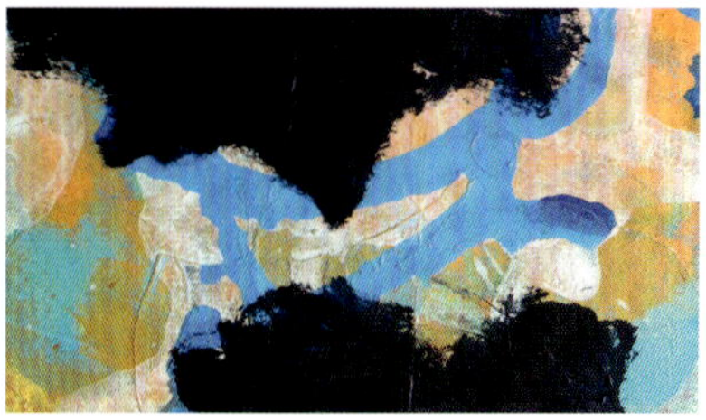

Untermalung vor Collage

TIPP

Frei Hand geschnittene Formen eignen sich zur Collage auf unruhigen Flächen; die großen monochromen Formen beruhigen und schaffen eine zusätzliche Bildebene.

REFLEXION

In meinen Seminaren ist die Bildbesprechung ein wichtiger Bestandteil. Um das Werk zu bewerten, um Ordnung ins Chaos zu bringen oder um Elemente zu erkennen, die nicht passen. Betrachten Sie Ihr Bild stehend auf einer Staffelei oder sogar an der Wand hängend. Sind Sie alleine, so führen Sie am besten ein Selbstgespräch mit Ihrem Werk. Befragen Sie Ihr Werk im Hinblick auf kompositorische Grundsätze und bewerten Sie die Wirkung unter Abfrage dualer Kontraste. Wirken zu starke Kontrastbeziehungen, so decken Sie einzelne Elemente des Bildes mit der Hand ab, um zu entscheiden, ob diese passend sind oder besser darauf verzichtet werden sollte. Wirkt das Bild langweilig, so steigern Sie die Kontraste. Obwohl in abstrakten Werken weder die räumliche Perspektive noch eine objektbezogene Dreidimensionalität angestrebt wird, kann es ein Davor/Dahinter oder ein Drüber/Drunter geben, um mehr Blicktiefe zu erzeugen. Neben den Grundsätzen, die zu überprüfen sind, ist es letztendlich auch eine Frage Ihres Geschmacks.

KOMPOSITION

Linien, Flächen und Formen bewerten Sie nach Gegensätzen:

- Groß – Klein
- Viel – Wenig
- Dick – Dünn
- Linie – Fläche

FARBPHILOSOPHIE

Die Interaktion der Farben bewerten Sie anhand von Farbkontrasten:

- Hell – Dunkel
- Kalt – Warm
- Rein – Gebrochen
- Knallig – Pastellig
- Komplementärkontrast
- Quantität
- Tonwert

BLICKTIEFE

Die Blicktiefe bewerten Sie anhand der Eigenschaften.

Vordergründig wirken

- Detail (Formen – scharfe Konturen)
- Intensität (Buntheit und reine Töne)
- Struktur (aufregende Lebendigkeit)
- Eyecatcher (Rot)
- Kontrast (große Unterschiede)

Hintergründig wirken

- Blässe (Weißbrechung der Töne)
- Stumpfheit (gebrochene Töne)
- Konturenlosigkeit (Fläche – weiche Übergänge)
- Verschwommenheit (Lasur)

Der Malprozess besteht aus vielen Schritten – Aufbau und Zerstörung gehören zum Entwicklungsprozess eigener Bilder. Häufig führt kein direkter Weg zum Ziel. Dazwischen liegen oft frustrierende Zwischenzustände, die auszuhalten sind und mit neuen Denkansätzen gelöst werden. Der Schaffensprozess ist ein ständiger Wechsel von:

- Aufbauen
- Zerstören
- Umordnen
- Drehen
- Auf-den-Kopf-stellen
- Übermalen
- Beibehalten
- Reduzieren
- Verdichten
- Straffen

ANREGUNGEN

Serielles Arbeiten reduziert den Erfolgsdruck – Ihre Anspruchshaltung an ein gutes Bild wird auf mehrere Leinwände verteilt. In Variationen des gleichen Ansatzes arbeiten Sie gleichzeitig auf drei oder mehr Keilrahmen, um in jedem Bild die Komposition der einzelnen Elemente unterschiedlich anzulegen. Falls Sie nicht mehr weiterkommen, bieten sich nachfolgende Möglichkeiten an:

- Beruhigen Sie einen Teil der Flächen, z. B. mit einer Übermalung in einem gleichmäßigen deckenden Farbauftrag.
- Überkleben Sie Teilbereiche mit Papier.

ÜBER DIE AUTORIN

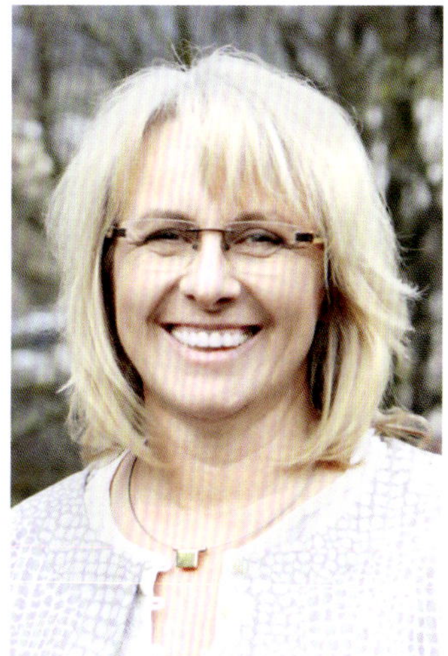

Anita Hörskens lebt und arbeitet als freischaffende Künstlerin und Leiterin der eigenen Malschule in Pfaffenhofen an der Ilm. Seit 1994 als Trainerin und Referentin im Bereich Künstlerbedarf tätig, leitet sie Seminare in allen gängigen Mal- und Zeichentechniken, bietet Malreisen, Mappenvorbereitungskurse und Kreativseminare für Unternehmen an. Als Autorin zahlreicher Acryllehrbücher unterrichtet sie seit 2004 als Dozentin auch an verschiedenen Fachakademien mit dem Schwerpunkt „Experimentelle Mischtechniken mit Acryl". Die tiefe Verbundenheit zur Malerei, Ihre Inspirationsquellen und aktuellen Werke teilt die Künstlerin mit Ihren Followern auf Instagram und veröffentlicht Kursberichte mit Arbeiten Ihrer Teilnehmer auf Facebook.

instagram.com/druck_trifft_aquarell

instagram.com/anita_hoerskens

facebook.com/hoerskens

www.hoerskens.de

IMPRESSUM

Bibliografische Information der Deutschen Bibliothek.

Die Deutsche Bibliothek verzeichnet diese Publikation in der deutschen Nationalbibliografie.

Detaillierte bibliografische Daten sind im Internet über http://www.d-nb.de/ abrufbar.

EIN BUCH DER EDITION MICHAEL FISCHER

2. Auflage 2025

Bildnachweis:
Materialfoto S. 12: © Fa. Schmincke GmbH & Co.KG
Zeichnungen/Scans: © Anita Hörskens
Fotos S. 9, 10, 51, 105, 143: © Anita Hörskens
Alle anderen Fotos: © Julia Wewerka

Covergestaltung und Satz: Pia von Miller
Produktmanagement: Anna Egger, Nora Köpp
Layout: Nelli Braun

ISBN 978-3-7459-1542-6

Gedruckt bei C&C Offset Printing Co., LTD., 14/F, C&C Building,
36 Ting Lai Road, Tai Po, N. T. Hong Kong, China

www.emf-verlag.de